Nov 09

D... ona,

... ie draw you

... her heart as

... der the mysteries

she did.

In French, because it's the second best language for philosophy.

For you on your birthday, I'm glad you were born and thank God for you and your friendship

In Christ with much love,

Anna

MYSTÈRE DE MARIE

Ouvrages du même auteur
ou dans la même collection

Voir en fin de volume

Marie-Dominique PHILIPPE

MYSTÈRE DE MARIE

Croissance de la Vie chrétienne

Collection « Aletheia »

Fayard

« Au pays de la steppe il l'adopte,
dans la solitude éclatante du désert.
Il l'entoure, il l'élève, il le garde
comme la prunelle de son œil.
Tel un aigle qui veille sur son nid,
plane au-dessus de ses petits ;
il déploie ses ailes et le prend,
il le soutient sur son pennage.
Yahvé est seul pour le conduire. »

Dt 32, 10-12

« La route des justes est comme la lumière de l'aube,
dont l'éclat grandit jusqu'au plein jour. »

Pr 4, 18[1]

1. Nous avons gardé, pour cette réédition, la traduction de la Bible de Jérusalem que l'auteur utilisait lors de la rédaction de l'ouvrage.

NOTE DE L'AUTEUR

Depuis déjà quelques années, on me priait instamment de rééditer ce livre, paru aux éditions de La Colombe en 1958 et réimprimé en 1977.

Déjà en 1977, j'aurais aimé le reprendre, spécialement à la lumière des très beaux textes de Vatican II sur le mystère de Marie, modèle et exemple de notre vie chrétienne. Mais étant surchargé de travaux philosophiques, je ne pouvais le faire. Aujourd'hui s'est ajoutée la charge de la Congrégation Saint-Jean. Ce livre est donc réédité tel qu'il a paru voici quarante ans.

Marie-Dominique Philippe, o.p.

Saint-Jodard, février 1999.

PRÉFACE

On peut, en théologien, exposer de diverses manières le mystère de Marie, Mère de Dieu. À la suite de saint Thomas, en se servant de lui, on peut élaborer un traité de *théologie scientifique* sur le mystère de Marie. L'ordre que saint Thomas nous donne dans la *Somme* peut alors être gardé et complété puisque, grâce au mystère de l'Immaculée Conception, toute l'étude théologique sur le mystère de Marie diffuse une lumière nouvelle permettant de pénétrer plus profondément les mystères de sa sanctification personnelle, de sa maternité divine et de sa coopération au mystère de la Rédemption. On voit aussi comment, à l'intérieur du traité du Christ, on peut compléter ce que saint Thomas a déjà si génialement élaboré. Ce qui anime une telle recherche théologique, c'est l'« intelligence » de plus en plus pure, de plus en plus pénétrante du mystère de Marie, comme fille bien-aimée du Père, comme Mère bien-aimée du Verbe incarné, comme Mère bien-aimée des hommes.

Ce qu'on cherche avant tout dans et par une théologie scientifique, c'est à découvrir l'ordre que Dieu a établi entre ces divers mystères de la vie de Marie, l'ordre qu'il a établi entre le mystère de Marie et ceux de l'Incarnation et de la Rédemption, entre le mystère de Marie et celui de l'Église. Le théologien, en effet, considère tout ce qu'il étudie dans la lumière de la sagesse de Dieu ; ce qu'il désire avant tout, c'est de participer le plus possible à cette lumière dans la mesure où la foi le permet. Aussi, son mouvement le plus spontané est-il de se demander constamment comment Dieu, en sa sagesse, voit le mystère de Marie, le mystère de son Immaculée Conception, le mystère de sa maternité. Une telle question l'oblige à revenir, avec toujours plus d'avidité, aux sources mêmes de la révélation, puisque, par la révélation, c'est Dieu lui-même qui enseigne le croyant ainsi que le théologien. Son désir de pénétrer toujours plus avant dans l'intelligence du mystère le pousse à mettre en parallèle, à comparer les mystères entre eux ; pour pénétrer davantage dans le mystère de l'Immaculée Conception, le théologien compare et oppose ce mystère à celui de la faute originelle, il met en parallèle la plénitude de grâce impliquée en ce mystère de l'Immaculée Conception et la plénitude de grâce d'Adam et Ève en justice originelle, ainsi que celle du Christ.

Enfin, pour pénétrer plus avant et pour mieux expliciter la richesse du mystère, le théologien met ses connaissances philosophiques au service de sa foi. Il peut alors employer les diverses analogies suggérées par le mystère lui-même. Pour expliciter le mystère de la maternité divine de Marie, il se sert des analogies de la maternité humaine et de la contemplation. La maternité divine est un mystère de contemplation. Marie est mère dans la plénitude de sa foi. Elle est, en sa maternité divine, bienheureuse dans sa foi. La maternité divine est aussi un mystère de maternité réelle. Ces deux analogies permettent de mettre en lumière tout ce qui distingue le mystère de la maternité divine de Marie — par là elles jettent une certaine lumière négative, pourrait-on dire, sur le mystère lui-même, ce qui donne normalement au théologien un désir plus vif encore de revenir de nouveau à la source de la révélation pour adhérer plus pleinement, d'une manière plus pure, au mystère tel que l'Esprit Saint nous l'a révélé. On voit toute la richesse d'une telle recherche et d'une telle contemplation théologique.

On peut aussi chercher à élaborer un traité de *théologie biblique* au sujet du mystère de Marie. On essaiera alors de préciser la place spéciale que la révélation de ce mystère tient dans l'Ancien Testament à titre de préfiguration, la place que ce mystère tient dans le Nouveau Testament : les Épîtres de saint Paul, les Synoptiques, l'Apocalypse et l'Évangile de saint Jean. On mettra en lumière la façon dont cette révélation s'est progressivement opérée, les aspects dominants et les aspects secondaires sous lesquels ce mystère nous est révélé dans l'Écriture. On tâchera enfin de préciser le sens de ce mystère en fonction des autres mystères révélés, celui de Dieu, celui du Christ, celui de l'Église.

On peut encore chercher à élaborer un traité de *théologie positive* (ne pourrait-on pas dire de théologie de la tradition, de la vie de l'Église ?) au sujet du mystère de Marie : il faut alors montrer comment, progressivement, le mystère de Marie s'est explicité, développé dans l'Église, pour arriver aux deux grandes proclamations des dogmes de l'Immaculée Conception et de l'Assomption ; comment s'est réalisée cette explicitation, quelles ont été ses orientations dominantes ? Nous pensons au parallélisme de Marie et d'Ève, aux diverses relations de Marie avec Jésus et avec les trois Personnes divines. Il faut encore se demander pourquoi (du moins autant que le théologien peut le savoir !) un tel développement, pourquoi un tel ordre dans ce développement ? Rien, en effet, n'est laissé au hasard, surtout lorsqu'il s'agit de la proclamation des dogmes. Il y a donc un ordre temporel dans la conduite de Dieu sur l'Église, ordre qui est reflet de la sagesse de Dieu. Le théologien doit être très attentif à cela. Il doit tâcher de déceler le sens de cet ordre dans la conduite de Dieu. Pourquoi ces derniers dogmes au sujet du mystère de Marie ? Pourquoi ceux de l'Immaculée Conception et de l'Assomption ? Pourquoi l'Esprit Saint, qui conduit l'Église, oriente-t-il notre foi d'une manière si impérative vers la « Femme » de la vision de l'Apocalypse ? N'y a-t-il pas un lien mystérieux entre ces révélations si lumineuses, si glorieuses, au sujet de Marie, notre Mère — le signe dans le ciel — et cette montée si forte et si conquérante des athéismes contemporains ? C'est à la Croix qu'elle nous a été donnée, c'est quand l'Église est crucifiée qu'elle nous est donnée pour que les disciples fidèles ne soient pas seuls.

Enfin, on peut élaborer un traité de *théologie spirituelle* (théologie mystique) au sujet du mystère de Marie. Sous cet aspect particulier, on cherche avant tout à montrer comment Marie, qui nous a été donnée comme mère, peut et doit nous aider à vivre pleinement notre vie chrétienne. Comment cette mère nous éduque, et nous éduque en mère, nous indiquant par son exemple, par sa vie, la manière dont nous devons vivre des mystères de la foi, de l'espérance et de la croissance de la charité. Dans ce domaine de la foi, de l'espérance et de la croissance de la charité, elle est la première. Seule, elle peut vraiment être modèle. Non seulement Marie nous trace la route que nous devons suivre en étant le modèle parfait de la croissance de la charité, mais en tant que mère elle exerce sur nous une certaine influence, par sa présence, par son intercession, par son action maternelle. Marie est vraiment pour nous comme un « milieu » maternel qui nous soutient, qui nous réconforte. Enfin et surtout, elle nous est donnée à la Croix comme mère, pour être celle que nous recevons du Christ crucifié comme gage intime et secret de son amour. Elle nous est donnée pour nous disposer divinement à recevoir l'Esprit du Christ, le Paraclet.

La théologie spirituelle considère donc trois grands aspects dans le mystère de Marie. Marie : modèle de la vie de foi, d'espérance et de la croissance de la charité ; Marie : milieu maternel, prototype de l'Église ; Marie : don de Jésus crucifié, celle qui nous dispose à vivre de l'Esprit Saint.

Dans cet essai de théologie spirituelle, nous ne traiterons que le premier de ces aspects, les deux autres devant être traités à propos du mystère de l'Église et du mystère des Dons.

Il est bien évident que ces diverses manières théologiques d'exposer le mystère de Marie, loin de s'opposer, se complètent. La théologie scientifique du mystère de Marie, loin d'en exclure la théologie spirituelle, l'appelle, car ce mystère de Marie, mère de Jésus et des hommes, demande d'être explicité d'une manière immédiatement pratique. Il faut préciser comment, de fait, Marie joue concrètement ce rôle de mère, comment elle nous éduque et nous enseigne par sa vie silencieuse.

Il faut bien saisir l'ordre qui existe entre ces diverses manières de considérer théologiquement le mystère de Marie, car chacune de ces considérations, sous un certain aspect, implique une priorité relativement aux autres, ce qui revient à dire que ces considérations sont absolument originales et irréductibles. On peut dire, par exemple, que la considération théologie-biblique est fondamentale, et sous cet aspect, elle est première, selon l'ordre génétique ; la considération théologie-scientifique est la plus parfaite en ce sens qu'elle seule regarde le mystère en lui-même, essayant d'en saisir le sens propre, la nature propre : sous cet aspect, elle est première selon l'ordre de la nature. La considération théologie-spirituelle est ultime et la plus pratique en ce sens qu'elle seule considère comment nous pouvons vivre de ce mystère : sous cet aspect, elle est première (première selon l'ordre de la finalité).

À l'égard de ces diverses considérations théologiques, on retrouve quelque chose d'analogue aux diverses parties de la philosophie : philosophie métaphysique ; philosophie de la nature ; philosophie humaine. Chacune de ces parties possède relativement aux autres une certaine priorité : la philosophie de la nature est première selon l'ordre génétique, la philosophie métaphysique est première selon l'ordre de la perfection, la philosophie humaine est première selon l'ordre de la finalité. Cependant, il y a une très grande différence entre les parties de la théologie et celles de la philosophie : ces dernières sont plus profondément distinctes entre elles que les diverses considérations théologiques, car les parties de la philosophie ont des objets formels et des objets matériels distincts, tandis que les diverses considérations théologiques ont même objet formel et matériel, mais explicitent des modalités diverses du même mystère. C'est pourquoi l'unité de la théologie est beaucoup plus profonde que celle de la philosophie. Par le fait même, il vaut mieux ne pas parler de *parties* de la théologie, mais plutôt de *considérations* diverses de la *Doctrina Sacra*.

Si déjà, en philosophie, la philosophie de la nature et la philosophie humaine ne peuvent s'élaborer parfaitement sans l'influence actuelle de la métaphysique, il en est de même et beaucoup plus rigoureusement, de l'influence de la théologie scientifique sur l'élaboration des théologies biblique et spirituelle. Non seulement la théologie spirituelle ne peut s'élaborer parfaitement qu'en supposant la théologie scientifique, mais elle exige de demeurer sous son influence actuelle. Évidemment, cela ne veut pas dire que la théologie spirituelle applique les conclusions de la théologie scientifique à ce que nous devons faire car, en réalité, les conclusions de la théologie scientifique ne sont pas « utilisables » et ne peuvent pas être appliquées immédiatement à la réalité concrète de notre vie chrétienne. La théologie spirituelle explicite un aspect propre des mystères révélés (leur aspect d'exemplarité et de dons), mais pour expliciter selon un ordre de sagesse cet aspect propre du mystère révélé, elle implique la connaissance la plus parfaite et la plus précise de ce même mystère en lui-même, donc, elle implique la théologie scientifique. C'est pourquoi, dans ce traité théologique sur : *Marie, modèle de la croissance de la vie chrétienne*, est impliqué la théologie scientifique du mystère de Marie et celle de notre vie de grâce, de foi, d'espérance. Cependant, volontairement, nous n'explicitons et ne traitons que l'aspect précis, propre à la théologie spirituelle, aspect que les autres considérations théologiques ne peuvent nous manifester. Nous insistons sur ce point pour qu'il n'y ait pas d'équivoque.

Première partie

COMMENCEMENT ET TERME DU MYSTÈRE DE LA CROISSANCE DE LA CHARITÉ EN MARIE

INTRODUCTION

Du point de vue immédiatement pratique, qui est celui de la théologie mystique, il ne suffit pas de considérer la nature de la charité, d'en saisir les propriétés ni même d'en regarder tout l'épanouissement merveilleux dans le cœur de Jésus crucifié et glorifié. Il ne suffit pas de voir comment cette amitié divine relie le cœur de Jésus à son Père et à ses membres dans l'Esprit Saint et comment elle s'empare de toutes les forces, qualités et vertus de Jésus pour lui faire vivre pleinement les béatitudes évangéliques. Il nous faut encore comprendre comment ce mystère de l'amour, communiqué à nos âmes, doit pratiquement croître, en s'emparant progressivement de toutes nos forces, nos qualités, nos vertus humaines. La charité, tant que nous sommes sur la terre, n'est-elle pas comparable au levain qui doit faire lever toute la pâte, au grain de sénevé qui doit devenir un « grand arbre » où les oiseaux du ciel viennent s'abriter ? Saint Augustin nous affirme que « l'amour divin en nous a ses commencements (*sua initia*), ses accroissements (*sua augmenta*), sa perfection (*suam perfectionem*) [1] ». C'est pourquoi il nous faut regarder les diverses étapes de la vie chrétienne de Marie comme modèle et « exemplaire » de la croissance de la charité [2]. Rappelons d'abord certaines précisions théologiques.

1. SAINT-AUGUSTIN, *Sermons*, Ve Série, 368, ch. 4.
2. *Cf.* M.-D. PHILIPPE, *Le Mystère du Christ crucifié et glorifié*, coll. « Aletheia », Fayard, 1996 (N.d.E.).

Comment peut-il y avoir une véritable croissance dans le mystère de l'amour divin ?

Seul l'être imparfait est capable de progrès, de croissance. L'être parfait échappe à tout progrès, du fait même qu'il est parfait, tandis qu'un être qui n'a pas encore atteint sa taille, qui n'a pas encore développé toutes ses virtualités, qui n'a pas encore exploité toutes ses richesses, est toujours susceptible d'accroissement et de perfectionnement. Lorsqu'il s'agit de la vie divine, de la charité, le progrès ne sera donc possible que pour celui qui ne la possède que « partiellement » — d'une manière participée — et qui n'a pas encore atteint la mesure que Dieu, dans sa sagesse, lui a fixée. Nous savons, en effet, que « chacun de nous a reçu sa part de la grâce divine selon que le Christ a mesuré ses dons » — *secundum mensuram donationis Christi*[1].

La croissance de la charité présuppose donc dans celui qui la vit une certaine imperfection, l'imperfection de celui qui n'a pas encore atteint son terme. Cette imperfection provient, de fait, de l'état de croyant — de celui qui ne voit pas — et de l'état d'espérance — de celui qui ne possède pas. Le mystère de la foi et le mystère de l'espérance permettent à celui qui aime de progresser de lumière en lumière, d'amour en amour, de sainteté en sainteté. Ne voyant pas et ne possédant pas, il est bien dans un état imparfait qui le rend capable de croître dans l'amour, de se renouveler « de jour en jour » dans sa vie divine[2]. C'est pourquoi le livre des Proverbes affirme : « La route des justes est comme la lumière de l'aube, dont l'éclat grandit jusqu'au plein jour[3]. »

Du point de vue pratique, il ne faut jamais oublier que

1. Ép 4, 7.

2. 2 Co 4, 16. « C'est pourquoi nous ne faiblissons pas. Bien au contraire, encore que l'homme extérieur en nous s'en aille en ruine, l'homme intérieur se renouvelle de jour en jour. »

Cf. Ap 22, 11b. « Que l'homme de bien vive encore dans le bien, et que le saint se sanctifie encore. »

3. Pr 4, 18.

la croissance de la charité ne peut se comprendre sans le mystère de la foi et celui de l'espérance. La charité en elle-même, en sa nature propre, ne peut expliquer cette croissance, puisqu'en elle-même elle ne dit qu'union affective et intime avec Dieu. « Celui qui demeure dans l'amour demeure en Dieu et Dieu demeure en lui[1]. » Tout acte de charité atteint immédiatement Dieu en son mystère personnel d'amour et, par le fait même, son objet propre est la fin ultime de toute créature. Or, dès que l'homme est uni à sa fin ultime, son unique nécessaire, il doit s'y reposer. La charité, considérée en elle-même, est parfaite et n'implique aucune imperfection. Elle réclame le repos en Dieu et réalise l'unité avec lui.

Possédée par un homme vivant de la foi et de l'espérance, la charité ne réalise qu'imparfaitement ce repos divin et cette unité de vie. C'est à cause de l'imperfection de l'état de celui qui la possède, qu'elle est alors dans une situation quasi anormale, quasi « violente », pourrait-on dire, puisque de par sa nature elle est faite pour s'épanouir en une amitié parfaite impliquant la vision béatifique. À cause de la foi, son exercice demeure toujours imparfait ici-bas, non entièrement libéré de certaines nécessités du sujet. Cette situation imparfaite lui donne la possibilité de croître, d'atteindre progressivement son état de perfection, d'union parfaite avec Dieu.

C'est pourquoi, du point de vue de la théologie mystique, le mystère de la foi et celui de l'espérance doivent être considérés comme parties essentielles du mystère de la croissance de la charité. Le mystère des purifications de la foi et celui de l'espérance sont pratiquement inséparables du mystère de la croissance de la charité, et lui sont ordonnés. La charité finalise la foi et l'espérance[2]. C'est pour permettre à l'amour divin de grandir que le croyant et celui qui espère doivent connaître de terribles purifications. Par le fait même, du point de vue pratique, il ne

1. 1 Jn 4, 16.
2. *Cf.* 1 Co 13, 1-13.

faut pas traiter séparément ces mystères, mais au contraire, montrer leurs profondes connexions, leurs multiples interférences et leurs causalités réciproques. Si la théologie spéculative, dans ses analyses scientifiques, doit étudier chacune des vertus théologales pour elle-même et considérer leurs caractères propres, la théologie mystique, tout en tenant compte de l'analyse de la théologie scientifique et tout en s'en servant, essaie de saisir concrètement, dans toute sa complexité et sa richesse, le mystère de la croissance de la charité chrétienne.

Nature et propriétés de cette croissance

La croissance de la charité est la croissance de la vie divine participée en notre âme. Cette croissance est par nature mystérieuse comme la vie divine elle-même. Nous pouvons cependant, en recourant à certaines analogies, toucher de plus près le mystère, sans vouloir pour autant l'expliquer.

La vie divine dont nous vivons par le Christ et dans l'Esprit Saint, est la vie la plus parfaite que nous puissions mener. Rien n'est plus vital, au sens le plus fort, que la charité. C'est pourquoi les croissances des autres types de vie que nous pouvons expérimenter et analyser en nous et autour de nous ne sont que des vestiges, des images très imparfaites de ce mystère de croissance très caché. Mais ces images, ces vestiges, n'en demeurent pas moins très précieux pour nous aider à creuser ce mystère.

La croissance des êtres vivant de la vie végétative nous apparaît comme un élan impératif interne vers un épanouissement parfait. Le vivant se nourrit non seulement pour se conserver, mais encore pour réaliser toutes ses richesses vitales, possédées initialement selon un mode implicite et imparfait, en quelque sorte très replié sur lui-même. Songeons à toute la richesse vitale contenue dans la semence, dans la graine, ou même dans un tout petit animal qui vient de naître. La croissance des êtres vivants est donc spontanée, en ce sens qu'elle est commandée par des exigences immanentes et propres au vivant imparfait comme tel. Mais cette spontanéité est déterminée : elle est orientée et elle possède un certain rythme particulier. Chaque espèce de vivant a son orientation et son rythme spécifique de croissance vitale. La croissance d'un grain de blé ne se développe évidemment pas de la même manière que celle d'un chien. Chaque individu possède, lui aussi, certaines notes spéciales et caractéristiques modifiant le rythme et la direction de sa croissance vitale. Dans une même famille, l'évolution vitale de deux frères pourra bien être très différente. Cette diversité proviendra de facteurs internes et externes ; de toute façon, le milieu vital aura une grande influence. Nous reviendrons plus loin sur cette question du milieu vital, de son rôle, de son efficacité, dans le développement de l'être vivant[1].

Ce rythme de vie possède des périodes plus ou moins diversifiées. Mais ce qui est sûr, c'est que tout vivant de vie végétative connaît un point de départ de son mouvement ascendant de croissance, atteint certains paliers, puis un sommet, un certain état de plénitude et de perfection ; après quoi il connaît un mouvement en sens inverse de dégénérescence progressive.

Le mystère de la croissance de la charité est analogiquement le même. La charité possède aussi son élan vital impératif et spontané. La grâce, où elle jaillit, est une « semence » divine qui demande de s'épanouir et de s'emparer de tout ce dont elle peut s'emparer, non seulement pour vivre et se conserver, mais pour croître et rayonner. La croissance de la charité possède aussi une orientation et un rythme : il y a une certaine loi de croissance vitale de l'amour divin qui lui est propre, et cette loi est plus impérative, plus exigeante, plus forte, que toute autre loi de croissance. S'il est déjà terrible d'empêcher, d'arrêter l'épanouissement normal d'un amour humain qui

1. Cette étude du milieu vital relèverait d'une étude sur « L'Église, milieu vital de la croissance de la charité ».

commence à naître — on ne cesse de parler aujourd'hui de « refoulements » et de nous signaler tous les dégâts, toutes les complications qui proviennent de ces arrêts violents ou de ces chocs psychologiques empêchant les poussées vitales profondes d'avoir libre cours — on devine combien plus terribles encore et lourds de conséquences fâcheuses sont ces refus plus ou moins avoués, plus ou moins violents, qui arrêtent les aspirations si profondes, si fortes et si véhémentes de l'amour divin. Si l'on parle moins de ces « refoulements » divins, cela ne veut pas dire qu'ils n'existent pas et qu'ils sont de minime importance ! Mais ils sont plus mystérieux et échappent davantage à notre psychologie.

Mais n'oublions pas la diversité de ces croissances ; elle est très nette et importante à noter.

Le rythme de croissance des êtres de vie végétative peut se représenter par une sorte de courbe, ayant un sommet et un déclin. Le rythme de croissance de la charité, considérée selon sa nature, doit se représenter par une ligne toujours ascendante, ayant sans doute certains paliers, mais ne connaissant pas de sommet suivi d'une dégénérescence. La charité, ayant une vitalité divine, peut croître toujours, tant que le sujet demeure dans la fidélité de la foi[1]. Cette croissance n'a pas d'autre mesure que celle que Dieu lui a fixée, et qui ne peut être atteinte qu'au terme de la vie terrestre. Nous sommes ici, avec ce mystère de la croissance de la charité, en face d'un *sursum corda* continuel. S'il peut y avoir des morts, des chutes radicales par le péché mortel, il ne peut y avoir de diminution et de descente lente et progressives.

La croissance des êtres de vie végétative se réalisant dans des êtres sensibles implique nécessairement, en raison de la quantité, une certaine extériorité des diverses parties. Le point de départ de l'être qui croît est nécessairement extérieur à son terme. La croissance de la charité,

1. SAINT THOMAS, *Somme théologique*, II-II, q. 24, a 7 : « *Ipsa charitas secundum rationem propriae speciei terminum augmenti non habet ; est enim participatio quaedam infinitae charitatis, quae est Spiritus Sanctus.* »

étant d'ordre divin, n'implique plus cette extériorité. C'est pourquoi on peut dire que, dans cette croissance, chaque point de départ est en même temps un sommet, et chaque sommet est comme un nouveau point de départ. Chaque acte de charité à la fois atteint Dieu en lui-même et, en même temps, dispose à un nouvel élan, à un nouvel acte plus parfait.

Enfin, la croissance des êtres de vie végétative, si elle dépend bien de certaines causalités équivoques propres au milieu où elle se réalise, dépend surtout et avant tout d'un principe vital immanent, cause propre et formelle de cette croissance. La croissance de la charité, si elle dépend bien de nos efforts et de notre bonne volonté, dépend en premier lieu de la grâce de Dieu et de l'Esprit Saint. Saint Paul affirme nettement : « Moi, j'ai planté, Apollos a arrosé ; mais c'est Dieu qui donnait la croissance. Or, ni celui qui plante n'est quelque chose, ni celui qui arrose, mais celui qui donne la croissance, Dieu[1]. »

Pour signifier ces diversités profondes, l'Écriture, lorsqu'elle parle de la croissance de la charité, ne se sert pas seulement des comparaisons empruntées aux êtres de vie végétative (par exemple le grain de sénevé), mais elle emploie aussi des images évoquant la construction artistique d'une œuvre : « Quiconque vient à moi, écoute mes paroles et les met en pratique, dit Jésus dans l'Évangile de saint Luc, je vais vous montrer à qui il ressemble. Il ressemble à un homme qui, bâtissant une maison, a creusé, creusé profond, et posé les fondements sur le roc[2]... » Saint Paul dit également : « Vous êtes le champ de Dieu, l'édifice de Dieu... Selon la grâce de Dieu qui m'a été donnée, tel un bon architecte, j'ai posé le fondement. Un autre bâtit dessus[3]. » Dans l'Ancien Testament, la construction de la demeure de Yahvé, réalisée par Moïse, est également extrêmement significative[4]. Ces

1. 1 Co 3, 6-7.
2. Lc 6, 47-48.
3. 1 Co 3, 9-10.
4. *Cf.* Ex 25 à 40.

comparaisons opposées aux premières montrent que la croissance de la charité est l'œuvre principale de Dieu, que l'Esprit Saint en est comme l'architecte divin : il agit comme « le doigt de Dieu » et il se sert aussi d'instruments. Comme pour les œuvres d'art qui n'ont pas de déclin, de dégénérescence, c'est la sagesse de Dieu elle-même qui a fixé les limites de cette croissance.

Notons enfin que ces deux types de comparaison nous montrent qu'il y a deux orientations très caractéristiques de la croissance de la charité : d'abord l'enracinement ou le fait de poser des fondements, de creuser des fondations, et puis la montée, l'expansion ou l'édification, la construction vers le haut, qui correspondent bien à la croissance d'intensité et d'extension ; la phase des recueillements cachés et celle des épanouissements, des rayonnements, manifestés par les fleurs et les fruits. Ces deux orientations s'appellent l'une l'autre comme les deux mouvements propres de la vie, celui d'assimilation, d'emmagasinement — la vie se conserve — et celui de communication, de don — la vie s'épanouit et se diffuse.

Marie est modèle dans l'ordre de la croissance de la charité

Le Christ, en raison même du mystère de l'union hypostatique, possède dès le premier instant de sa vie terrestre une plénitude d'amour telle, qu'elle est infiniment parfaite. Elle est au-delà du mystère de la croissance de la charité. Jésus, comme Fils unique du Père, ne peut croître, car il est infiniment parfait. Il ne peut donc être le modèle du mystère de la croissance de la charité. De plus, dès le premier instant de sa vie, le Christ, dans les sommets de son âme humaine, surélevée par la grâce, vivait de la vision béatifique. Il répugne donc que la vie divine dans l'âme de Jésus soit dans un état imparfait, susceptible de progrès [1]. Sa vie divine est immédiatement

1. On sait comment saint Thomas interprète ce passage de l'Évangile de saint Luc : « Jésus croissait en sagesse, en taille et en grâce

stabilisée, elle est à la taille du Fils bien-aimé du Père en qui celui-ci a mis toutes ses complaisances.

La pure créature qui a vécu le plus de la grâce chrétienne, qui en a exploité toutes les richesses, tout en étant plongée ici, sur terre, dans un régime de foi et d'espérance, c'est la Très Sainte Vierge. L'Écriture, par la salutation de Gabriel et le *fiat*, nous atteste la plénitude exceptionnelle de grâce et de charité que la Sainte Vierge possède à l'Annonciation dans son état de croyante. La Tradition nous la montre comme la créature qui a connu avec Dieu et avec le Christ la plus grande intimité, celle qui a reçu du Père et du Christ le plus grand amour. Les dogmes de l'Immaculée Conception, de la maternité divine et de l'Assomption nous la présentent comme regardée par Dieu et par le Christ d'une manière unique, ayant reçu d'eux les plus grandes grâces et miséricordes qu'une pure créature puisse recevoir. Certains théologiens précisent encore que la plénitude de sa grâce initiale est plus parfaite que la grâce qui se situe au terme de la vie terrestre des plus grands saints. La plénitude de sa grâce dans le dernier acte de sa vie terrestre est, évidemment, encore incomparablement plus parfaite. Et comme elle n'a jamais connu de faute ni jamais rien refusé à la volonté divine, on peut donc conclure que, dans l'ordre de la croissance de la charité, elle est bien la première, celle qui a profité de la façon la plus parfaite et la plus divine de son temps d'épreuve. Si elle est la première parmi ceux qui doivent croître dans l'ordre de la vie divine, elle est donc le modèle de la croissance de notre charité chrétienne, puisque le premier dans un genre donné est modèle et cause exemplaire de tout ceux qui sont dans ce genre[1]. Saint Pie X, en parlant de la vraie

---

devant Dieu et devant les hommes » (2, 52). Pour lui il ne s'agit pas d'un progrès selon les « habitus de sagesse et de grâce », mais seulement « selon leurs effets », en ce sens qu'il faisait des œuvres manifestant une sagesse de plus en plus grande. (III, q. 7, a. 12 ad 3).

1. SAINT AMBROISE, *De Virginibus*. P.L. 16, c 209. Cf. *Les plus beaux textes sur la Vierge Marie*, présentés par P.R. REGAMEY, La Colombe, Paris, 1946, p. 56.

dévotion à Marie, note que la dévotion parfaite à Marie doit imiter ses exemples : « C'est une loi divine, en effet, que ceux-là seuls obtiennent l'éternelle béatitude qui se trouvent avoir reproduit en eux, par une fidèle imitation, la forme de la patience et de la sainteté de Jésus-Christ : "Car ceux qu'il a connus dans sa prescience, il les a prédestinés pour être conformes à l'image de son Fils, afin que celui-ci soit l'aîné entre plusieurs frères" (Rm 8, 29). Mais telle est généralement notre infirmité, que la sublimité de cet exemplaire aisément nous décourage. Aussi a-ce été, de la part de Dieu, une attention toute providentielle que de nous en proposer un autre aussi rapproché de Jésus-Christ qu'il est permis à l'humaine nature, et néanmoins merveilleusement accommodé à notre faiblesse. C'est la Mère de Dieu, et nul autre. "Telle fut Marie, dit à ce sujet saint Ambroise (*De Virginibus*, II, ch. 2), que sa vie, à elle seule, est pour tous un enseignement." D'où il conclut avec beaucoup de justesse : "Ayez donc sous les yeux, dépeintes comme dans une image, la virginité et la vie de la bienheureuse vierge, laquelle réfléchit, ainsi qu'un miroir, l'éclat de la pureté et la force même de la vertu."[1] »

Ne faut-il pas, comme certains, dire qu'elle est trop parfaite pour être notre modèle ? Une telle objection méconnaît, en réalité, la nature propre du modèle. Plus celui-ci est parfait, plus il est idéal et pur, plus il peut jouer son rôle de modèle, en exerçant pleinement son attraction de cause exemplaire. Le modèle est, par nature, un idéal ; mais un idéal concret, déjà réalisé dans un être plus parfait et qui nous devance. C'est parce qu'il est « idéal », qu'il peut nous attirer, nous fasciner. Et plus il est parfait, et d'une certaine manière transcendant, plus il peut être immanent et intime.

La croissance de la charité en Marie est vraiment pour nous un idéal très pur, incomparablement beau. Mais cet

1. *Cf.* Encyclique *Ad diem illum*, 2 fév. 1904. Actes de Pie X, Bonne Presse, Paris, t. 1, pp. 83-85.

idéal de croissance est en même temps très proche de nous, le plus proche possible. N'est-ce pas celle du cœur de notre Mère divine ? Cette croissance d'un cœur virginal et immaculé est celle d'un cœur maternel, miséricordieux et accueillant.

Chapitre premier

CONDITIONS INITIALES DE LA CHARITÉ EN MARIE : LE MYSTÈRE DE L'IMMACULÉE CONCEPTION

La croissance de la charité chrétienne étant un mouvement, une ascension, il faut, pour tâcher d'en saisir le caractère particulier, en déterminer le point de départ et le terme. Tout mouvement se caractérise d'abord par son point de départ, le *terminus a quo*, qu'il abandonne, et par son but, le *terminus ad quem*. Si c'est un mouvement vital, ce *terminus a quo* n'est pas seulement ce qu'on abandonne, c'est aussi la qualité initiale du vivant, et le *terminus ad quem* implique également l'ultime manière dont ce terme est possédé. Ensuite, et en fonction de ces deux extrêmes, on peut considérer les diverses étapes de ce mouvement. C'est pourquoi, à propos du mystère de la croissance de la charité en Marie, il faut considérer en premier lieu le point de départ de ce mystère et son terme ; ensuite, il faut préciser les diverses étapes de cette ascension divine : les étapes joyeuses, douloureuses et glorieuses.

Le point de départ du mystère de la croissance de la charité en l'âme de Marie doit se comprendre à partir du mystère de l'Immaculée Conception. Ce mystère nous révèle, en effet, la miséricorde unique de Dieu à l'égard de Marie et la manière dont il lui a témoigné, dès l'origine, toute sa prédilection. Avec ce mystère, nous sommes en présence du fondement posé par Dieu pour cet immense édifice qu'il veut réaliser en Marie. Ce mystère nous montre jusqu'où Dieu a voulu que la grâce chrétienne s'enracine en ce tout petit être humain, relié totalement à Dieu dès sa conception, et combien radicalement il a voulu le séparer de toute complicité à l'égard du péché.

La bulle *Ineffabilis*[1], en proclamant le dogme de l'Immaculée Conception, précise en effet que :

Marie est préservée de la tache du péché originel dès le premier instant de sa conception ;

cette exemption de la faute originelle est une miséricorde toute spéciale de Dieu, accordée en vertu des mérites du Christ ;

cette doctrine est révélée, contenue au moins implicitement, dans l'Écriture et la Tradition.

Voilà ce qui est proprement défini par l'Église.

Marie, tout en étant de la descendance d'Ève, pleinement de la race humaine, est cependant exempte de la tare héréditaire à laquelle nous sommes tous soumis. Non seulement elle n'a pas connu le péché — la *culpa* — mais encore le foyer de concupiscence ne l'a pas atteinte. Le privilège de l'Immaculée Conception la sépare complètement de ce que nous appelons le « vieil homme », l'homme de péché.

Conséquences pratiques du péché originel en nous

Nous savons, en effet, que la conséquence immédiate de la première faute d'orgueil personnel d'Adam et d'Ève est de mettre toute leur descendance, toute la race humaine, dans un état de déchéance, comparativement à

1. Définition dogmatique de L'Immaculée Conception (Pie IX, 8 décembre 1854). « Nous déclarons, prononçons et définissons que la doctrine suivant laquelle, par une grâce et un privilège spécial de Dieu tout-puissant, et en vertu des mérites de Jésus-Christ, Sauveur du genre humain, la bienheureuse Vierge Marie a été préservée de toute tache du péché originel au premier instant de sa conception, est révélée de Dieu et doit par conséquent être crue fermement et constamment par tous les fidèles (D. I 641). »

l'état initial du paradis terrestre. La grâce qui les faisait amis et familiers de Dieu est perdue. Les dons préternaturels d'intégrité et d'immortalité, qui harmonisaient parfaitement, dans cet état de justice originelle, les exigences les plus profondes de la grâce et celles de la nature, sont perdus. Cette noblesse de fils de Dieu et de roi de l'univers, subitement, disparaît par ce péché d'orgueil, et l'homme demeure dans un état d'inimitié à l'égard de l'amour divin et de servitude pénible et austère à l'égard de la nature. Par ce péché originel, toute l'humanité est condamnée à être dans une situation terrible, envahie qu'elle est par la faute et comme submergée par le déluge. À l'harmonie intérieure succède la division, la lutte ; la concupiscence entraîne nos passions vers les biens sensibles et excite orgueilleusement notre intelligence contre la volonté aimante et miséricordieuse de Dieu. Ce qui normalement devait être subordonné et soumis — la partie inférieure de la nature humaine — cherche toujours à dominer et à se révolter contre la partie supérieure. Celle-ci, ayant perdu sa subordination à l'égard de la fin ultime, privée de l'amour, n'a plus de fermeté, de stabilité. Elle est facilement emportée par l'attrait des biens sensibles terrestres.

Le premier péché a donc produit une rupture, une opposition terrible entre la race humaine et Dieu. Cette race humaine est, de fait, comme livrée à Satan. Dieu permet que celui-ci se l'approprie pour un temps.

Tous les descendants d'Adam sont nés dans le péché (sauf le Christ et Marie, de manière très différente du reste). Satan a donc sur eux une certaine mainmise dès leur conception et dès leur apparition dans le monde. Il les connaît. Le démon, ayant possédé un moment la forteresse de notre âme, en connaît les points les plus vulnérables. Il connaît beaucoup mieux la nature humaine, avec toutes ses virtualités, ses tendances nobles et grandes, aussi bien que lâches et basses, que les meilleurs psychologues et psychanalystes ! Il sait toutes les multiples interférences qui peuvent exister entre les diverses tendances instinctives, et tout ce qui se cache en celles-ci. Il a comme marqué de ses griffes, de ses propres empreintes, les descendants d'Adam dans leur nature sensible, à tel point que même après le baptême, si la faute est effacée, la trace pourtant de cette première appartenance demeure encore. Nos trois concupiscences en témoignent. La naissance nouvelle à la vie divine — dans le sang de Jésus — ne rétablit pas les membres du Christ dans le paradis terrestre. Le chérubin, mis à la porte de ce paradis, indique bien la volonté expresse de Dieu de ne pas permettre aux descendants d'Adam et d'Ève le retour à cette première béatitude, malgré les nostalgies brûlantes qui peuvent, à certains moments, les saisir. Le baptême réhabilite les hommes dans la maison du Père, comme de vrais enfants prodigues, leur donnant la grâce, l'habit nuptial, mais il ne supprime pas les concupiscences, les mauvais instincts. C'est pourquoi une lutte interne demeure. Satan est rejeté de la « citadelle ». Il n'en est plus le maître — la victoire de la Croix l'écarte. Mais ici-bas, durant tout le temps de l'épreuve, il garde toujours sa « cinquième colonne ».

Miséricorde prévenante de Dieu à l'égard de Marie

Marie, au milieu de cette race humaine, est préservée, « tel un lys au milieu des ronces ». Dès l'origine, il n'y a eu en elle aucune complicité avec le mal, avec le péché, avec Satan. La miséricorde divine, dans un geste unique de prédilection, l'en a préservée. Elle s'est dressée, en quelque sorte, en face de cette contagion héréditaire du péché, pour mettre cette créature prédestinée à l'écart, ou plus exactement pour la mettre comme au-delà de ce péché de nature envahissant toute la race humaine et ne respectant aucun de ses membres. On voit dans l'Ancien Testament la préfiguration de cette miséricorde prévenante dans le geste de Dieu à l'égard du tout petit Moïse qui vient de naître. Normalement ce fils des Hébreux aurait dû être jeté dans les eaux du Nil. Mais cet enfant est « si beau » qu'on ne peut le faire périr. Après l'avoir dissimulé trois mois, on le dépose dans ce berceau parmi les roseaux près de la rive du fleuve[1] Marie, enveloppée par cette miséricorde de préservation comme dans une « arche divine », demeure la seule pure créature qui n'est pas touchée par la faute. Dieu la tient dans son amour jaloux de telle manière qu'il ne permet pas que quelqu'un d'autre que lui la touche. Elle est sortie toute pure des mains de Dieu, elle retournera, de fait, toute pure vers lui.

Séparation entre Satan et Marie

Le démon n'a jamais eu d'emprise directe sur elle, ni sur son âme ni sur son corps. Parmi les descendants d'Adam, c'est la seule pure créature qui lui échappe totalement. Il ignore tout de cette petite enfant des hommes. Elle est un « jardin fermé », divinement fermé. Elle est pour lui une énigme mystérieuse qui l'intrigue et l'irrite. Il a deviné avec effroi que c'est sa rivale, celle dont la révélation de la maternité divine a été sans doute le motif propre de sa révolte. Dans son orgueil, il n'a pas accepté qu'une pure créature puisse être mère de son Dieu et par là connaître avec Dieu une intimité que lui, Lucifer, ne connaîtra jamais. En voyant cette descendante d'Ève lui échapper, il a pressenti que c'était celle que Dieu a choisie comme la Reine de la terre et du ciel, des hommes et des anges. Devant elle, il est forcé de se reconnaître entièrement étranger, vaincu et impuissant.

Comprenons bien cette attitude pratique de Satan en face du mystère de l'Immaculée Conception, pour mieux saisir la parole de l'Écriture : *Inimicitias ponam inter te et mulierem*, « Je mettrai une hostilité entre toi et la femme, entre ton lignage et le sien[2]. » Dans sa sagesse, Dieu ayant

1. *Cf.* Ex 2, 1-10.
2. Gn 3, 15.

permis que le démon, par le péché originel, ait une certaine mainmise sur les descendants d'Adam, cette permission divine, Satan, dans son orgueil, la considère comme un droit. Une des conséquences pratiques de l'orgueil dans la créature, est d'ériger immédiatement en droit permanent toute permission accordée d'une manière temporaire. Satan ne se présente-t-il pas devant Jésus au désert comme le « prince de ce monde », comme celui qui a droit de régner sur l'univers et de tyranniser les hommes ? Devant ce mystère d'une descendante d'Ève qui échappe à la tare héréditaire, au lieu de se taire et d'admirer un geste spécial de la miséricorde toute gratuite de Dieu, il se juge comme frustré de ses droits. Cette petite enfant mystérieuse lui apparaît comme un échec à son pouvoir de « prince de ce monde ». Ne voulant pas, par orgueil, avouer qu'il est normal que la miséricorde de Dieu agisse en toute liberté, qu'elle n'a de compte à rendre à personne, il s'irrite intérieurement et tâche, autant qu'il le peut, de ne pas considérer l'existence de cette créature extraordinaire, prétendant qu'elle n'est rien. Pour cet intellectuel orgueilleux n'existent et n'ont droit à l'existence, parmi les réalités qu'il estime et qui relèvent de son unique compétence, que celles qu'il connaît ! Mais ne pouvant pas nier absolument le fait de cette existence, il tâche par tous les moyens de minimiser cette créature enveloppée de la miséricorde prévenante de Dieu et de la tourner en ridicule. Il essaie toujours d'en faire des caricatures ! Ce mystère est intolérable pour son orgueil. Il est le « signe » trop manifeste d'une miséricorde qu'il ne peut accepter et qu'il abomine, d'une miséricorde qui lui montre le droit absolu de Dieu sur toutes les créatures, même sur cette race humaine déchue. Lui-même, si intelligent soit-il, n'a aucun droit qu'il n'ait reçu de Dieu ou qui ne dépende de la permission de Dieu ; ses jours de domination sur la terre sont comptés, ce n'est pas lui qui en a fixé la durée.

Marie est donc, dès son origine, l'ennemie propre et personnelle de Satan, l'ennemie irréductible, qui lui échappe totalement, alors qu'il se croyait maître de la situation, maître du monde. Grâce à ce privilège, en effet, Marie est complètement séparée du péché et de toute complicité avec le mal et avec le prince de ce monde.

Cette séparation radicale du mal et cette absence du « foyer du péché » (*fomes peccati*) nous permettent de saisir combien est net le point de départ de la croissance de l'amour en Marie. Dans le *terminus a quo*, tout ce qui est inconciliable avec l'amour divin est pleinement rejeté, laissé de côté, alors qu'en nous il ne l'est jamais complètement. Dans nos élans d'amour les plus divins, un certain égoïsme, un certain orgueil, demeurent à l'état latent. Nous n'en serons pleinement délivrés que dans la gloire.

Harmonie intérieure, plénitude d'amour

Pour saisir le caractère original de ce point de départ du mystère de la croissance de la charité en Marie, il ne faut pas seulement regarder combien est nette la séparation de l'âme de la Vierge à l'égard du péché, il faut encore considérer la qualité unique de ce germe vital que Dieu lui a communiqué initialement, puisqu'il s'agit de la croissance d'un être vivant.

Cette absence du *fomes peccati* nous permet d'affirmer que si Satan est là, furieux et irrité dans son orgueil, comme ennemi extérieur, comme tentateur au sens le plus fort, cependant l'âme de Marie est préservée des luttes et des divisions intérieures. Par le fait même, les gaspillages, les pertes de temps, les hésitations, les lenteurs, les retours sur soi, les repos égoïstes qui existent fatalement dans toutes luttes intérieures où l'ennemi a des intelligences dans la place, n'existeront pas en elle. Son âme est tout orientée vers Dieu, son unique Bien, son Créateur et son Père. Elle est uniquement attirée et polarisée par lui. *Dominus possedit me in initio viarum sua-*

rum[1]. En elle il n'y a aucun égoïsme. Elle s'aime comme Dieu l'aime ; c'est pourquoi, en son être, tout est harmonie et équilibre parfait. Toutes ses capacités, toutes ses forces vitales sont organisées en vue du service divin. Tout ce qu'elle possède, intelligence, volonté, sensibilité, passion, tout est parfaitement ordonné pour servir Dieu. On retrouve en elle les perfections de l'état de nature pure, cette attitude normale de la créature d'être servante docile et aimante de son Dieu.

Cette harmonie intérieure et cette orientation vers son Dieu donnent à son âme une simplicité et une pureté merveilleuses : celles que Dieu avait communiquées dans l'Éden à son image et qui étaient comme l'écho vivant de sa simplicité à lui. Dieu avait fait l'homme simple, le péché l'a rendu complexe et multiple. Marie n'est-elle pas, comme dit l'Écriture, un miroir parfait du Créateur « qui fait éclater sa noble origine[2] » ? De son Créateur et de son Père, elle est une image encore plus parfaite qu'Ève ne l'était dans l'état d'innocence, car elle est plus proche de l'unité adorable du Dieu-Trinité. Son âme est toute lumineuse, toute limpide. Pur cristal qui reflète la lumière de Dieu, qui laisse passer l'éclat du Soleil sans le retenir, ni l'assombrir. N'est-elle pas l'Étoile du matin ? Cette harmonie et cette lumière nous manifestent bien toute la splendeur et la beauté de son âme. Mais la beauté de l'âme de Marie, à la différence de celle d'Ève, demeure cachée. C'est une beauté intérieure : toute la gloire de la fille du Roi est à l'intérieur. C'est une beauté voilée. « Tes yeux sont des colombes derrière ton voile[3] ». La beauté d'Ève, par contre, est une beauté qui la dispose à être l'épouse d'Adam. La beauté intérieure de l'âme d'Ève s'épanouit, rayonne sur tout son corps, sur toute sa sensibilité, par des dons préternaturels. La beauté de Marie la dispose à être la confidente de Dieu, la vierge par excel-

1. Pr 8, 22. *Cf.* traduction de la Bible de Jérusalem : « Yahvé m'a créée au début de ses desseins. »
2. Sg 8, 3.
3. Ct 4, 1b.

lence. Ce n'est pas une beauté pour les hommes, mais une beauté toute réservée à Dieu. « La gloire de Dieu, c'est de cacher ses œuvres (Pr 25,2). » Cette harmonie, cette limpidité, cette pureté, cette simplicité, proviennent, en effet, d'une grâce chrétienne. Marie, par son privilège, ne retourne pas au paradis terrestre ! Sa grâce n'est pas une grâce de justice originelle, mais bien une grâce chrétienne impliquant des exigences divines plus profondes, plus exclusives, et se servant d'un corps capable de souffrir, de pâtir, et d'une âme vulnérable à la tristesse, susceptible de porter les peines dues aux péchés.

Le point de départ de cette croissance de l'amour est donc très simple, très pur, sans dualité ni division internes, mais aussi très caché, très souterrain, pourrait-on dire. Ne peut-on pas en voir un signe dans le fait même que l'Esprit Saint ne nous a pas révélé tout de suite ce grand mystère, puisque la manière dont Dieu nous révèle ses secrets n'est pas étrangère à la nature même du secret révélé. L'Esprit Saint a voulu que la Tradition garde longuement ce mystère comme un « secret » d'amour dont on vit, mais dont on ne parle pas tellement.

Précisons que cette grâce chrétienne lui est donnée initialement en plénitude. Cette plénitude de grâce et de charité n'est pas immédiatement définie, mais elle est comme impliquée dans le dogme de l'Immaculée Conception. La bulle *Ineffabilis* en parle d'une façon nette et explicite. Il nous faut considérer ici cette plénitude d'amour pour saisir plus parfaitement la puissance et la vertu divine de ce germe initial.

« Dieu, dès le commencement et avant tous les siècles, choisit et prépare pour son Fils unique la Mère de laquelle, s'étant incarné, il naîtrait dans la bienheureuse plénitude des temps : il l'aima plus, elle seule, que l'universalité des créatures (*prae creaturis universis*) et d'un tel amour, qu'il mit en elle, d'une manière singulière, ses plus grandes complaisances. C'est pourquoi, puisant dans les trésors de sa divinité, il la comble si merveilleusement, bien plus que tous les esprits angéliques, bien plus que tous les saints, de l'abondance de tous les dons célestes, qu'elle fut toujours complètement exempte de tout péché, et que, toute belle et parfaite, elle apparut dans une telle plénitude d'innocence et de sainteté qu'on ne peut, hors celle de Dieu, en concevoir une plus grande, et que nulle autre pensée que celle de Dieu même, ne peut en mesurer la grandeur[1]. »

Voilà la magnifique dot royale que Dieu fit à celle qu'il se choisit pour devenir un jour la mère de son Fils bien-aimé. Cette plénitude de grâce nous fait pénétrer d'une façon nouvelle et plus intime encore dans le mystère de la miséricorde toute spéciale de Dieu pour Marie, puisque la grâce est l'effet propre de l'amour miséricordieux et paternel de Dieu pour sa créature.

Dès le premier instant, Marie a été aimée par Dieu plus que « toutes les autres créatures ». Dieu s'est pleinement complu en elle. Il l'a comblée admirablement de toutes ses grâces.

Saint Thomas explique, en théologien, cette plénitude de grâce : « Plus on s'approche d'un principe, plus on participe à ses effets. Or le Christ est le principe de la vie et de la grâce ; comme Dieu, il est la cause principale, comme homme il la transmet, car son humanité est comme un instrument toujours uni à la divinité[2]. »

La bienheureuse Vierge Marie, devant être plus près du Christ qu'aucune autre créature, puisqu'elle devait être sa mère, a reçu de lui une plénitude de grâce qui dépasse celle des autres créatures. Cette plénitude de grâce est un écho très parfait de celle de Jésus et en dépend. Elle dépasse excellemment celle de tous les autres saints. Car cette plénitude de grâce lui a été donnée pour qu'elle soit capable d'être la digne mère de Jésus.

Dès sa conception, Marie possède donc cette plénitude de grâce chrétienne qui implique une plénitude de foi, d'espérance et d'amour. Cette grâce, comme une

1. Bulle *Ineffabilis*, 8 déc. 1854.
2. *Somme théologique*, III, q. 27, a. 1.

semence divine incomparable, ne demande qu'à croître, à s'enraciner dans cette « bonne terre » tout à fait pure, à s'emparer de ce qu'il y a de plus intime dans cet être, à s'étendre, s'épanouir, devenir « un grand arbre abritant tous les oiseaux du ciel ».

Le fondement propre de ce temple de Dieu

Nous avons précisé le point de départ du mystère de la croissance de la charité en Marie, en montrant, d'une part la séparation totale de son âme à l'égard du mal, d'autre part la qualité unique du germe divin déposé initialement en son âme. Il nous faut enfin considérer le fondement propre de cet édifice divin, ce temple de Dieu, que l'Esprit Saint veut construire en cette pure créature. Non seulement tout mouvement doit être fondé sur quelque chose d'immobile — et plus ce point d'appui est ferme et immobile, plus le mouvement pourra être rapide — mais aussi tout édifice doit se fonder sur le roc s'il veut résister aux vicissitudes des temps.

Ce privilège d'exemption de la faute et de plénitude de grâce et de charité est donné à Marie en prévision du mystère de la Croix. Il s'agit d'une grâce chrétienne qui vient directement de la miséricorde du Père en prévision des mérites du Christ crucifié. Envisagé sous cette lumière, le mystère de l'Immaculée Conception nous manifeste la grande victoire de la Croix sur le péché, sur le démon. Ce mystère est le triomphe le plus profond, le plus pur, le plus intime de la Rédemption. Dans le cœur de Marie l'efficacité de la Rédemption est radicale et plénière, elle s'empare de toute son âme. En celle-ci il n'y a pas eu de bavure. Marie, en ce mystère, est bien l'annonce vivante de celui qui doit venir et qui doit être crucifié, puisqu'elle est déjà totalement arrachée aux emprises du démon.

Par ce mystère, nous pénétrons dans l'efficacité infinie du sang du Christ, capable non seulement de purifier le pécheur, de le réhabiliter, en lui donnant des « habits nouveaux », « une robe nuptiale », mais aussi de le racheter radicalement en le préservant de toute souillure, de tout contact pernicieux. Le sang de Jésus a racheté Marie de la manière la plus totale, la plus radicale qui puisse être. Par ce mystère, elle est la première rachetée au sens très fort de cette primauté dans l'ordre du rachat. En Marie, tout ce qui pouvait être racheté a été racheté immédiatement et dès le commencement pour être remis à l'amour de Dieu. Pour ce rachat merveilleux, Jésus n'a rien épargné. C'est pour elle qu'il a le plus souffert. Il n'aurait pas pu lui donner plus et souffrir plus pour elle. Elle est vraiment les prémices et la première conquête du bon Pasteur. Le fondement propre de ce mystère de croissance est donc la miséricorde du Père, la miséricorde du Père se communiquant par et dans le cœur de Jésus crucifié. C'est sur la « pierre », le « roc », que l'Esprit Saint fonde son édifice, son chef-d'œuvre. Ceci était nécessaire, puisqu'il devait s'élever si haut !

Marie, en ce mystère de l'Immaculée Conception, est bien le modèle donné par l'Esprit Saint au point de départ de la croissance de notre charité chrétienne. Elle nous montre ce que sera notre naissance dans la vie glorieuse. Dans le ciel, nous serons tous immaculés comme elle. Le sang du Christ s'emparera alors totalement de notre âme pour lui donner cette pureté plénière dans l'amour divin. Marie est bien, en ce mystère, le prototype de la naissance de notre vie divine. Notre grâce chrétienne nous incline immédiatement et efficacement vers ce mystère qui ne nous est pas étranger : il fait essentiellement partie de notre vie divine. Mais cette naissance de notre vie divine est déjà commencée. Tout élan d'amour nous fait vivre de la vie éternelle, tous nos élans de charité n'auront d'efficacité plénière que dans la mesure où leurs points de départ seront intimement unis à ce mystère de Marie. Nos efforts, toutes nos résolutions de croître en l'amour divin, si elles se prennent en dehors du cœur immaculé de Marie, sont toujours entachés d'orgueil, de vanité, d'égoïsme. Ces résolutions, à cause des conséquences du péché originel, comme nous l'avons déjà noté, impliquent encore certains compromis avec le mal, compromis peut-être inavoués, très subtils et très cachés, réels pourtant. Par le fait même, la rupture avec le péché n'est pas plénière, on emporte avec soi encore un peu de boue ! L'élan initial est alors un peu vicié, et souvent, à cause même de cela, il ne tiendra pas, il avortera. En apparence, tout était brillant, très pur et très beau, mais il y avait une « fêlure » très cachée, une attache à nous-mêmes, à notre orgueil. L'oiseau avait encore un fil à la patte ! Et après un premier vol généreux, il est retombé. Si nos résolutions de croître en l'amour (toutes nos résolutions chrétiennes se ramènent en définitive à cette unique résolution de croître en l'amour, avec des modalités très diverses) se prennent volontairement avec Marie, en s'appuyant sur son cœur immaculé et en les lui confiant, alors elles auront une pureté toute divine ; elles seront vraiment efficaces. Marie, en son mystère d'Immaculée Conception, est donc le lieu propre de tout point de départ authentique de la croissance de l'amour.

Chapitre II

TERME DU MYSTÈRE DE LA CROISSANCE DE LA CHARITÉ EN MARIE : SA DORMITION ET SON ASSOMPTION

La même fête liturgique unit la mort, la résurrection et l'assomption de Marie. Pour Jésus, la liturgie distingue ces divers mystères. Il y a là un fait dont il faut tâcher de saisir le pourquoi pour en saisir l'enseignement.

En sa mort, Marie est le modèle du terme de la croissance de la charité. Sa mort doit nous manifester l'exigence ultime de ce mystère, l'exigence ultime de la charité, son terme. En sa résurrection et son assomption, Marie est le modèle de la vie glorieuse des fils adoptifs du Père. Par ce mystère de mort et d'assomption, elle nous montre les liens intimes qui unissent la vie d'ici-bas et celle du ciel, en nous manifestant aussi tout ce qui sépare le *nigra sum* de la terre, du *formosa* éclatant de la gloire, tout ce qui sépare la dernière étape du désert de l'entrée en terre promise.

Mystère de la Dormition

Dans la constitution apostolique *Magnificentissimus Deus* du 1er novembre 1950, est affirmé comme de foi la glorification du corps de Marie, sans qu'il soit précisé si cette glorification se réalise à partir de son corps séparé de son âme, ou vivant encore selon les conditions terrestres. C'est pourquoi il faut bien préciser au point de vue théologique que le mystère de la dormition de Marie nous est communiqué par la Tradition, tandis que le mystère de sa glorification est un dogme défini de foi.

Sans entrer ici dans les diverses disputes théologiques au sujet de la mort de Marie, nous pouvons considérer pratiquement que la Tradition la plus ancienne et la plus constante dans l'Église nous affirme le fait de sa dormition comme une véritable mort[1]. Si la Tradition nous donne le fait de la mort de Marie, elle ne nous garde aucun détail que nous pouvons considérer comme certain[2]. Il y a là un fait particulièrement frappant qui doit nous instruire. Car tout est conduit par la sagesse de Dieu, tout spécialement lorsqu'il s'agit de l'Écriture et de la Tradition, et surtout lorsqu'il s'agit d'un fait aussi important. « Précieuse aux yeux de Dieu la mort des saints », puisque cette mort est l'entrée dans la gloire de Dieu[3], puisque cette entrée est l'œuvre ultime de la miséricorde et de la liberté humaine. Ce qui est vrai de la mort de tous les saints, l'est a fortiori de la mort de Marie[4].

1. *Cf.* M. Jugie, *La mort et l'assomption de la Sainte Vierge*, Bibliothèque vaticane, Rome, 1945. — *Cf.* A. Hoffmann o.p. *Explecto terrestris vitae cursu*, (Divus Thomas, *N. R. Th.*, 1953, t. 2).

2. J. Duhr s.j. *La Dormition de Marie dans l'art chrétien* (N. R. Th. 82, 1950, p. 135 sq.). Vers le milieu du VIe siècle l'art byzantin, note le R.P. Duhr, nous fait voir Marie déjà morte ; l'art occidental nous la dépeint agonisante, mourante. *Cf.* Gn 23, 1 : on nous signale la mort de Sara et la durée de sa vie (127 ans). C'est la seule femme dont la Bible mentionne l'âge au moment de sa mort. Sara n'est-elle pas la préfiguration de la Mère des croyants ? C'est la première fois où l'on mentionne la sépulture. Notons aussi Gn 25, 7-12 : « Abraham rendit l'âme, il mourut dans une vieillesse heureuse et rassasié de jours... »

3. Saint Thomas, *In Joannes evangelium tractatus*, XXI, Leç. 4 : « *Mors sanctorum via est ad gloriam Christi.* »

4. Comme le geste de miséricorde prévenante que Dieu exerce auprès du petit Moïse qui vient de naître pour le sauver de la colère du pharaon est une image de la merveilleuse miséricorde prévenante de Dieu à l'égard de Marie en son mystère de l'Immaculée Conception, les quelques mots que l'Écriture nous dit de la mort de Moïse peuvent aussi être considérés comme une préfiguration de la mort de Marie : « C'est là que mourut Moïse, serviteur de Yahvé, en terre de Moab, selon l'ordre de Yahvé ; il l'enterra dans la Vallée, au pays de Moab,

Pour pénétrer dans le mystère de la mort de Marie, pour saisir tout l'enseignement que l'Esprit Saint veut nous en donner, il nous faut comparer cette mort à celle de Jésus. Il n'y a pas deux morts plus différentes et plus semblables ; plus différentes du point de vue social, extérieur, visible, plus semblables aux yeux de Dieu du point de vue intérieur.

Notre Seigneur meurt sur la croix, sur une éminence (la montagne), en face de la ville sainte, mais en dehors ; il meurt devant tout l'univers, et à sa mort l'univers frémit, les ténèbres couvrent la terre, le voile du temple se déchire.

Notre Seigneur meurt condamné comme criminel, en esclave, tourné en dérision aux yeux de tout son peuple. Il meurt trahi et abandonné par ses amis. Il meurt comme une victime sanglante, livré aux mains des bourreaux. C'est au milieu de la lutte, des voix discordantes, qu'il nous communique ses dernières volontés, ses ultimes paroles, son testament d'amour.

Marie ne meurt pas avec lui ; Marie doit accepter de rester encore sur la terre et de mourir quand Dieu le voudra, de mourir d'une mort non sanglante, d'une mort infiniment simple. Tout le tragique humain de la croix n'existe plus. Si la Tradition ne nous a gardé que le fait de sa mort, c'est sans doute pour que tout demeure enfoui dans le silence, que tout demeure caché.

Nous pourrions être tentés de regretter ce silence de la Tradition et nous considérer comme des orphelins qui n'ont même pas la consolation de garder dans leur cœur les dernières paroles et les derniers gestes de leur Mère. Nous savons avec quelle avidité, quand on n'a pas été présent à la mort d'une personne aimée, on cherche à savoir au moins ses dernières paroles, ses derniers gestes, auprès de ceux qui ont pu en être témoins. Songeons un peu à l'attitude de toutes ces mères, de toutes ces épouses

---

vis-à-vis de Bet-Péor. Jusqu'à ce jour nul n'a connu son tombeau. Moïse avait cent vingt ans quand il mourut ; son œil n'était pas éteint ni sa vigueur épuisée » Dt 34, 5-7.

qui ont appris la mort de leur fils, de leur époux, sur le champ de bataille, loin de la patrie, loin des leurs. Comme elles aimeraient savoir comment il est mort ! Comme elles voudraient interroger celui qui a été le témoin de cette mort !

De la mort de Marie, Jean, qui était sûrement témoin — puisque Jésus lui avait confié Marie, la lui avait donnée pour mère et qu'il l'avait prise « chez lui » — Jean ne nous dit rien. Lui, qui nous a parlé de la mort de Jésus dans son Évangile avec tant de force et de netteté, ne nous dit rien de la mort de celle qu'il a aimée comme sa mère. Lui, qui avait tellement compris toutes les richesses de son cœur, se tait.

Comprenons bien ce fait. Marie, en réalité, nous laisse un testament maternel, un testament non écrit, enfoui dans le cœur de Jean, scellé par l'Esprit Saint en son cœur de fils et de prêtre. Ce silence volontaire de Jean, n'est-il pas le signe le plus parfait du silence mystérieux du cœur de Marie mourant pour son Dieu ? La manière la plus divine, la plus efficace et la plus forte de nous livrer le secret de ce cœur maternel, acceptant une mort toute absorbée par l'amour, toute silencieuse par amour, était bien ce grand silence du témoin qui témoigne du silence par le silence.

Toute la vie de Marie a été une vie silencieuse et cachée car, comme nous le dit l'Écriture : « La gloire de Dieu, c'est de cacher ses œuvres. » Il est donc normal que sa mort, qui termine une telle vie, demeure très cachée, inaccessible aux regards humains, aux regards des curieux. Sa mort échappe à l'histoire humaine pour être exclusivement réservée à Dieu. Elle meurt sans aucune gloire humaine pour être toute pour la gloire de Dieu et la vie de ses enfants. Le testament de Marie ne pouvait pas être autre que le silence de l'amour. Celle qui garde la parole de Dieu, ne pouvait nous transmettre le testament de Jésus que dans le silence de sa foi.

Intérieurement et au regard de Dieu, il n'y a pas deux morts plus semblables que celles de Marie et de Jésus.

Jésus accepte de mourir par pur amour, pour accomplir la volonté du Père : « non ma volonté, mais la tienne[1] ». Marie accepte de mourir par pur amour pour accomplir la volonté du Père, pour être plus semblable à son Jésus, pour le suivre jusqu'au bout.

Tous les autres descendants d'Adam et d'Ève, aussi bien qu'Adam et Ève eux-mêmes, ne peuvent pas accepter la mort par pur amour : c'est une peine qui s'impose à eux et qu'ils doivent accepter. Certes, ils peuvent accepter ce châtiment avec amour, comme des fils qui reconnaissent qu'ils l'ont bien mérité et qui savent pourquoi leur Père le leur impose ; malgré cela, le caractère pénal de la mort demeure toujours. Marie, n'ayant pas connu la faute originelle, est exempte de cette peine ; si elle meurt, elle l'accepte librement, par pur amour. À l'égard de la mort, elle peut donc avoir la même pureté d'intention que Jésus, bien qu'évidemment les raisons qui expliquent leur exemption soient différentes. Comme le premier geste de sa vie a été un geste d'abandon, le dernier est encore un geste d'abandon. Mais l'un se réalise dans la joie, l'autre dans un amour tout à fait pur, assumant toutes les souffrances et les tristesses de sa vie terrestre.

L'amour du cœur de Marie, en effet, dans la dernière étape de sa vie, a atteint une plénitude merveilleuse : la plénitude d'amour voulue pour elle par Jésus. Jésus met en elle toutes ses complaisances et lui communique tout ce qu'il peut lui donner de l'amour de son cœur. C'est pourquoi l'intensité d'amour du cœur de Marie, dans ce dernier acte, rejoint celle du cœur de Jésus ; elle lui est toute semblable, aussi semblable qu'il est possible à une créature toute pure de s'unir à l'amour du cœur de Jésus, et en lui à la volonté du Père.

Certains théologiens ont prétendu avec raison que la plénitude d'amour du cœur de Marie, dans ce dernier acte de sa vie, était semblable à celle du cœur de Jésus,

1. *Cf.* Lc 22, 42.

mais avec un mode différent : Jésus serait la source et Marie recevrait tout de cette source. Pour pénétrer plus avant dans ce mystère, il faut toujours le considérer sous la lumière de la Très Sainte Trinité, sans perdre de vue toute la différence. Dans la Très Sainte Trinité, le Fils reçoit du Père. Dans le corps mystique, Marie reçoit de son Jésus toute la plénitude de charité. Il y a donc plénitude semblable d'amour en Jésus et en Marie, mais avec deux manières d'être différentes, l'une « principe », l'autre « dérivée ». Et c'est précisément dans cette ultime communication d'amour, qui unit si fort l'âme de Marie à Jésus, que son âme ne peut plus demeurer conjointe à son corps : Marie doit mourir. C'est vraiment une mort d'amour, une mort provoquée et réalisée par l'Amour.

Dans un très beau passage de son traité de l'Amour de Dieu, saint François de Sales, écho de toute une tradition, nous parle de cette dormition de Marie en disant qu'elle meurt d'une extase d'amour[1]. Interprétons bien ce mot « extase ». Il ne s'agit pas d'une extase charismatique, qui implique toujours une certaine violence, un certain élément visible, extraordinaire, quasi miraculeux — toute grâce charismatique, nous le savons, est ordonnée à la sanctification des autres — cet aspect semble bien n'avoir aucune raison d'être dans cette mort de Marie, puisque tout est caché, tout demeure réservé à Dieu. Jean, seul témoin sans doute, doit tout enfouir en son cœur d'enfant et de prêtre.

Il s'agit donc ici d'une « extase » toute divine, tout intérieure, toute réservée à Dieu. Extérieurement, ce dut être un doux sommeil : « Cette mort forte comme un sommeil : elle a émigré de ce monde à l'état de veille », dit saint Germain de Constantinople[2]. Et saint André de Crète affirme : « La meilleure image que nous puissions

1. Voir Traité de l'amour de Dieu, VII, ch. 13 et 14. Cf. PSEUDO-MODESTE. Marie est morte « sous la douce pression de son amour maternel, en contemplant son Fils ». *Encom. in Dorm.*, II, P.G. 86, 308 A.

2. *Homélies* I, P.G. 98, 345 sq.

nous en faire (de cette dormition), c'est le sommeil extatique d'Adam, lorsqu'une côte lui fut enlevée pour compléter notre espèce[1]. » C'est la dormition de la « vieille servante » dont la tâche est achevée, qui n'a plus aucun lien avec la terre et qui s'abandonne totalement à l'amour de son Dieu. C'est aussi la dormition de la Vierge qui, très doucement et dans une joie toute paisible, quitte cette terre pour aller au-devant de l'époux qui l'appelle. Voilà vraiment la mort de la servante de Dieu et celle de l'épouse, qui meurt uniquement pour son Dieu et son Époux et qui ne veut mourir que par amour pour lui, qui meurt en gardant dans son cœur les paroles de l'Époux et qui veut ne rien ajouter à ces paroles pour montrer combien elles sont vérité. C'est aussi la mort de la mère qui meurt pour ses enfants. Sa mort est un enseignement maternel. Marie veut nous apprendre à vivre de la mort du Christ par l'exemple de sa vie. Elle veut nous révéler ce qu'il y a d'essentiel dans la mort du Christ crucifié, pour que nous ne nous arrêtions pas aux détails extérieurs, à l'aspect grandiose, tragique, spectaculaire, esthétique même, de ce mystère du Calvaire. Elle veut que nous pénétrions tout de suite dans la blessure du cœur de Jésus et que là nous comprenions que sa mort est une mort d'amour, d'obéissance à la volonté du Père. Elle veut que nous comprenions que c'est cela qui compte avant tout, et que l'aspect extérieur, sanglant, n'a de sens que pour manifester cet amour intime et divin. Marie, en mère, veut que nous acceptions de mourir de cette même manière, imitant le Christ crucifié non de l'extérieur, mais intimement, au plus profond de sa volonté et de son cœur.

Elle veut nous apprendre à accepter toutes les morts, grandes et petites, en silence et par pur amour. Elle sait combien c'est difficile pour notre nature humaine ; nous avons tellement besoin de dire à nous-mêmes et aux autres que nous souffrons, que nous sommes incompris

1. *Homélies* I, P.G. 97, 1052-53.

de nos proches, que nous sommes martyrisés... Nous avons toujours besoin, dans nos souffrances, de spectateurs, et si les autres nous tournent le dos, nous sommes pour nous-mêmes nos propres spectateurs. C'est pour cela, du reste, que nos morts quotidiennes ne sont pas suffisamment divines, pas suffisamment à lui dans l'amour ; nous le frustrons de quelque chose. Marie, en mère de notre vie divine, ne le veut pas. Elle veut pour nous une mort toute d'amour, un holocauste où tout est brûlé par amour pour lui, pour reconnaître ses droits souverains d'amour.

Ce mystère de la mort de la Très Sainte Vierge est, dans la Tradition, intimement uni à celui de sa résurrection, de son assomption. De fait, l'Église a tout réuni dans une même fête. Là encore, il y a un enseignement à ne pas oublier. Marie, par sa mort complémentaire de celle de Jésus, nous révèle non seulement ce qu'il y a d'essentiel dans la mort de son Jésus, mais aussi le lien nécessaire qui existe entre sa Mort, sa Résurrection, son Ascension. Elle veut nous faire comprendre que toute mort acceptée par amour d'une manière toute divine, toute cachée aux yeux du monde, implique immédiatement une résurrection, une ascension : « Aujourd'hui tu seras avec moi dans mon paradis. » C'est vrai pour tous ceux qui acceptent de mourir avec lui. Ceci est très important pour notre vie de chaque jour. Toute mort divine implique une résurrection immédiate, peut-être très cachée, mais réelle.

Le dernier acte de sa contemplation terrestre

Le dernier acte d'amour du cœur de Marie, réalisé sur la terre, met un terme à son long exil et lui permet de pénétrer dans la vision béatifique, dans sa vie contemplative plénière, tout épanouie et toute divine. Le premier épanouissement qui se fait selon une certaine continuité avec la vie chrétienne de la terre est celui de cette vie contemplative de la vision béatifique. Comprenons bien, en effet, qu'il y a à la fois une certaine continuité et une certaine discontinuité entre la vie divine de la Très Sainte Vierge menée sur la terre, et sa vie céleste. Il y a une continuité substantielle et objective dans la structure essentielle de son amour divin. Il y a une discontinuité au point de vue du sujet, c'est-à-dire du point de vue de l'exercice même de son amour, discontinuité qui a sa source dans la transformation de la foi en lumière de gloire.

Il importe de bien voir cela pour saisir à la fois la similitude et la différence entre la structure de la vie contemplative de Marie sur terre, et sa vie contemplative au ciel. Autrement on risque de ne pas saisir ce qu'il y a de tout à fait propre à la vie contemplative du *viator*, et l'on risque toujours de glisser dans les erreurs (condamnées par l'Église) qui voudraient trop faire de la terre un ciel anticipé.

En effet, le dernier acte de la vie divine que Marie accomplit sur cette terre, fut bien un acte de contemplation tout ordonné vers le Père, par et dans le mystère de son Jésus, sous la motion divine de l'Esprit Saint. Cet acte de contemplation se réalise de fait dans cette extase d'amour dont nous avons parlé, extase qui l'arrache à elle-même pour la cacher en Dieu. Cette extase d'amour si intense et si parfaite qu'elle soit, demeure nécessairement tout enveloppée des obscurités de la foi et de la pauvreté de l'espérance. Ce n'est pas encore l'extase de son intelligence, mais bien une « extase d'amour » qui n'implique pas la possession plénière. Il y a encore une tension, un élan, un désir ultime, qui arrache en quelque sorte l'âme de Marie pour la projeter tout entière en l'amour de son Dieu.

Puisque cette « extase d'amour » se réalise nécessairement à partir du dernier acte de foi de la vie de Marie, celui-ci, dans sa ligne propre, connaît alors une perfection ultime. Il s'exerce d'une façon toute divine, sous la motion du don d'intelligence. Nous sommes en présence d'une adhésion de foi incomparable et unique, impliquant nécessairement un maximum de certitude, de stabilité et de fixité ; c'est l'ultime fondement du repos contemplatif de l'âme de Marie, puisque cette adhésion plénière de foi la met en contact direct avec le Verbe. Il n'y a plus aucune fluctuation de son intelligence, plus aucune agitation extrinsèque qui puisse troubler cette adhésion. Celle-ci épuise vraiment toutes les virtualités de son intelligence. Mais en même temps tout se réalise dans un maximum d'obscurité : le *non visum* n'a jamais connu une telle acuité, car le mystère du « don du Fils » n'a jamais été aussi profondément vécu. Nous sommes en présence de l'ultime exigence du mystère de la vérité première subsistante qui veut s'emparer totalement de l'intelligence de la créature. Les obscurités des mystères joyeux, celles des mystères douloureux et des premiers mystères glorieux sont dépassées. Elles demeurent, mais selon un mode spécial et unique, car Marie, dans ce dernier acte d'amour, est toute proche de la grande révélation du ciel ; cette disposition ultime et cette proximité épaississent d'une certaine façon le voile de sa foi, tout en le rendant plus lumineux. Cette proximité rend surtout le voile plus difficile à supporter. Il faudrait saisir cette ultime captivité de l'intelligence humaine par la foi en raison de ce mystère de ténèbres ; son amour excessif peut demeurer tout caché aux yeux des autres et aux siens propres, être tout réservé à son Jésus et à son Dieu. Marie peut mourir sans gloire, non seulement sociale et humaine, mais encore sans gloire propre. Elle peut être exclusivement pour lui, toute livrée dans la captivité plénière de la foi, vivant son dernier *nescivi*, et ne faisant plus qu'aimer.

Cet acte demeure bien pour elle la dernière épreuve, celle qui résume tout, celle qui permet le dernier *sursum corda*, dans un amour qui ne voit rien, mais qui est certain de l'amour infini du Bien-aimé.

Ce dernier acte d'amour de sa vie terrestre contient aussi son dernier acte d'espérance. L'espérance de Marie, comme sa foi, atteint alors toute sa perfection, à tel point qu'elle n'a plus qu'à disparaître. Elle a rempli tout son rôle.

Ce dernier acte d'espérance de la vie terrestre de Marie, s'exerçant sous la motion du don de crainte, connaît un désir intense, brûlant, un désir inouï de voir Dieu, de le posséder pleinement, d'être totalement possédée par lui ; et ce désir très brûlant est aussi très pauvre, il est tout entier remis à Dieu, au bon plaisir du Père. Marie sait alors plus que jamais combien elle est servante inutile, et combien tout lui est donné par pure miséricorde. Dans ce dernier acte d'espérance qui achève sa vie terrestre, elle se remet toute à Dieu, comme la plus pauvre de toutes les créatures, comme totalement dépendante de la miséricorde de son Dieu, incapable, par elle-même, de se tenir en sa présence d'amour. Mais en même temps son cœur bondit d'allégresse, car il est tout assoiffé de celui qui est toute sa vie, et qui a toujours été pour elle « l'unique nécessaire », l'unique réalité.

C'est dans ce dernier acte d'amour, de foi et d'espérance, où Marie est si proche de son Père, de son Fils, où elle est si brûlée par l'Esprit Saint, que s'épanouit dans son cœur une patience et une ardeur merveilleuses. L'*in manus tuas commendo spiritum meum* est vécu pleinement. Elle est prête à rester encore dans le désert si tel est le bon plaisir de son Dieu ; mais elle aspire à le voir, à être toute saisie par lui, à tout lui donner, avec une intensité qu'elle ne connaissait pas encore.

Toute l'ardeur de l'amour que Jésus a vécue dans son dernier acte terrestre sur la croix, au Calvaire, elle en vit pleinement. Sa charité est à l'unisson de celle de Jésus.

Vie glorieuse du ciel en Marie : la naissance dans le ciel, la lumière de gloire

Dans cette extase d'amour, Dieu lui communique de l'intérieur la lumière de gloire. Cette lumière de gloire connaît la même plénitude d'intensité que le dernier acte d'amour, puisque c'est le degré de charité qui mesure l'intensité spéciale de chaque vision béatifique et non les capacités intellectuelles de l'âme.

Cette lumière de gloire lui permet de voir Dieu de l'intérieur, en son mystère, de le voir comme il se voit, « face à face », de le connaître comme elle est connue. C'est le Verbe de Dieu lui-même qui, de l'intérieur — celui qui est la source première de son intelligence, celui qui est le Père de toute lumière — s'empare de toute son intelligence et se révèle en pleine lumière. Marie contemple le Verbe présent au plus intime de son être, de son esprit, de son cœur. En voyant le Verbe, elle voit le Père et l'Esprit Saint. La vision béatifique, la faisant participer immédiatement à la vie de Dieu, en pleine clarté, est nécessairement une contemplation trinitaire, puisque la vie de Dieu est une vie contemplative trinitaire : une génération contemplative d'amour et une spiration lumineuse. Marie est associée à cette vie trinitaire par le Fils et dans le Fils elle est fille du Père, elle aime dans la lumière même du Verbe.

Parce que la vie trinitaire est de fait inséparable de la vie glorieuse du Christ, Marie contemple, dans sa vision béatifique, la nature humaine glorieuse de son Fils, unie hypostatiquement au Verbe. Sa contemplation trinitaire est en même temps et indissolublement une contemplation du Verbe incarné glorieux. Elle voit tout l'amour du Père pour son Fils bien-aimé et en vit avec le Père et l'Esprit Saint. Elle voit tout le resplendissement de cet amour dans l'âme et le corps ressuscité du Christ, et tout spécialement la splendeur de la blessure de son cœur, foyer et centre de toute la lumière et de toute la chaleur de la Jérusalem céleste. Dans cette contemplation du Verbe incarné, elle voit tous les liens divins que l'Esprit Saint a noués entre elle et son Fils. Elle contemple le geste de miséricorde prévenante de son Dieu à son égard, en comprenant le privilège unique de son immaculée conception. Elle contemple toute la gratuité de la miséricorde de son Dieu, qui a regardé la bassesse de sa servante, la faisant mère de son Fils unique et l'associant d'une manière si intime à toute son œuvre de Rédemption. Dans la vision de son Fils et en la vision de sa maternité divine, elle contemple tout le corps mystique, tout le mystère de cette « Jérusalem nouvelle, belle comme une jeune mariée parée pour son époux[1] », et en cette « cité sainte » elle pénètre dans le mystère de chacune de nos âmes. Elle nous voit dans sa vision béatifique comme Dieu nous voit, de l'intérieur, en pleine transparence divine.

Le père Bernard, dans son ouvrage *Le Mystère de Marie*, parlant de la vie glorieuse de Marie et de sa maternité dans la vision béatifique, affirme : « Sa plus haute activité, c'est évidemment de voir Dieu et de l'aimer. Or, cette bienheureuse Vierge est si essentiellement mère qu'elle ne peut se détourner de voir en Dieu tous ses enfants et de les aimer en lui. De sorte que nous atteignons là ce qu'il y a de plus élevé dans cette maternité spirituelle, puisque nous voici en face d'une créature qui a le privilège de voir ceux qu'elle enfante comme Dieu même les voit, et de les porter constamment dans son cœur maternel comme Dieu même les porte. On ne peut rien concevoir de plus considérable quant à elle, ni de plus profitable pour nous, que ce regard et cette tendresse dont elle nous enveloppe et nous pénètre[2]. »

Mystère d'extase et de silence

Cette vision béatifique de Marie implique simultanément une extase intellectuelle et une extase d'amour. C'est le Verbe de Dieu lui-même qui s'empare de ce qu'il y a de plus intime et de plus profond dans son intelligence pour l'illuminer et l'actualiser divinement. Le Verbe, en

1. Ap 21, 2.
2. Père Bernard, *Le Mystère de Marie*, Desclée de Brouwer, Paris, 1933, t. 1, p. 388.

se manifestant tel qu'il est, devient le bien propre de sa contemplation. L'intelligence de Marie, surélevée par la lumière de gloire et comme assumée par le Verbe, contemple immédiatement le Verbe de Dieu, comme celui-ci se voit. Le Verbe devient alors la forme vivante de sa contemplation, selon l'analogie si forte que saint Thomas exprime dans le *Contra Gentiles* : « Comme dans le mystère de l'Incarnation, la nature humaine du Christ subsiste par le Verbe de Dieu, de même dans la vision béatifique l'intelligence béatifiée vit par et dans le Verbe de Dieu[1]. » Ce qui se réalise selon l'ordre ontologique dans le mystère de l'Incarnation, se réalise selon l'ordre vital dans le mystère de la vision béatifique. Cette vision est à la fois une intuition intellectuelle, la plus pure qui puisse être (c'est pourquoi on dit que c'est une vision et un jugement d'existence, le plus réaliste qui soit : puisque cette vision est une pénétration de la Vérité subsistante) et un contact immédiat avec la réalité par excellence. On comprend combien ce mode divin de la vision béatifique transcende infiniment le mode connaturel de l'intelligence humaine. Dans cet acte de la vision béatifique, l'intelligence de Marie est vraiment ravie par le Verbe, c'est un rapt au sens propre : l'intelligence quitte, pour ainsi dire, sa propre modalité, pour vivre à l'unisson du Verbe, pour adopter pleinement sa manière de connaître. Voilà pourquoi seule cette contemplation a vraiment un mode extatique. Mais puisque le Verbe, tout en étant transcendant à l'égard de l'objet propre de l'intelligence de Marie, est en même temps immanent, il est plus intime à son intelligence que celle-ci ne l'est à elle-même. Cette contemplation possède en même temps un mode d'intériorité absolue, de recueillement, puisqu'elle unit l'âme de Marie à celui qui est là au plus intime de son être, qui est la source même de tout son être et de toute sa vie.

Comprenons bien que ce mode de recueillement, d'intériorité de la vision béatifique, n'est pas du tout une atti-

1. *C.G.*, IV, 54.

tude réflexe, comme s'il y avait un nouvel acte de connaissance qui considère le sujet en état de contemplation et analyse le comportement même du sujet connaissant. Non, c'est le même acte unique de regard contemplatif et objectif qui possède toutes les perfections du rapt et du recueillement intellectuels. Nous sommes donc en présence d'un recueillement objectif et divin qui dépasse et transcende tout recueillement réflexe et subjectif.

Ce recueillement intense se réalise dans le silence ; l'intelligence de Marie, dans sa contemplation bienheureuse, ne produit pas de « verbe » propre. Elle demeure fixée éternellement dans le Verbe de Dieu, tout absorbée en lui, toute recluse dans sa solitude divine et sa vie trinitaire. La vision béatifique, dans ce qu'elle a de tout à fait propre, est incommunicable, puisque c'est le Verbe de Dieu lui-même qui spécifie, informe l'intelligence surélevée par la lumière de gloire, et termine son acte propre de contemplation.

Mode d'extase, mode de recueillement, d'intimité, de silence, tous ces caractères nous montrent bien que cette vision béatifique qui, formellement, est une contemplation de l'intelligence, épanouissant toutes ses virtualités, implique aussi un épanouissement plénier d'amour. La vision béatifique implique nécessairement une extase d'amour, puisque la vie divine est Lumière et Amour, la contemplation des trois Personnes est « regard pur » et « don pur ». Ce qui caractérise en premier lieu cette extase de l'amour bienheureux, c'est qu'elle est éternelle. Marie, pour l'éternité, est toute donnée, dans un don parfait et immuable, au Père, dans le Verbe et par l'Esprit Saint. Rien ne peut plus s'opposer à ce don. Et ce don, s'il est bien substantiellement le même que celui de son dernier acte de vie terrestre, connaît cependant une dimension nouvelle. Il n'est plus caché, il est rayonnant, il est tout épanoui. Il se réalise dans la splendeur et la beauté. Il éclate comme une fleur qui, jusque-là, ne pouvait éclore et devait demeurer en bouton. Songeons à la belle comparaison de saint François de Sales : la charité demeure toujours ici-bas comme une chrysalide, ce n'est que dans le ciel qu'elle peut apparaître comme un merveilleux papillon qui étale ses ailes multicolores aux rayons du soleil.

Si nous voulions analyser plus profondément cet acte de don de Marie dans la vision béatifique, nous verrions que cet acte implique, lui aussi, comme l'acte d'intelligence, toutes les perfections du mode d'extase et du mode de recueillement. Marie, dans cet acte d'amour parfait de don, ne fait qu'un avec son Dieu et avec son Fils. Elle vit leur propre vie. Elle est toute à eux et, en étant toute à eux, elle se quitte totalement, elle ne s'appartient plus du tout ; mais en même temps, elle est, plus que jamais, intimement présente à elle-même. On pourrait dire que dans la mesure même où, durant l'exil, elle s'était oubliée pour son Dieu, elle était comme morte à elle-même, comme le grain de blé enfoui dans la terre, dans cette même mesure, dans la gloire, elle se retrouve elle-même pour son Dieu. Dans la vision de gloire, elle vit la vie de la Trinité : la vie de Dieu est la vie de son âme. Nous savons qu'on ne se trouve soi-même parfaitement qu'en étant tout en Dieu. La parole du Christ est toujours vraie : « Celui qui perd sa vie, la gagne ». Ici, sur la terre, nous vivons surtout de cette « perte » ; au ciel, c'est ce « gain » qui éclate en splendeur. Substantiellement, dans l'amour divin, perte et don sont toujours simultanés et coextensibles, mais l'expérience est toute différente dans le temps de l'épreuve et au ciel, où le don d'amour se réalise en pleine lumière et selon un mode divin parfait, libéré de toutes les entraves de la terre, de toutes les conditions du sujet demeurant dans la foi.

Mystère de présence

Cette contemplation — regard pur et don pur — fait vivre Marie en présence intime des trois Personnes divines et de son Fils, présence semblable à celle qui existe entre les trois Personnes divines. Le Père est présent au Fils et le Fils au Père dans l'Esprit Saint, de telle manière que le Fils est dans le Père, *apud Patrem*, qu'il demeure en lui et que l'Esprit Saint demeure auprès des deux. De même Marie est présente à chaque Personne divine et demeure auprès de chacune d'elles. Elle est *apud Patrem, apud Verbum et Spiritum Sanctum*. Cette présence de pénétration se réalise dans et par son Fils, dans sa lumière et son amour.

La solitude et le silence de la vision béatifique sont une solitude et un silence divins qui ne répugnent pas à cette vie commune trinitaire, éternelle génération du Verbe et éternelle spiration d'Amour. Marie est pleinement associée, selon la mesure voulue par Dieu, à cette vie commune. Tout en demeurant une créature, infiniment loin de la transcendance de Dieu, elle est comme intégrée dans tout le mystère personnel de Dieu, par et dans le mystère de son Fils. Elle est pour l'éternité la petite fille bien-aimée du Père, héritière de tout son trésor familial ; pour l'éternité, elle est appelée par lui à vivre de ses secrets : de la génération du Fils — qui est aussi son Fils à elle — de la spiration d'Amour.

Comparaison entre les deux modes de vie divine (diversité, continuité)

Nous voyons tout de suite les très grandes différences qui existent entre le dernier acte de contemplation que Marie exerce sur la terre, dans son extase d'amour, et cet acte unique, éternel, de contemplation céleste. La captivité de l'intelligence, sur la terre, par la foi, et son exaltation plénière dans le ciel, par la lumière de gloire, nous font comprendre immédiatement l'abîme psychologique qui sépare les deux étapes de la vie divine en Marie. D'un côté l'intelligence, vivant dans la foi, demeure toujours dans un état d'attente, d'imperfection ; c'est pourquoi elle ne peut s'épanouir en une certaine vie contemplative que grâce à l'emprise de la charité. De l'autre, l'intelligence, surélevée par la lumière de gloire, vit pleinement, et son acte de vision constitue l'élément premier et substantiel de la vie contemplative du ciel. L'acte de foi, considéré en lui-même, comme distinct de la charité, constitue bien le fondement, l'élément premier, de la vie contemplative, mais il n'en constitue pas formellement la substance. L'acte de foi, considéré en lui-même, est une adhésion à la vérité divine révélée, ce n'est pas encore un regard contemplatif. Cette adhésion ne deviendra *regard contemplatif* que grâce à la charité et en elle, puisque seule la charité ici sur terre atteint Dieu immédiatement et tel qu'il est, de l'intérieur et de façon intime. Cette connaissance contemplative sera donc une connaissance tout imprégnée d'amour, une connaissance pénétrante et expérimentale, grâce à l'amour, et donc, en quelque sorte, beaucoup plus « toucher » et « goût » que « regard » et « vision ». Dans la contemplation du ciel, l'intelligence, surélevée par la lumière de gloire, reprend ses droits et sa primauté, mais il a fallu qu'elle accepte de les perdre pour laisser à l'amour, ici-bas, sa priorité absolue.

Mais si forte que soit la discontinuité entre la vie contemplative du ciel et celle de la terre, n'oublions pas leur continuité, très cachée, il est vrai, à notre regard humain, mais réelle et profonde. Cette continuité provient de l'objet et de la structure essentielle de la charité. Sur la terre, comme dans le ciel, c'est toujours le même mystère de Dieu en lui-même qui est atteint et contemplé. Tout ce qui est extrinsèque à ce mystère ne fait pas partie de la contemplation divine. Et, par le fait même, toute attitude réflexe et subjective est contraire à la contemplation divine. Substantiellement, c'est toujours la même charité qui impose son exigence propre de silence, d'intériorité et de don de soi ; peu importe d'ailleurs la manière dont elle l'exige. Ce qui est sûr, c'est qu'elle l'exige toujours, car cette exigence fait partie de sa nature même d'amour divin, d'amour absolu et jaloux, qui ne peut souffrir d'être comparé à aucun autre amour, qui ne peut souffrir de discussions, de raisonnements, de vains bavardages, qui demande que tout notre « moi » soit livré totalement à l'amour de Dieu qui, avec avidité, tâche de se découvrir ou au moins de se pressentir au plus intime de nous-mêmes : « Le royaume de Dieu est au-dedans de vous », « celui qui demeure dans l'amour demeure en Dieu et Dieu demeure en lui[1]. »

Glorification du corps de Marie, vie extra Verbum

La vie du ciel de Marie n'est pas seulement la vision béatifique ; celle-ci en constitue bien l'élément essentiel et principal, mais non unique. Il y a comme un rayonnement de la vision glorieuse sur toutes les autres facultés de la Très Sainte Vierge. C'est en fonction de ce rayonnement que la glorification de son corps doit se comprendre. La vision béatifique, en elle-même, est absolument indépendante de la résurrection du corps. En elle-même, elle n'est modifiée en rien par cette résurrection, puisqu'elle est immuable et éternelle comme la béatitude même de Dieu.

Or, le dogme de l'Assomption nous affirme que le corps de Marie est ressuscité et monté au ciel[2]. Peu importe ici de savoir s'il y eut trois jours d'intervalle comme pour Jésus, ou au contraire si cette assomption glorieuse eut lieu sans intervalle, aussitôt après la mort. Ce qui est formellement objet de notre foi, c'est le mystère lui-même de la glorification et de l'assomption du corps de Marie, celui-ci n'ayant pas connu de corruption.

Cette résurrection se fait sur le modèle de la résurrection du corps glorieux de Jésus. Le corps glorieux de Marie ressemble au corps glorieux de Jésus d'une ressemblance unique ; il lui ressemble plus que tous les autres

1. 1 Jn 4, 16.
2. Constitution apostolique *Magnificentissimus Deus,* 1er novembre 1950.

corps des élus ne lui ressembleront. Dans cet ordre de la résurrection, comme dans celui de la vision béatifique, Marie est la première parmi les créatures, la plus proche de Jésus ; c'est la nouvelle Ève toute semblable au nouvel Adam. Il est normal que même dans cet ordre physique, celui de la réalité du corps humain, Jésus lui rende le centuple de ce qu'elle lui a donné. C'est en elle que le corps de Jésus a été formé, c'est sur le modèle du corps glorieux de Jésus que son corps est glorifié.

Il y a donc une proximité merveilleuse de l'humanité glorieuse de Marie à l'égard de l'humanité glorieuse de Jésus. Elle est la gloire de Jésus ; Jésus se glorifie en elle comme le Père se glorifie en son Jésus. Toute la beauté du corps glorieux de Jésus se retrouve en elle. Saint Jean Damascène déclare : « Il fallait que la Mère de Dieu possédât tout ce qui appartient à son Fils [1]... » N'est-elle pas représentée par Jean dans sa vision céleste comme la « Femme enveloppée du soleil [2] », *pulchra ut luna*, car sa beauté, son éclat viennent du soleil.

Vie commune avec Jésus

Si nous voulons préciser la plénitude de la vie bienheureuse de Marie dans le ciel, il faut d'abord voir sa vie commune avec Jésus, voir ensuite son gouvernement maternel à l'égard de tout le corps mystique militant et glorieux, sa régence sur les anges, et enfin saisir comment cette vie commune et miséricordieuse coïncide divinement avec sa vie liturgique.

Entre l'humanité glorieuse de Jésus et celle de Marie s'exerce une vie commune où s'épanouit la charité divine de Jésus et de Marie selon un mode tout nouveau, avec une liberté et une plénitude, une pénétration et une compréhension merveilleuses. La vie de Nazareth, la vie

1. *Homélies* II. in *Dorm. B.M.V.*, P.G. 96, c. 726.
2. Ap 12, 1.

de la Sainte Famille, se prolonge en se transfigurant dans le ciel. C'est l'humanité glorieuse de Jésus qui est le centre, le foyer de cette nouvelle vie familiale. Nous devons même dire que c'est la blessure de son cœur qui en est le foyer, qui illumine cette vie commune et lui donne sa tonalité propre. Tout vient de là, tout doit y retourner. Jésus exerce éternellement sur Marie sa qualité de roi, de prêtre, de prophète ; il continue de lui communiquer ses secrets, puisque tout regard, toute parole de Jésus à Marie est vraiment une illumination qui réconforte le cœur et l'intelligence de la Très Sainte Vierge. Jésus continue d'exercer sur son cœur son influence de Fils bien-aimé, de bon Pasteur qui la connaît par son nom, qui l'aime plus que toutes les autres brebis, d'un amour de prédilection infiniment doux et fort. L'attraction de la blessure du cœur glorieux de Jésus sur le cœur de sa mère est inépuisable, elle provient d'une plénitude infinie d'amour. Marie, dans une pauvreté glorieuse, reçoit tout avec soif et se donne avec amour. Elle est toute relative à son Jésus. Tout en son cœur glorieux de mère ne vit que pour lui.

Œuvre de miséricorde

C'est grâce à cette unité si profonde, si intime, qu'elle réalise avec Jésus cette œuvre commune de miséricorde et d'amour fraternel à l'égard de tout le corps mystique. Elle est pour l'éternité la Mère des membres du Christ : mère de leur vie divine, mère qui ne cesse de les engendrer à cette vie, qui ne cesse de les garder, de les porter, de les nourrir, de les soutenir, de les éduquer et de les diriger vers le cœur de son Jésus et vers le Père, en leur apprenant la docilité plénière au souffle de l'Esprit Saint.

C'est dans une connaissance parfaite à l'égard de nos âmes, connaissance reçue du Christ — tous les secrets de nos cœurs lui sont révélés — qu'elle nous donne, nous communique cette vie divine de fils adoptifs du Père (adoptifs mais réels) et de membres de son Jésus. Elle nous connaît et nous appelle par notre nom, c'est du bon Pasteur lui-même qu'elle a reçu cette connaissance.

Cette connaissance est une connaissance pratique, aimante et efficace. C'est la connaissance de la mère à l'égard de ses enfants, qui lie le cœur et l'intelligence de la mère au cœur et à l'intelligence de ses enfants. Il y a là comme une communication très intime de vie dans la connaissance d'amour ; Marie, comme mère, est toute donnée à nos âmes, par le Christ et par le Père. Et c'est en ce don même qu'elle est mère et qu'elle nous engendre. Ce don a un mode maternel qui ne peut se séparer du don que nous fait le Christ avec toute la Très Sainte Trinité. Elle ne peut se donner à nos âmes comme mère, engendrant en nous la vie divine, que dans la volonté de son Fils et celle du Père, et sous l'ombre de l'Esprit Saint.

Dans sa sagesse, Dieu a voulu l'établir pleinement mère de son Fils, pour qu'elle soit pleinement mère de ses membres, pour qu'elle joue auprès de nous, éternellement, ce rôle de mère de la vie divine. C'est pourquoi le don de cette vie divine, qu'elle fait à ses enfants, se réalise selon ce mode spécial de la maternité. Elle est pour eux le milieu vital où s'épanouit leur vie divine ; elle est celle qui porte et enveloppe leur vie chrétienne, celle qui dispose leurs âmes à l'action du Saint-Esprit et qui, d'une manière tout intime et suave, achève en eux cette action du Saint-Esprit pour que les grâces de Dieu aient toute leur efficacité.

Cela nous fait comprendre comment elle est présente à chacun de ses enfants au plus intime de leur vie divine, de leur vie chrétienne ; comment il y a dans notre grâce quelque chose — un certain mode — qui nous connaturalise à la grâce de Marie, qui nous incline spontanément vers elle et nous permet de vivre à l'unisson de sa vie divine. C'est en ce sens que nous devons bien comprendre que sa maternité à l'égard de ceux qui sont encore sur la terre se situe sur un autre plan et comme au-delà de l'action instrumentale des sacrements.

Précisons que pour ceux qui vivent encore sur la terre, la présence de Marie au plus intime de leur vie divine est une présence surnaturelle qui demeure cachée et voilée, et source de nos plus grands élans et de nos plus ardents désirs. Bien que cachée, cette présence est efficace et réelle ; c'est la présence de quelqu'un qui agit en nous maternellement, qui nous donne la vie de Dieu, qui ne cesse de nous disposer et de nous rendre dociles au souffle de l'Esprit Saint.

Certes, l'Esprit Saint peut nous donner l'expérience divine de cette maternité de choix et de prédilection de Marie sur nos âmes. Il peut nous faire vivre consciemment de cette présence invisible et maternelle de Marie au plus intime de notre vie divine. Il peut nous apprendre à dire « Mère » en regardant Marie, comme il nous apprend à dire « Père » en regardant notre Créateur. Il peut nous dévoiler et faire expérimenter tous les abîmes insondables de cette maternité, nous faire comprendre la qualité divine de son amour. Marie, à la Croix, a accepté d'être séparée de son Jésus pour être mère de la vie divine de Jean. Jésus lui a demandé ce sacrifice pour qu'elle soit notre mère, et Marie l'a accepté avec amour. Elle a donc préféré la vie divine de son fils Jean à la joie de la présence physique de son Fils, à la vie terrestre de son Fils. Ce choix demeure éternel. C'est de cette « qualité » d'amour que nous sommes aimés.

L'Esprit Saint peut nous enfoncer, nous cacher expérimentalement dans les abîmes de la miséricorde maternelle de son cœur et exiger de nous d'y être comme reclus, comme le tout-petit *in sinu Mariae*. Il peut nous demander de la choisir d'une manière toute spéciale comme mère, d'un choix qui cherche à rejoindre la qualité divine du sien. Il peut réclamer de nous une attitude semblable à celle de Jean : la choisir comme mère pour obéir à un ordre impératif du Christ, à sa dernière volonté, et la prendre « chez nous », dans notre vie, dans notre intimité, comme lui, pour vivre exclusivement avec elle et d'elle. C'est une demeure divine, très cachée, très solitaire, très silencieuse, dans laquelle l'Esprit Saint peut nous fixer. Il y a là une alliance très spéciale d'amour entre notre cœur et celui de Marie, en laquelle tous nous vivons, mais dont nous ne sommes pas tous divinement conscients.

De plus, Marie coopère au gouvernement du Christ sur nous, qui consiste à nous diriger vers le Père, à nous conduire par l'amour vers la maison paternelle. Ce gouvernement, qui est celui de la sagesse de Dieu, a comme caractère d'être fort et suave, *fortiter et suaviter*. Le gouvernement maternel de Marie sur nous regarde d'abord l'épanouissement de notre vie chrétienne, la perfection de notre vie de foi, d'espérance et d'amour. Marie hâte toujours l'heure du Christ, comme à Cana, et elle désire toujours que nous avancions plus vite. Elle ne peut souffrir certains retards, certaines nonchalances. Elle agit « avec force » en exigeant de nous beaucoup, comme une mère aimante, qui a de grandes ambitions pour ses fils qu'elle aime tant. Mais elle agit avec douceur, selon une suavité infinie, comme de l'intérieur, comme si c'était nous-même qui agissions. Elle s'efface, pour laisser place à nos initiatives. Dans toute notre vie d'oraison, elle est présente pour nous aider à vivre plus divinement en lui. Saint Thomas nous dit que si l'on envisage les noces de Cana d'une manière mystique, il s'agit alors des noces de notre âme avec le Christ. À ces noces, Marie est toujours invitée et elle joue le rôle de *conciliatrix nuptiarum*, présentant notre âme au Christ. Elle agit donc maternellement sur toute notre vie d'oraison pour la rendre plus divine, pour écarter le mode humain intellectuel, esthétique ou imaginatif, et y mettre un mode divin de simplicité et d'amour : « Soyez simples comme des colombes », « Quiconque n'accueille pas le Royaume de Dieu en petit enfant n'y entrera pas[1]. »

1. Lc 18, 17.

Ce gouvernement intervient spécialement sur toute la zone de notre imagination humaine, de nos souvenirs, de notre « moi psychologique ». C'est là où se livrent de fait la plupart des batailles, des luttes, où se passent la majorité des tentations. Marie pacifie, apaise, simplifie, supprime les complexes psychologiques, les dénoue avec son amour maternel et suave. Elle agit aussi sur notre sensibilité et nos forces physiques, enveloppant tout de sa grâce maternelle.

Grâce à cette action de miséricorde maternelle, la présence, réalisée d'abord au plus intime de notre vie divine, à sa source même, peut, selon le bon plaisir de Dieu, s'emparer de toute notre vie humaine, imaginative, intellectuelle, affective et sensible. Cette action maternelle peut s'emparer de tout.

Elle peut même — puisque Marie possède dans le ciel son corps glorieux — prendre des modalités plus extraordinaires, plus sensibles ou plus imaginatives, comme cela arrive également pour la présence du corps glorieux du Christ à l'égard de ses membres qui sont encore ici sur terre. Marie peut apparaître visiblement à ses enfants qui sont en exil sur la terre, pour les réconforter, les encourager, leur rappeler les exigences de la vie chrétienne. Évidemment, de telles apparitions demeurent toujours d'ordre charismatique et passager. Elles sont comme des « signes divins » pour réveiller notre foi ou diminuer notre incrédulité, et elles sont aussi comme des « présages » de ce qui existe dans le ciel.

Dans le ciel, pour les élus, cette présence est vécue en pleine lumière, et toutes ses virtualités sont explicitées parfaitement. Marie exerce toujours sur les élus ce rôle maternel, miséricordieux et fort. Elle illumine chaque élu et se donne à chacun en particulier.

À l'égard des anges, elle exerce une « régence » et non plus une « maternité » intime. Elle les éclaire, les illumine, mais ne se donne pas à eux comme mère. Ses enfants connaissent donc une intimité avec elle que les anges ne peuvent connaître.

Vie liturgique

Sa vie commune avec Jésus et cette vie maternelle avec les élus et ses enfants de la terre, s'épanouit en même temps en une magnifique vie liturgique de prière, de dévotion, d'adoration, d'action de grâces, de louange, de demande. Cette vie liturgique céleste demeure distincte de la vie contemplative, mais en harmonie parfaite avec elle, elle est comme le rayonnement et l'emprise de cette vie contemplative sur tout le plan de la vie morale humaine.

Cette vie d'adoration s'épanouit de fait dans son mystère de compassion vécu selon un mode glorieux. C'est l'holocauste intime et éternel de son cœur en union avec celui de Jésus. C'est l'holocauste glorieux de l'épouse et de la mère. Les « sept glaives » qui transpercent son cœur correspondent à l'unique coup de lance qui transperce le cœur de Jésus.

Cette adoration glorieuse est également une louange. Si Marie, dans le ciel, est bien hostie d'holocauste, elle est aussi « hostie de louange ». Tout en elle loue Dieu : tout ce qui est en relation avec elle loue Dieu par elle. C'est une louange d'amour filial, toute d'intimité et de joie. Cette louange implique une véritable action de grâces, pour remercier Dieu de tout ce qu'il a communiqué libéralement et avec amour.

Enfin, Marie est notre « avocate » auprès du Père et de son Jésus. Elle ne cesse d'intercéder en notre faveur, de demander pour nous des grâces d'amour. Elle ne cesse de plaider notre cause auprès de celui que le Père a établi juge de l'humanité. Elle ne cesse de lui redire la parole que lui-même a adressée au Père en notre faveur : « Pardonne-leur, ils ne savent ce qu'ils font[1]. »

Le foyer de toute cette vie liturgique est le cœur de Jésus et celui de Marie, de fait inséparables. La victime et le Prêtre sont inséparables pour l'éternité.

1. Lc 23, 34.

Cette vie liturgique du ciel, terme et mesure de notre vie liturgique de la terre, participe à l'éternité ; elle est directement dans son rayonnement et sous sa dépendance. Cette vie liturgique contient éminemment tout ce qui a été vécu durant les diverses étapes de la vie de la Très Sainte Vierge et que nous commémorons au cours de l'année liturgique : liturgie de l'Avent, de Noël et de la Purification ; liturgie maternelle et joyeuse ; liturgie de l'Agonie et de la Croix ; de la Résurrection et de la Pentecôte ; tout est uni selon un mode de gloire et se réalise en beauté, dans la splendeur et le rayonnement de l'amour. Dans cette vie liturgique glorieuse, il n'y a pas la moindre bavure, pas la moindre obscurité ; tout y est divinement lumineux et ordonné.

Voilà toute la richesse de cette vie bienheureuse, tout l'épanouissement divin de la vie de charité : celle qui regarde Dieu, s'épanouit dans l'immutabilité de la vision de gloire, c'est une vie contemplative extatique et solitaire, divinement communautaire au sein de la vie trinitaire. Celle qui regarde le prochain, s'épanouit en liens d'amitié mutuelle et lumineuse, dans une vie glorieuse, rayonnant divinement la solitude de la contemplation.

En Marie, ces liens de la charité fraternelle sont de fait des liens de dépendance filiale à l'égard de Jésus et des liens de miséricorde maternelle à l'égard des membres de son corps mystique. Par le don de piété, sa charité s'empare avant tout de l'exercice de la vertu de miséricorde et de celui de la vertu de religion ; et par les vertus de miséricorde et de religion, elle s'empare de toutes les autres vertus. Marie vit dans le ciel, à l'unisson du cœur de son Fils, toutes les béatitudes. Celles-ci constituent bien le climat particulier « humano-divin » de la vie commune glorieuse et nous en manifestent toutes les richesses, toutes les diverses ramifications.

Deuxième partie

ÉTAPES DE JOIE PURE : LES ÉCLOSIONS DE LA CHARITÉ

Chapitre premier

PREMIÈRE RÉPONSE DE MARIE À DIEU : LE MYSTÈRE DE LA CONSÉCRATION VIRGINALE, L'ABANDON

Après avoir montré le point de départ et le terme du mystère de la croissance de la charité en la Très Sainte Vierge, il nous faut maintenant regarder attentivement les divers moments de cette croissance.

Première consécration

Le premier acte de charité du cœur de Marie qui nous soit révélé est la consécration de tout son être à Dieu.

Dans le mystère de l'Annonciation, à l'ange Gabriel, qui lui dit qu'elle sera mère de Dieu, Marie répond : « Comment cela se fera-t-il, puisque je ne connais point d'homme [1] ? » Cette question nous montre bien les intentions intimes du cœur de Marie. Cette vierge, « fiancée à Joseph », s'est entièrement donnée à Dieu, elle lui appartient exclusivement. Ses fiançailles à Joseph cachent merveilleusement son don total à Dieu.

Cette consécration totale de son être est la première réponse de Marie à la miséricorde prévenante du Père, c'est le premier élan de son cœur vers l'amour de son Dieu. Dans cette réponse, Marie exploite divinement le capital de son privilège d'immaculée. Cet acte est le fruit

1. Lc 1, 34.

d'un amour héroïque qui veut tendre le plus parfaitement possible et le plus rapidement possible vers son Dieu. Comme toute donation, il implique une séparation, un sacrifice. Marie, par amour pour Dieu, fait le sacrifice de sa maternité humaine, si tel est le bon plaisir de Dieu, et ce sacrifice se réalise dans l'obscurité de la foi. Elle ne peut savoir ce que Dieu lui réserve. C'est l'acte de foi et l'espérance que Dieu exige d'Abraham lorsqu'il lui demande de quitter la terre de ses pères et de marcher vers la terre promise. « Quitte ton pays, dit Yahvé à Abraham, ta parenté et la maison de ton père, pour le pays que je t'indiquerai [1]. »

Marie, en se consacrant totalement à Dieu, corps et âme, doit sortir de tout ce qui lui est connaturel, *egredere de cognitione tua*. Elle doit oublier la maison de son père, *obliviscere domum patris tuae*, pour s'orienter vers une terre promise, encore invisible, que Dieu lui donnera [2].

Avec cet acte, nous sommes bien en présence de l'aurore de la loi évangélique. L'esprit de cette loi, dans ce

---

1. Gn 12, 1. Citons ces paroles de saint Grégoire de Nysse au sujet d'Abraham quittant son pays pour répondre à l'appel de son Dieu : « Abraham, sur l'ordre de Dieu, sortit de sa terre et de sa parenté. Il s'agit là d'une sortie convenant à un voyant, tendu vers la connaissance de Dieu. Ce n'est pas, en effet, un changement de lieu que me paraît signifier cette expression : il faut l'entendre spirituellement. Elle veut dire qu'étant sorti de soi et de sa propre terre, c'est-à-dire de sa mentalité basse et terrestre, ayant élevé son esprit, autant qu'il le pouvait, au-dessus des bornes ordinaires de la nature et ayant laissé la parenté de l'âme avec les sens, en sorte qu'aucune apparence sensible ne vînt le troubler et le rendre moins capable de percevoir les réalités invisibles, fermant ses oreilles au bruit du monde extérieur, ne laissant pas la vue égarer son esprit dans les apparences, marchant dans la foi, non dans la vue, il s'éleva à un si haut degré de gnose qu'il put atteindre à la limite de la perfection humaine, ayant connu Dieu autant que notre nature étroite et périssable, tendue au-delà d'elle-même, en est capable. » (*Adv. Eunom.*, XII ; P.G. 45. c. 020).

2. Gn 24, 16 et 43, *Rébecca*, préfiguration de Marie, nous est présentée comme une jeune fille très belle, vierge (*bethulah*) ; aucun homme ne l'avait approchée et elle est aussi d'une innocence virginale (*alma*) ; *cf.* Ex 2, 8 ; Is 7, 14 ; Ct 1, 3 ; 6, 8 ; Ps 68, 26 ; Pr 30, 19. Cette expression se retrouve sept fois dans l'Écriture.

qu'il a de plus exigeant et de plus pur, s'impose au cœur de Marie et prend possession de tout son être.

La question de Marie à l'ange Gabriel à l'Annonciation nous dévoile donc indirectement l'amour intime et caché de son cœur pour son Dieu. Elle l'a choisi de préférence à toutes les autres réalités.

Si l'Esprit Saint ne nous a pas directement révélé le premier *ecce venio* qu'elle a prononcé dans le secret de son cœur — il se l'est comme réservé —, nous pouvons cependant le deviner à travers cette objection si simple, si nette, qu'elle fait spontanément à l'ange, comme la chose la plus normale.

Cette question nous révèle aussi une exigence tout à fait particulière de son amour au plan social et communautaire : elle est fiancée à Joseph, étant toute à Dieu. C'est donc une communauté nouvelle au sein de l'ancienne communauté d'Israël que son amour réalise : une communauté familiale de personnes vouées à Dieu, qui s'unissent d'abord pour l'aimer d'une manière plus divine, et s'aimer mutuellement pour lui. Voilà l'aurore de la communauté chrétienne ; toute autre communauté chrétienne s'enracine dans cette communauté et ne peut s'en séparer.

Cette consécration de Marie, que l'Esprit Saint nous révèle d'une manière si voilée, est le modèle de toute première étape, de toute première orientation dans le mystère de la croissance de la vie chrétienne. En effet, le premier geste de l'âme chrétienne est de se présenter à son Dieu, son Créateur et son Père. Or, se présenter à son Créateur et à son Père ne peut se réaliser qu'en se remettant totalement, corps et âme, entre ses mains, lui promettant fidélité et attendant tout de lui. Voilà le geste parfait de la consécration, fruit d'une confiance totale en la miséricorde toute-puissante du Père-Créateur. La première coopération de l'âme chrétienne, répondant à l'action miséricordieuse de son Dieu, ne peut être qu'un tel geste. Par cette consécration, l'âme exploite librement, de la manière la plus divine, la grâce que Dieu lui a faite. Elle reconnaît qu'on ne peut coopérer avec Dieu qu'en se livrant totalement à lui, le laissant agir en toute liberté. On ne peut se présenter à Dieu qu'en le laissant nous attirer vers lui. On ne peut progresser dans l'amour divin qu'en laissant l'amour de Dieu nous envahir. Le premier *sursum corda* de la créature ne peut être qu'une consécration totale, laissant l'âme absolument libre pour son Dieu. Celui-ci, ensuite, communiquera ce qu'il veut, déterminant ainsi la volonté de la créature. Mais Dieu ne peut communiquer sa volonté que si, d'abord, dans l'âme de la créature, il y a cette présentation intime, cette consécration profonde. Dieu respecte toujours la liberté humaine, il n'agit directement et ne s'impose que dans la mesure où nous le laissons agir. Saint Jean de la Croix affirme qu'« il nous faut laisser le cœur libre pour Dieu, ce qui est le principe dispositif pour toutes les faveurs que Dieu doit faire à l'âme, sans laquelle disposition il ne les fait pas[1] ». La consécration est bien pour permettre cette liberté intérieure du cœur l'orientant totalement vers Dieu.

Précisons que ce premier acte de charité du cœur de Marie, la Tradition et l'Écriture nous en livrent certaines modalités qu'il nous est très utile de regarder de près.

Modalités de cette consécration

La Tradition, si on la décante de toutes les légendes apocryphes nous donnant des détails superflus que l'Esprit Saint n'a pas jugé bon de sanctionner, nous livre le seul fait de la consécration de Marie à Dieu : la Présentation de Marie au Temple, pour être vouée au service de son Dieu. L'Écriture ne nous en dit rien explicitement. Le premier geste officiel de Marie, comme son dernier, la Présentation de Marie au Temple et sa mort, devaient être, selon le bon plaisir de la Sagesse divine, comme enfouis dans la Tradition.

---

1. SAINT JEAN DE LA CROIX, *Montée du Carmel*, liv. III, ch. 20, éd. du père Lucien-Marie de Saint-Joseph, Desclée, 1942, p. 367.

Notons bien que le mystère de la Présentation est le point de départ de toute la Tradition chrétienne. La Tradition chrétienne commence avec ce mystère, ce premier acte personnel de la vie de Marie. Le mystère de la Tradition chrétienne est donc, de fait, inséparable du mystère de la vie de Marie. Si l'on refuse d'admettre la Tradition, on mutile nécessairement le mystère de Marie et l'on se voue à ne plus pouvoir le comprendre de la manière voulue par l'Esprit Saint. On ne peut plus le saisir de l'intérieur. Ceci est normal, car le mystère d'une mère est toujours un mystère d'intimité affective qui répugne en quelque sorte à être écrit, mais qui ne peut que se vivre et se communiquer par et dans l'amour.

Par ce mystère de la Présentation, la Tradition veut nous faire comprendre que Marie s'est donnée totalement à Dieu, qu'elle s'est séparée des siens, pourtant si saints, Joachim et Anne, pour entrer dans la maison de Dieu, se vouer à son service [1]. Elle veut être la servante de Dieu, elle ne veut que cela. Ce premier geste d'amour, Marie l'accomplit dans le secret de son cœur. Saint Albert le Grand nous dit que c'est sous la seule inspiration du Saint-Esprit, sans aucun conseil humain, que Marie se livre à Dieu pour être son bien, *solo inspirante Spiritus sanctus absque omni humano prompto consilio et exemplo*. Comprenons les droits absolus de Dieu sur celle qui veut devenir sa propriété exclusive. Malgré l'obligation concernant toutes les jeunes filles de la race de David de se marier pour perpétuer la descendance royale d'où doit naître le Messie, Marie, sans mépriser cette obligation,

1. Saint Jean Damascène affirme : « Elle naît dans la maison de Joachim, et est conduite au temple. Plantée dans la maison de Dieu et engraissée par le Saint-Esprit, comme un olivier fructifiant, elle devient l'asile de toutes les vertus, détournant son esprit de tout désir charnel, et conservant son âme et son corps vierges, comme il convenait à Celle qui devait concevoir Dieu dans son sein. Dieu étant saint se repose dans les saints ; donc en conservant la sainteté, elle devint un temple saint et admirable, digne de recevoir le Très-Haut », *De Fide orthod.*, IV. 14, P.G. 94, c. 1160 (trad. de V. Ermoni, Paris, 1904, pp. 200-261).

accepte l'appel impérieux de l'Esprit Saint. Elle se sépare des siens, elle fait le sacrifice de la maternité, elle se dépouille du droit d'aimer quelqu'un de son choix et d'être aimée par lui pour n'être aimée que de son Dieu et n'aimer que lui.

Ce don d'elle-même à Dieu, Cajetan précise qu'il ne peut se faire que sous condition, « si tel est le bon plaisir de Dieu ». Marie, en effet, en faisant cet acte, ne peut demander conseil à personne. Elle doit le garder comme un secret divin, puisqu'elle est la première à faire un tel geste avec une telle pureté. Elle n'a pas de modèle devant elle. C'est elle qui est « chef de file ». Elle doit donc agir dans une dépendance d'autant plus grande à l'égard de son Dieu, se remettant entièrement à son bon plaisir sur elle.

Cette condition ne diminue en rien l'absolu du don, celui-ci est total, mais elle nous en manifeste la modalité. Ce don se fait dans un abandon plénier, dans une remise totale au bon plaisir de Dieu. Voilà bien l'extrême délicatesse du cœur de Marie. Ce cœur ne veut rien faire qui ne soit directement voulu par Dieu. Elle comprend, sous l'inspiration du Saint-Esprit, que la meilleure manière de répondre à la miséricorde du Père, c'est de s'ouvrir toujours plus à cette miséricorde, de ne pas la limiter à notre taille humaine, mais de s'y livrer, de s'y abandonner. Cette consécration première est donc bien une consécration dans l'abandon, ou mieux une consécration d'abandon, car elle ne veut être autre chose qu'un abandon plénier, total, sans aucune restriction de matière ni de temps. On se livre pieds et mains liés au bon plaisir de Dieu et on lui promet de considérer durant toute sa vie cette attitude comme l'attitude la plus vraie et la plus fondamentale. Un tel abandon est caractéristique de la créature élevée à l'ordre surnaturel de fils de Dieu. Notre Seigneur nous l'enseigne nettement[1]. Car l'attitude la plus caractéristique de la créature raisonnable se présen-

1. Lc 12, 22. « Ne vous inquiétez pas pour votre vie de ce que vous mangerez. »

tant à Dieu est de l'adorer. C'est le premier acte des fils de l'homme, Caïn et Abel, qui nous soit révélé. La créature raisonnable en face de son Dieu s'efface, disparaît. Elle ne peut regarder son Créateur sans frémir. Par contre, l'attitude propre du fils est d'aimer son Dieu-Père, et de vivre dans l'unité d'amour avec lui. On comprend alors comment l'attitude caractéristique de la créature raisonnable élevée à la dignité de fils de Dieu soit cette crainte aimante, filiale, s'épanouissant en un abandon plénier[1].

---

1. Il serait intéressant de comparer le premier acte que l'Écriture nous rapporte de Moïse, serviteur de Dieu, avec celui que la Tradition nous livre de Marie, servante de Dieu. « En ce temps-là, Moïse, devenu grand, alla rendre visite à ses frères. Il fut témoin des corvées auxquelles ils étaient astreints, et remarqua un Égyptien qui rouait de coups un Hébreu, un de ses frères. Il jeta un coup d'œil autour de lui et, n'ayant vu personne, il tua l'Égyptien et le cacha dans le sable » (Ex 2, 11-12). À la miséricorde prévenante de Dieu qui l'a sauvé des eaux du Nil, Moïse répond par une œuvre de justice humaine ; on peut même dire par trois gestes successifs de justice humaine, donc par une plénitude de justice humaine (Ex 2, 13-17). À la miséricorde prévenante du Père qui l'a retirée des eaux du péché, Marie répond par une promesse d'abandon. Voilà la seule réponse adéquate à la miséricorde divine. Car répondre à la miséricorde par la justice humaine, c'est ramener la miséricorde divine à notre propre taille humaine, c'est la canaliser dans notre propre raison, c'est donc la détruire. Moïse aura peur des conséquences de son geste quand il s'apercevra que le pharaon est averti, aussi s'enfuira-t-il au pays de Madiân. Répondre au contraire par une promesse d'abandon, c'est reconnaître l'absolu de la miséricorde divine, c'est vouloir en vivre le plus totalement possible, c'est ouvrir notre âme à cette miséricorde pour qu'elle prenne possession de tout. Au lieu d'utiliser humainement la miséricorde de Dieu, on veut être possédé par celle-ci, on veut s'y cacher le plus parfaitement possible. On devient alors fort de la force de Dieu. Notons bien que si Marie, grâce à la pureté de son cœur, s'abandonne immédiatement, d'une manière si parfaite, ceci ne veut pas dire que cet acte ne soit pas héroïque et n'exige point une véritable mort des initiatives humaines. Le vivant est celui qui « se meut » ; l'abandon réclame que le vivant inférieur accepte de se taire, de ne pas « se mouvoir », pour laisser le vivant supérieur agir librement, selon son bon plaisir. L'abandon à la miséricorde divine exige donc que l'« Égyptien » (qui représente le païen, celui qui obéit au pharaon, aux puissances humaines tyranniques) soit mis à mort et enfoui dans le sable. Le geste de Moïse est donc significatif et symbolique. Il nous éclaire à la fois sur la grandeur et la pureté du geste de Marie — nous montrant tout l'abîme qui existe

Le tout-petit s'endormant dans les bras de sa mère, illustre bien cette attitude d'abandon parfait. Comme tout-petit, il ne s'appuie que sur sa mère, il n'a pas d'autre soutien que ses bras ; comme tout-petit il n'a aucune inquiétude, il ne sait même pas ce que c'est que l'inquiétude. Il est tellement livré et abandonné qu'il ferme les yeux tout normalement et s'endort. Ce n'est qu'une image, mais c'est une image qui peut nous aider à comprendre cette exigence première de la vie divine dans le cœur de l'homme. « Quiconque n'accueille pas le Royaume de Dieu en petit enfant n'y entrera pas[1]. »

Ce saint abandon du « tout-petit » n'est pas du quiétisme, car il est le fruit d'actes de foi, d'espérance et d'amour en la miséricorde toute-puissante et aimante du Dieu-Père. Ce n'est pas un abandon psychologique, fruit d'un tempérament lymphatique qui est souvent une attitude de nonchalance et d'indétermination. C'est avant tout un abandon divin, tenant l'âme toute prête à accepter la volonté de Dieu. Si l'on peut comparer cet abandon divin à l'attitude du tout-petit qui s'endort dans les bras de sa mère, il faut aussi le comparer à l'état du serviteur qui veille, tout attentif au retour de son maître, désireux de recevoir immédiatement le premier ordre de son maître bien-aimé[2]. Cet esprit d'abandon est, en effet, l'attitude fondamentale de la créature raisonnable en face de son Dieu, sachant que servir Dieu, se remettre totalement entre ses mains et exécuter ses ordres, est ce qu'il y a de plus grand pour la créature. L'attitude propre du serviteur aimant Dieu est d'attendre les initiatives de celui à qui il se dévoue corps et âme, pour y répondre avec la plus grande diligence et en pleine joie. Cet abandon divin est donc un état d'attention aimante à la volonté de Dieu, pour recevoir cette volonté comme celle-ci demande d'être reçue. La demande du *Pater* exprime merveilleuse-

---

entre la justice et l'abandon — et ce que ce geste d'abandon présuppose et implique — la mort et l'ensevelissement du vieil homme.

1. Lc 18, 17.
2. Lc 12, 35. « Tenez vos reins ceints et vos lampes allumées... »

ment cela : « que ta volonté soit faite sur la terre comme au ciel ». Il faut que la créature raisonnable adopte des mœurs célestes pour recevoir divinement la volonté du Père. Que tous les retards, les lenteurs propres à la terre soient bannis et qu'il y ait un désir foncier de recevoir avec amour et immédiatement cette volonté aimante et éternelle.

Enfin, pour mieux pénétrer ce qu'il y a de si divin dans cet esprit d'abandon et éviter toute contrefaçon humaine, on pourrait encore comparer cet état fondamental de l'âme chrétienne qui se livre totalement au bon plaisir de son Dieu-Père, à l'attitude du père de famille qui veille pour ne pas laisser le voleur pénétrer dans son logis [1], à l'attitude du soldat guettant de nuit, à l'attitude du franc-tireur attentif aux moindres indices manifestant les dangers possibles d'attaques sournoises et rusées. Ce n'est plus seulement l'attitude première du serviteur qui attend l'ordre de son maître, c'est l'attitude de celui qui est aux aguets et qui lutte. Il sait que, tout en attendant les ordres de son chef, il doit faire attention aux manœuvres de l'ennemi désireux de l'empêcher de recevoir les ordres et de les exécuter. La vie chrétienne, ici-bas, est une vie militante. Il y a l'adversaire qui ne cesse d'agir, cherchant à détourner le chrétien de la volonté du Père. Saint Pierre nous le rappelle : « Soyez sobres, veillez. Votre partie adverse, le diable, comme un lion rugissant, rôde, cherchant qui dévorer [2]. » Cette action du démon est particulièrement forte et sensible à l'égard de ce commencement, de ce départ, si important pour tout ce qui viendra après. La première orientation est toujours ce qu'il y a de plus délicat, de plus sensible, et aussi ce qu'il y a de plus important. Le démon est trop intelligent pour ne pas s'en occuper avec une vigilance toute particulière. C'est pourquoi le saint abandon du « tout-petit », du fils du Père, est non seulement l'état d'attention du serviteur aimant

1. *Cf.* Lc 12, 39.

2. 1 P 5, 8. « *Fratres, sobrii estote, et vigilate : quia adversarius vester diabolus, tamquam leo rugiens circuit quaerens quem devoret...* »

— le fils étant toujours une créature, servant Dieu — mais aussi l'état de veille du soldat totalement engagé dans la lutte, qui sait que l'ennemi, s'il est caché, est en réalité présent, prêt à dévorer sa proie, dès la moindre imprudence. Cet abandon chrétien exige donc une vigilance extrême à l'égard de tout ce qui n'est pas Dieu et les envoyés de Dieu. Cette vigilance extrême, du reste, n'est pas le fruit de la seule prudence humaine acquise ; celle-ci, si parfaite qu'elle soit, ne peut dépister les ruses du démon. Il faut la lumière de foi pour dépister ces ruses, il faut la prudence infuse, aidée du don de conseil, pour être « prudent comme le serpent ». C'est la seule prudence qui permet à l'âme d'être « simple comme une colombe ».

Cette consécration d'abandon dans l'âme de Marie a bien toutes ces dimensions divines : elle livre totalement Marie à son Dieu, comme le tout-petit s'abandonne entre les mains de sa mère ; elle met Marie dans un état de servante aimante de son Dieu, attendant tout de lui et désireuse d'exécuter son bon plaisir ; elle met Marie dans un état de défense à l'égard de Satan, son ennemi personnel. Cette consécration d'abandon est la meilleure manière pour Marie de se fortifier en son Dieu contre les attaques possibles du démon. Car en s'abandonnant à la miséricorde du Père, elle se cache en cette miséricorde et elle échappe au regard du démon. Elle fuit au désert. Satan ignore tout de ce premier geste de Marie. Voilà la première manière dont Marie écrase la tête de Satan !

Cette consécration d'abandon apparaît bien comme ce qui épanouit fondamentalement, de la manière la plus parfaite, sa plénitude de foi, d'espérance et d'amour, reçue avec son privilège d'immaculée. N'est-elle pas le fruit premier des dons du Saint-Esprit, sa première coopération avec l'Esprit Saint ? Le don de sagesse ne lui fait-il pas découvrir en premier lieu les droits exclusifs et jaloux de son Dieu ? Celui-ci veut tout : Marie se donne sans réserve. Les dons de crainte et de conseil ne la rendent-ils pas avant tout docile à la souveraineté absolue de son Dieu ? L'accomplissement du bon plaisir de son Dieu a seul valeur à ses yeux. L'essentiel n'est pas la qualité de l'offrande considérée en elle-même, mais l'accomplissement même de la volonté de Dieu réalisée en cette offrande.

Pour que l'offrande soit agréée de Dieu, pour qu'elle soit sainte, il faut qu'elle soit l'expression vivante de sa volonté. C'est pourquoi, pour se consacrer pleinement et parfaitement, elle s'abandonne totalement au bon plaisir de son Dieu, aimant mieux ce bon plaisir que la consécration elle-même de son être : toute sa joie et toute sa force est auprès du bon plaisir de son Dieu.

Voyons la différence avec le premier acte que l'Esprit Saint nous a révélé de notre mère selon la chair et le sang, Ève. Ce premier acte est un acte d'indépendance, d'isolement orgueilleux, d'autonomie terrible, Ève répond à Satan qui l'interroge, elle lui livre le secret de Dieu et devient sa proie.

En nous, il y a une lutte constante entre ces deux premières initiatives qui sont comme nos deux atavismes, celui qui nous vient d'Ève, celui qui nous vient de Marie. Nos initiatives oscillent de fait entre ces deux attitudes si opposées. Dans la mesure où nous sommes engendrés à la vie divine, dans cette même mesure, nos initiatives se rapprochent de plus en plus de cette consécration totale d'abandon. Nous vivons de plus en plus du saint abandon, comprenant que l'*ecce venio* et l'*in manus tuas* qui sont au point de départ et au terme de la vie terrestre de Jésus, sont ce qui caractérise fondamentalement l'attitude du chrétien. Cet *in manus tuas* est, en effet, comme l'alpha et l'omega du disciple du Christ. Marie, la première parmi les disciples de Jésus, celle qui annonce la loi évangélique, nous en donne le modèle.

Cette consécration première d'abandon de l'âme de Marie à son Dieu, demeure toute cachée ; c'est une alliance secrète et intime qui se réalise entre elle et son Dieu. Aucune créature n'en est témoin. Il n'y a que Dieu et elle qui agissent ; Dieu a l'initiative première, elle y coopère et y répond. Elle met tout en cause pour l'aimer par-dessus tout, exclusivement, comme l'unique nécessaire. Ceci est normal, car l'abandon demande d'être caché, d'être réservé à Dieu. Quand une âme s'abandonne vraiment à Dieu, elle est cachée en Dieu, car elle ne veut vivre que pour lui. Ce mystère de la consécration de Marie, de sa présentation, demeure caché dans ce qu'il y a de plus intime, de plus secret dans la Tradition, sans doute pour nous faire comprendre l'importance de ce mode caché. Tout commencement doit être réservé à Dieu, exclusivement à lui : il a droit aux prémices de tout ce qui est créé.

Au point de vue communautaire, il n'y a rien de changé. La vie du Temple, extérieurement, reste la même. Marie n'y modifie rien. Les regards des hommes ne pourraient rien deviner. Seul Dieu sait combien Marie, au milieu des autres, vit d'une manière toute nouvelle, selon des exigences plus profondes et plus divines, celles de la loi évangélique. L'idéal évangélique doit d'abord être vécu dans le cœur de Marie d'une façon toute secrète, à l'ombre du Temple.

La première pierre de l'édifice que Dieu veut construire en nous, ce temple divin où doit habiter l'Esprit Saint, doit être comme enfouie au plus intime de nous-mêmes, en la miséricorde du Père, sans qu'il soit nécessaire qu'extérieurement il y ait quelque chose de changé.

Voilà une des exigences du gouvernement divin que la première réponse de Marie, dans le mystère de la croissance de sa vie divine, nous montre merveilleusement.

Première consécration communautaire

Cette donation secrète, faite à Dieu sous condition, va se modifier ou plus exactement s'épanouir grâce à Joseph. Nous ne savons pas comment s'est réalisée cette première rencontre de Joseph et de Marie, si c'est Marie qui a confié à Joseph son secret, ou si c'est l'Esprit Saint lui-même qui révéla à Joseph l'amour spécial de Dieu sur Marie. La première hypothèse semble plus conforme aux lois du gouvernement divin, et elle unirait plus intimement Joseph à Marie. Joseph serait le premier qui recevrait la confidence de Marie. Il deviendrait par là le premier bénéficiaire de sa charité fraternelle et miséricordieuse. Car confier à quelqu'un un secret personnel qui intéresse profondément toute notre vie, c'est lui témoigner une très grande confiance et, par là, c'est faire à son égard un acte d'amitié. Joseph deviendrait par là, du point de vue spirituel, comme le premier confident et ami de Marie. L'Écriture nous dit que Joseph est officiellement le fiancé de Marie. Par le fait même qu'il accepte de la considérer comme sa fiancée aux yeux de tous, tout en respectant son don total à Dieu, Joseph permet une réalisation plus plénière de la consécration de Marie à Dieu. Joseph est pour Marie comme la première réponse miséricordieuse de Dieu à son abandon plénier, puisque grâce à lui, il n'y a plus aucun obstacle qui puisse empêcher la réalisation de son don total, âme et corps, à son Père. Joseph, gardien de la Vierge, est celui qui cache l'œuvre première réalisée par Marie en la miséricorde de son Père : son abandon filial. Il coopère activement et librement à cet abandon en le vivant dans son cœur, en en faisant sa vie. Cette coopération permet à l'œuvre de Dieu de s'affermir, de s'installer selon un mode communautaire, et le mode communautaire le plus intime et le plus naturel qui soit : le mariage.

Voyons bien la progression des exigences de l'amour divin en Marie : cet amour lui demande le don de tout elle-même, d'abord d'une façon tout à fait solitaire et cachée — elle seule en vit — puis cette exigence de l'amour demande de s'emparer du cœur de son prochain le plus proche : Joseph. C'est ensemble qu'il faut vivre de cette exigence. La charité fraternelle et la miséricorde dans ce qu'elle a de plus grand s'emparent tout de suite du cœur de Marie et la lient à Joseph de ce lien si extraordinaire que seul peut exiger le don de conseil. C'est évidemment un peu fou, si on le regarde avec notre pauvre regard humain. C'est merveilleux sous le regard de la sagesse divine. La consécration virginale, pourrait-on penser, en nous liant exclusivement à Dieu, doit nous séparer de la charité fraternelle. En réalité, nous unissant plus étroitement à l'amour de Dieu, elle nous permet d'aimer plus profondément le prochain, de l'aimer avec une profondeur et une délicatesse toutes divines. Il est très grand de constater que Marie, qui se voue si totalement à Dieu, est engagée en même temps dans de tels liens de charité fraternelle à l'égard de Joseph. Son cœur virginal aime Joseph d'une manière toute divine, très pure, mais très réelle, très efficace. Il ne s'agit pas du tout d'une sorte d'amour platonique, abstrait, lointain ; un tel amour n'est pas divin, il est au fond toujours très larvé d'égoïsme et de dilettantisme. La charité fraternelle nous fait aimer le prochain comme Dieu l'aime, avec toute la profondeur, tout le réalisme et toute la pureté de l'amour divin, qui atteint tout ce qui est sans être lui-même touché, selon une générosité toute désintéressée. C'est vraiment par amour pour l'autre qu'on l'aime, lui voulant du bien et le bien le plus excellent dont il est capable. C'est de cet amour divin que Marie aime Joseph. Elle l'aime parce qu'il est pour elle le prochain choisi par Dieu, qui doit être son fiancé et son époux ; elle se conforme totalement au choix de Dieu ; elle choisit Joseph pour qu'il soit son compagnon de route, son soutien, son chef, son confident. Elle le choisit pour mener avec lui une vie commune très étroite, la vie commune d'un foyer, d'une famille. Sa confiance en Joseph est telle qu'elle lui confie le secret de son âme : sa consécration virginale à Dieu. Voilà bien le modèle de toute charité fraternelle, car cette charité apparaît à la fois si pure qu'elle coexiste parfaitement avec les exigences les plus grandes du cœur de Marie, immaculé et consacré à Dieu, et si profondément humaine, que cet amour implique un choix mutuel très singulier, un choix très absolu et très fidèle qui décidera définitivement de l'orientation humaine de leur vie. Leur choix est une promesse de fidélité qui ne peut se reprendre officiellement : Joseph et Marie sont fiancés. Ce choix est très intime, très respectueux des exigences mutuelles, très accueillant et très confiant. On peut même dire que, comme Marie s'abandonne totalement à la miséricorde toute-puissante du Père en se consacrant à lui, de même sa confiance envers Joseph, représentant de cette autorité du Père sur elle, est si totale, qu'elle s'abandonne vraiment et entièrement à lui pour tout ce qui regarde la vie commune. Elle peut se fier entièrement à la prudence divine de cet homme juste[1]. Seule une prudence chrétienne toute divinisée par le don de conseil, peut diriger les actes extérieurs d'une telle charité fraternelle et ordonner cette vie commune de Marie et de Joseph, aurore de la première communauté chrétienne.

Considérons ici encore cette exigence du gouvernement divin : Dieu veut que ce qui est initialement très secret et très caché dans notre cœur, s'empare progressivement de toute notre nature. Que notre cœur soit tout à lui, en premier lieu, dans ce qu'il a de plus profond, mais qu'il soit ensuite tout à lui également, dans ses relations avec les autres hommes. La charité doit prendre possession de l'amitié humaine dans ce qu'elle a de plus excellent et la transformer. Grâce à cette charité fraternelle, la miséricorde de Dieu peut surabonder. Ce n'est plus seulement Marie qui est totalement consacrée à Dieu, c'est aussi Joseph dans sa relation à Marie. Ce n'est pas seulement Marie qui est servante de son Dieu, mais c'est aussi Joseph qui est serviteur de Dieu, en devenant le serviteur de la servante de Dieu. Joseph est un serviteur très pauvre, dont le rôle principal est de cacher. Dieu avait besoin de lui pour cacher sa servante, et par là, il se la réserve plus profondément. Dieu, dans son gouvernement miséricordieux, aime à multiplier ses serviteurs,

1. *Cf.* Mt 1, 19.

pour que sa miséricorde surabonde. Il aime à les unir d'une manière très intime, réalisant entre eux des liens très forts de charité fraternelle, conditionnant même l'efficacité des services de l'un à la fidélité de l'autre. Voyons en Moïse et Aaron, dans l'Ancien Testament [1], la préfiguration de ce qui se réalise entre Marie et Joseph. Pour cacher Moïse, Aaron lui est donné. Aaron sera le porte-parole officiel de Moïse, la « bouche de Moïse ». Celui-ci pourra alors demeurer uniquement tourné vers son Dieu. Mais n'insistons pas. Considérons seulement comment Dieu donne à cette première consécration d'abandon sa fécondité immédiate. L'abandon véritable et divin d'une âme toute consacrée à Dieu rayonne et engendre l'abandon dans l'âme du prochain.

Cette première consécration : modèle des consécrations religieuses

On peut dire que cette consécration de la Très Sainte Vierge à Dieu est le modèle de toutes les consécrations religieuses. Elle doit donc nous montrer ce qu'il y a d'essentiel et de principal en celles-ci. Marie ne peut répondre à Dieu qu'en se donnant totalement à lui. Cette consécration est la première œuvre commune de Marie

1. *Cf.* Ex 4, 14-16. Il serait très intéressant de comparer la manière dont Dieu unit Joseph à Marie, comme gardien de sa servante, et celle dont il unit Aaron à Moïse, puisque, des deux côtés, nous sommes en présence d'une certaine surabondance de la miséricorde divine multipliant ses instruments et les unissant entre eux pour faire œuvre commune. Mais la manière dont Dieu unit Joseph à Marie et Aaron à Moïse est toute différente, ainsi que le motif propre de leur union. Joseph est à la fois beaucoup plus uni à Marie et beaucoup plus séparé ; c'est en raison de la perfection de Marie que Joseph participe à son secret. C'est au contraire en raison de l'imperfection de Moïse qu'Aaron lui est donné pour l'aider. Le parallélisme peut nous permettre de mieux saisir ce qu'il y a de si parfait et de divin dans cette union que Dieu réalise entre Joseph et Marie, et comment, grâce à celle-ci, Dieu réclame de l'un et de l'autre une pauvreté beaucoup plus grande et un amour fraternel si intense.

avec son Dieu. Elle est l'exploitation divine de sa grâce initiale : l'immaculée conception et la plénitude de grâce. À la miséricorde prévenante du Père qui l'enveloppe, Marie répond divinement en se livrant totalement à cette miséricorde, en s'y abandonnant corps et âme. Dieu a tout donné gratuitement, Marie remet tout librement à sa volonté, à son bon plaisir. Voilà sa réponse à la miséricorde initiale du Père. Voilà le geste divin qui jaillit immédiatement de la plénitude de foi, d'espérance et d'amour de son cœur tout pur. La consécration des vierges s'enracine dans le mystère de l'Immaculée Conception. C'est en réponse à ce mystère qu'elle est entrée dans l'Église.

Comprenons bien que cette consécration se fait d'abord dans le secret. Il n'y a rien de juridique, rien d'officiel. C'est pour Dieu et uniquement pour Dieu, et pour Marie et uniquement pour elle. C'est pourquoi, si l'on veut parler d'une façon précise, on doit dire que cette consécration est le modèle de l'esprit de toutes les autres consécrations religieuses, de ce qui doit les inspirer et leur donner leur caractère divin. Et cette consécration, ayant comme modalité propre d'être une consécration d'abandon, Marie nous enseigne donc, par ce mystère de la Présentation, que l'esprit de toute consécration, c'est l'abandon. Le vœu d'abandon, ou mieux l'esprit d'abandon, est comme l'âme des autres vœux, c'est l'essentiel. Les vœux se sclérosent dans la mesure même où ils ne sont pas constamment vivifiés par cet esprit d'abandon. Et par le fait même, le mystère de la Présentation n'est pas seulement le modèle de toutes les âmes religieuses, il est aussi le modèle de toute âme chrétienne. Celle-ci doit toujours vivre de cet esprit d'abandon, même lorsque, juridiquement et socialement, Dieu lui a permis de s'engager dans une autre voie que la vie religieuse. On ne peut jamais dispenser une âme chrétienne de vivre dans l'abandon, dans cette remise totale à la miséricorde fraternelle, et ainsi cette âme vivra de l'esprit des vœux de religion.

De même, on peut dire que la communauté qui s'établit avec Joseph est le modèle de toute communauté chrétienne et tout spécialement de la communauté religieuse. Mais en faisant la même précision : ce que Marie nous enseigne, ce n'est pas l'aspect social et juridique, mais la manière de vivre en communauté chrétienne. Elle nous montre l'esprit qui doit animer toute communauté chrétienne.

Cette consécration virginale de Marie au Père dans l'abandon à sa miséricorde, et cette confiance fraternelle si pure et si forte qui lie Marie à Joseph sont comme les fruits ultimes de tout l'Ancien Testament. Tout l'Ancien Testament devait s'achever, se terminer dans ces deux actes de l'amour divin : l'un qui regarde Dieu, l'autre qui regarde le prochain. À l'égard de Dieu l'attente d'Israël devait s'achever dans l'abandon, celui-ci étant la forme la plus divine du désir suprême. Quand le désir surnaturel atteint son paroxysme, s'il ne veut pas se matérialiser et s'humaniser en impatience révolutionnaire, s'il veut demeurer divin, il doit se transformer en abandon : on s'en remet totalement à la miséricorde de Dieu. Toute l'attente d'Israël fleurit donc bien dans le mystère de la Présentation de Marie. À l'égard du prochain, les rapports de justice et de charité qui unissaient entre eux les membres du peuple d'Israël ne pouvaient pas avoir d'achèvement plus parfait que ceux qui se réalisent entre Marie et Joseph. Tous deux sont de la race de David. Ils s'unissent dans les liens du mariage, liens qui constituent les rapports de justice la plus étroite, et ils s'unissent en respectant mutuellement leur consécration virginale à Dieu, ce qui exige la plus pure et la plus grande des confiances fraternelles et donc un amour mutuel extraordinairement fort. Toute la Loi de l'Ancien Testament s'achève donc bien dans ces deux gestes de Marie, qui déjà sont au-delà de la Loi et préparent d'une manière ultime la Loi nouvelle.

Chapitre II

APPEL PRÉCIS DE DIEU SUR MARIE : LE MYSTÈRE DE L'ANNONCIATION. LE *FIAT* DE L'ENFANT ET DE LA SERVANTE

Avec le mystère de l'Annonciation, nous entrons dans les vues précises de Dieu sur Marie. La période de préparation, de pure attente indéterminée, s'achève, se détermine. Le texte de l'Écriture est suffisamment net. L'annonciation de l'ange et la réponse de Marie nous montrent la manière dont celle-ci entre pleinement dans le mystère de sa maternité divine, qui implique un mystère de vie contemplative chrétienne et un mystère de service très humble et très noble qu'elle rend à son Dieu.

Premier acte de foi chrétienne

Avec ce mystère de l'Annonciation nous sommes, en effet, en présence du premier acte de foi chrétienne explicite. Élisabeth nous dit dans le mystère de la Visitation que la béatitude de Marie, en ce mystère, est avant tout et purement une béatitude de foi. Elle est bienheureuse parce qu'elle a cru. Notre Seigneur nous en fait part lui-même dans l'Évangile : quelqu'un, en effet, lui ayant dit : « Heureuses les entrailles qui t'ont porté », Jésus répond : « Heureux plutôt ceux qui écoutent la parole de Dieu et la gardent[1]. »

Saint Augustin, dans son traité sur la virginité, à propos de ces paroles du Christ, déclare : « Le bonheur de Marie est bien plus grand d'avoir conçu dans la foi Jésus Christ que d'avoir enfanté le Sauveur selon la chair. Les liens maternels qui unissaient Marie à son divin Fils, ne lui eussent servi de rien, si elle ne l'avait pas porté plus heureusement dans son cœur que dans son sein[2]. »

Cet acte de foi de la Très Sainte Vierge non seulement doit nous faire pénétrer dans tout son mystère de maternité divine qui commence par cet acte de foi, mais il doit aussi nous faire comprendre d'une façon immédiatement pratique ce que doit être notre foi chrétienne et la manière dont nous devons nous comporter en croyants qui recevons la parole de Dieu.

Par son *fiat* à la parole de l'ange, l'esprit de Marie, dans ce qu'il a de plus profond, de plus vital, de plus intime, adhère pleinement à la parole de l'envoyé de Dieu, comme à la parole de Dieu sur elle. Dans cet acte de foi vivante et aimante, l'esprit de Marie — (saint Augustin nous dit son « esprit » et son « cœur ») — touche le Verbe de Dieu lui-même dans son mystère personnel, ou plus exactement le Verbe de Dieu agit sur son esprit qui se livre totalement à cette emprise divine. Le Verbe de Dieu s'imprime comme de l'intérieur en son esprit, de sorte que l'esprit de Marie se trouve comme possédé par le Verbe. « Le Christ habite en nos cœurs par la foi[3]. » Le Verbe de Dieu habite son esprit et le possède.

Il y a là une mainmise divine merveilleuse sur son âme

1. Lc 11, 27-28. Cajetan, dans son commentaire, précise que le Christ révèle par là « la raison commune de la béatitude pour tous les élus », ce qui est au suprême degré vrai pour Marie.

2. *De Virg.* I, ch. 3. Et saint Thomas explique en théologien : « Comme l'esprit est plus près de Dieu que le corps, il ne convenait pas que la Sagesse incréée s'en vînt habiter le sein de la Vierge sans que l'esprit de cette même Vierge fût tout resplendissant des lumières de la Sagesse suprême » (*III Sent.*, dist. 3, q. 3, a. 1, ad 1).

3. Ép 3, 17.

toute pure. Elle écoute la parole de Dieu — *fides ex auditu* — et elle touche le Verbe. C'est l'ouïe et le toucher qui nous servent à exprimer le réalisme de la foi et son caractère en même temps imparfait : le croyant ne voit pas, il entend. Il entend la parole de Dieu. Cette parole, parce que divine, n'agit pas de l'extérieur comme la parole humaine. Elle agit du dedans, et c'est pourquoi cette parole a un réalisme et une efficacité uniques ; elle permet un véritable toucher intérieur de notre esprit, dans ce qu'il a de plus profond, avec la Lumière divine, avec le Verbe.

Marie écoute et garde en son cœur cette parole, la laissant prendre racine en elle, développer toute sa vertu divine, s'emparer d'elle jusqu'au bout. Dans son intelligence et son cœur rien ne résiste, rien ne s'oppose, tout est livré à l'action directe de Dieu. En elle, il n'y a pas de partage, il n'y a pas de restriction ou de limitation de cette donation foncière de son esprit et de son cœur. Grâce à son vœu d'abandon, tout est divinement disposé à cette emprise directe de la parole de Dieu sur elle. L'abandon évangélique est ordonné à la réception de la parole de Dieu. C'est comme le labour qui permet à la terre d'être une « bonne terre » capable de recevoir la semence divine, le germe de vie. Sans cet abandon notre âme est aride, fermée sur elle-même, incapable de s'ouvrir à la parole de Dieu.

Certes, c'est dans le *non-visum*, dans l'obscurité et les ténèbres, que Marie reçoit la parole de Dieu. Elle ne voit rien. Elle ne fait qu'écouter et toucher, elle se laisse prendre par la vérité de son Dieu jusque dans les profondeurs les plus vitales de son intelligence. Elle accepte avec joie que Dieu se communique dans le silence, d'une manière très cachée et très mystérieuse. Elle accepte librement et avec amour que la « Lumière » et la « Parole » lui soient données dans les « ténèbres » et le « silence », cela fait partie de ce mystère de plénitude de foi. Celle-ci ne donne pas la lumière, mais elle y prépare et y ordonne les forces les plus vives de notre intelligence.

Si tout se réalise dans l'obscurité et les ténèbres, cependant tout se réalise dans la certitude. Marie a soif que son esprit, dans ce qu'il a de plus intime, soit tout entier déterminé par la vérité divine, par le Verbe. Son *fiat* réalise cela merveilleusement. Il la fixe en Dieu et la sépare par le fait même de tous les changements et relativités des créatures. Dans cet acte de foi, son esprit acquiert une certitude nouvelle qui lui permet de se tenir ferme, comme s'il voyait en face celui qui lui est donné d'une façon invisible, dans les ténèbres, mais plus que jamais intimement présent.

Pureté de la foi de Marie

Pour mieux saisir le caractère tout à fait divin de cet acte de foi de la Mère de Dieu, de cet acte qui la constitue Mère de Dieu, il faut, à la suite de saint Augustin, mettre cette Annonciation en parallèle avec les autres annonciations dont nous parle l'Écriture, pour en voir les différences et les ressemblances.

Toutes les autres annonciations préfigurent, de fait, celle-là, elles en sont comme des ébauches plus ou moins éloignées[1]. Et surtout comparons l'attitude de Marie à celle de Zacharie.

Zacharie, qui était juste devant son Dieu, « marchant dans tous les commandements et ordonnances du Seigneur d'une manière irréprochable », manque de foi devant le message de l'ange si extraordinaire et si invraisemblable du point de vue humain. Il est trop prudent dans sa foi, trop rationnel, trop humain ; il demande un signe. Demander à Dieu un signe, lorsque Dieu réclame une adhésion de foi, c'est en réalité réclamer un support humain, quelque chose qui parle à notre raison, à notre prudence, quelque chose qui nous soit connaturel. Notre raison humaine peut, en effet, avoir très peur de l'absolu

1. *Cf.* Lc 1, 26 sq. ; Ex 3, 1 sq. ; Jg 6, 11 sq.

de l'adhésion de foi ; elle frémit souvent devant cet abîme divin qui se creuse en notre âme par l'adhésion volontaire de foi. Le mystère divin qui, dans la mesure où nous y croyons, va s'emparer de nous et devenir nôtre, effraie notre raison ; aussi, instinctivement, réclame-t-elle quelque signe pour lui permettre de mieux réfléchir, de vérifier si tout est bien voulu de Dieu. Ce n'est pas nécessairement en raison d'une mauvaise volonté, qui ne voudrait pas croire, que nous réclamons des signes, mais c'est pour gagner du temps. C'est par manque de générosité. C'est une excuse pour avoir un peu plus de temps devant nous.

De fait, la foi chrétienne se réalise de façons très différentes, selon des états très divers : la foi du disciple n'a pas les mêmes exigences que la foi du serviteur ou de l'enfant. Le disciple peut réclamer certains signes, certains motifs rationnels de crédibilité, en vue d'adhérer à la parole même de son maître. En tant que « disciple », il semble avoir le droit de réclamer pour lui de tels motifs pour justifier aux yeux de sa propre raison le bien-fondé et la légitimité de son adhésion de foi. Il peut aussi réclamer pour les autres de tels signes, pour ceux qui ne croient pas et auxquels il doit porter la bonne nouvelle. Regardons Moïse. Dieu l'envoie auprès du pharaon avec une mission bien précise à remplir. Or, le pharaon ne croit pas à Yahvé. Aussi, devant l'objection craintive de Moïse — « qui suis-je, pour aller trouver Pharaon et pour faire sortir d'Égypte les enfants d'Israël ? » — Dieu dit : « Je serai avec toi et voici le signe auquel tu reconnaîtras que ta mission vient de moi [1]... »

Saint Thomas nous dit que les signes sont pour les infidèles, pour tous ceux qui ne croient pas encore. Le signe est comme l'appât qui va les attirer, mettre en éveil leur attention et susciter en eux une curiosité. Ceci tout spécialement quand ce signe est un signe pénal qui les afflige ou un signe miséricordieux qui les sauve. Le pharaon,

---

1. Ex 3, 11-12a.

devant le signe pénal de cette grêle d'une « violence inconnue », s'écrie : « Cette fois, je confesse ma faute. C'est Yahvé qui a raison ; moi et mon peuple nous avons tort. Suppliez Yahvé de faire cesser le tonnerre et la grêle, et je m'engage à vous laisser partir[1]. » Voyez le Christ avec la Samaritaine. Dès que Notre Seigneur lui apparaît comme un prophète, sachant profondément ce qu'elle est, connaissant les secrets de sa vie personnelle, elle commence à s'intéresser vivement, et elle est sur le chemin de la foi. De même nous constatons que Dieu ne fait aucun reproche à Gédéon, lorsque celui-ci réclame un signe pour que son peuple croie en ce qu'il dira au nom de Yahvé. C'est Yahvé lui-même qui donne ces « armes miraculeuses » à Moïse pour que le pharaon apprenne qu'il est « sans rival au monde[2] », pour que Moïse puisse contempler sa puissance et qu'on publie son nom par toute la terre[3].

Marie, sous la conduite du Saint-Esprit, adhère avec cette divine spontanéité d'une toute petite enfant bien-aimée du Père. Elle adhère immédiatement, sans demander de signe, et l'ange lui en donne un par surcroît, par surabondance. Le motif de son adhésion n'est pas ce signe, celui-ci n'est qu'un « exemple figuratif », comme dit saint Thomas[4]. Le véritable motif de son adhésion est bien exprimé par sa réponse à l'ange : *Fiat mihi secundum verbum tuum* — « qu'il m'advienne selon ta parole[5] ». Elle croit en la plénitude de la parole de Dieu parce que c'est la parole de Dieu. Elle ne veut pas ramener l'amplitude et la profondeur de cette parole divine à la compréhension humaine qu'elle en a, aussi ne répond-elle pas : « J'accepte d'être mère de Dieu », mais bien : *fiat secundum verbum tuum*. Elle est celle qui reçoit la parole de Dieu comme la lumière, comme ce qui est source et principe

1. Ex 9, 27-28 ; 10, 16-17.
2. Ex 9, 14.
3. Ex 9, 16.
4. III, q. 30, a. 4, ad 2.
5. Lc 1, 38.

de toute lumière, de toute connaissance. Son intelligence est tout accueil de cette lumière, ne voulant d'aucune manière la restreindre, la diminuer. Voilà bien l'attitude filiale de l'enfant qui reçoit la parole du Père comme un absolu qu'on ne discute pas, mais qu'on reçoit comme un trésor.

On pourrait objecter que Marie n'adhère pas spontanément, puisque, comme Zacharie, elle questionne l'ange, elle lui demande le *quomodo*, « comment cela se fera-t-il ? » Saint Augustin a bien compris l'objection : « À cette question de Marie, *quomodo fiat istud*, on pourrait dire, si l'on voulait la calomnier, qu'elle ne croyait pas non plus assez, quand elle ne faisait que chercher comment cela se ferait, sans douter de la vertu de Dieu. Et la réponse qui lui fut faite : "L'Esprit Saint surviendra sur vous et la vertu du Très-Haut vous couvrira de son ombre" aurait pu lui être faite dans les mêmes termes qu'à Moïse (lorsque celui-ci s'inquiétait dans le désert de la manière dont on pourrait nourrir un peuple si nombreux) : "Le bras de Yahvé serait-il si court ? Tu vas voir si la parole que je t'ai dite s'accomplit ou non[1]."

« L'ange aurait pu lui répondre : "Est-ce que cela est impossible à l'Esprit Saint qui surviendra sur vous ?" Il est vrai que Zacharie, ayant dit quelque chose de semblable, est repris pour son peu de foi et frappé de mutisme en punition de sa faute. Pourquoi cela ? Sinon, parce que Dieu juge d'après le cœur, non d'après les paroles, *nisi quia Deus non de verbis, sed de cordibus judicat*[2]. »

---

1. Nb 11, 23.
2. Cf. *Livr. V sur les Sept livres des quatre questions sur l'Heptateuque.* De même le *Sermon* 291, t. 18, 503 : « En faisant cette question à l'ange, elle veut savoir comment elle deviendra mère et n'élève aucun doute sur la toute-puissance de Dieu : comment cela se fera-t-il ? De quelle manière s'accomplira ce que vous m'annoncez ? Vous m'annoncez un fils, vous trouvez mon âme toute préparée, mais dites-moi de quelle manière naîtra ce fils. Cette vierge pouvait craindre, ou du moins ignorer le conseil de Dieu, c'est-à-dire qu'en voulant avoir un fils, il désapprouvât son vœu de virginité ? Que serait-il arrivé si l'ange lui avait dit : unissez-vous à votre mari ? Mais non, Dieu ne pouvait parler

Si l'on regarde l'intention du cœur de Marie, comme nous invite à le faire saint Augustin, le *quomodo* n'est pas du tout, dans le cœur de Marie, un désir de justification pour être sûre de la parole de Dieu, ce n'est pas un retour sur elle-même pour gagner du temps : au contraire, c'est le *quomodo* de l'enfant qui, ne comprenant pas, demande ce qu'il faut faire pour entrer pleinement dans les vues de Dieu sur elle. C'est donc le fruit de l'amour obéissant et craintif — inspiré par le don de crainte — qui ne veut pas errer, et défigurer la volonté de Dieu.

La pureté toute divine de cet acte de foi de l'enfant qui adhère à la parole de Dieu parce que c'est la parole de Dieu nous manifeste bien la première qualité de la foi chrétienne. Ce premier acte de foi explicitement chrétien s'exerce avec cette limpidité toute divine.

Mais il ne faut pas croire pour autant qu'il y ait mépris du signe, rejet du signe. C'est pourquoi il n'est pas inutile, avant de pénétrer dans les autres caractères de la foi chrétienne de Marie en ce mystère, de tâcher de préciser, du point de vue pratique, le rôle et la place exacte du « signe » et des motifs de crédibilité tels que Dieu semble, de fait, les révéler.

Les motifs de crédibilité et, parmi eux, les signes divins, les miracles, les prophéties, ne doivent pas être rejetés, négligés. Dieu veut que nous les utilisions, que nous nous en servions soit pour l'infidèle qui veille toujours en nous, soit pour les incroyants qui vivent auprès de nous. Mais cela ne veut pas dire pour autant que Dieu veut que nous lui en demandions.

---

de la sorte, car il avait agréé comme Dieu son vœu de virginité, et reçu d'elle ce que lui-même avait donné. Dites-moi donc, divin messager, comment cela se fera-t-il ? L'ange sait que c'est le désir de s'instruire et non la défiance qui lui inspire cette question et parce qu'il connaît les dispositions de son cœur, il ne lui refuse pas de l'éclairer : Votre foi est intacte, votre virginité le sera également. L'Esprit Saint surviendra en vous et la vertu du Très-Haut vous couvrira de son ombre. Cet ombrage (*umbraculum*) est inaccessible aux ardeurs de la concupiscence. C'est pourquoi vous concevez par la foi ; c'est parce que vous deviendrez mère par la foi... que le saint qui naîtra de vous s'appellera le Fils du Très-Haut. »

Ce qui est sûr, c'est que Dieu ne veut pas que ces motifs de crédibilité, ces signes, deviennent le motif propre de notre adhésion de foi. Dieu ne peut pas souhaiter que notre foi soit mesurée par la connaissance raisonnable et humaine que nous avons de ces signes, puisque alors notre foi, s'appuyant directement et essentiellement sur la connaissance humaine et expérimentale de ces signes, deviendrait humaine et serait dans le prolongement immédiat de notre jugement personnel et comme sa conclusion normale. C'est le cas de la foi acquise des démons. Ce n'est plus une foi infuse et divine dont le motif propre ne peut être que la parole même de Dieu : la foi divine doit être mesurée directement et formellement par la parole divine elle-même en tant qu'elle nous est révélée. Aussi la tactique du démon à l'égard du croyant est-elle toujours de confondre les motifs de crédibilité et le motif divin, mettant de plus en plus en lumière uniquement les motifs de crédibilité, en vue de dégrader progressivement la qualité de l'adhésion de foi, jusqu'à détruire son caractère divin et à ne plus garder que l'aspect extérieur et psychologique de celui qui adhère à la parole parce qu'il juge que cela ne peut être autrement. À l'égard de la foi imparfaite du disciple, nous voyons donc bien les deux orientations possibles. Sous l'influence du démon, cette foi imparfaite mais divine se dégradera petit à petit jusqu'à perdre sa qualité de foi divine et à ne plus garder que son comportement psychologique de foi naturelle, d'opinion stable et ferme. Sous l'influence du Saint-Esprit, cette foi imparfaite du disciple demande de croître et de tendre vers une foi plus divine, plus pure. Dieu réclame alors que le croyant accepte vraiment que son intelligence soit captive de la parole de Dieu, prisonnière volontaire de la vérité divine. L'intelligence du croyant doit alors être comme enfermée dans son motif divin et s'abandonner entièrement à la parole de Dieu.

Nous sommes ainsi en face de la foi des « tout-petits », de la foi de ceux qui ne raisonnent pas, mais qui, par l'instinct de l'Esprit, instinct de l'Amour, croient pleinement, intégralement, au message de Dieu, et s'engagent totalement au service de Dieu qui leur parle : « Seigneur, votre serviteur écoute, que voulez-vous de lui[1] ? » C'est la foi qui fait entrer dans le royaume de Dieu.

Celui qui aime n'a plus besoin de ces signes, de ces motifs, de ces sortes de béquilles, utiles pour les infirmes, mais encombrantes pour celui qui marche parfaitement. L'amour divin, en s'emparant de l'intelligence humaine du croyant, permet à celui-ci d'adhérer de telle façon que son seul souci soit de ne pas limiter les exigences absolues de la vérité divine. C'est pourquoi, si Dieu donne un signe, si le don d'intelligence donne une vue très nette des motifs de crédibilité et de la valeur propre des signes, celui qui croit comme un « tout-petit » ne les refuse pas, mais il ne s'y arrête pas. Ce n'est plus cela qui l'intéresse, car il n'a soif que d'adhérer au mystère pour lui-même, dans ce qu'il a de plus divin, donc de plus obscur, de plus mystérieux et de plus transcendant.

Voilà les premières purifications de la foi que l'Esprit Saint opère. En Marie, ces purifications ont déjà été faites. Chez Zacharie, nous assistons à leur réalisation. Celui-ci demande un signe, il aurait dû avoir plus de confiance, plus d'audace dans sa foi. Dieu attendait de lui quelque chose de plus grand et de plus généreux. Dieu le corrige en Père, car il l'aime. Il lui inflige un signe pénal : il devient muet. C'est un châtiment paternel, une purification. Zacharie accepte cette correction divine. Il l'endure avec patience et amour.

Réalisme de son acte de foi

L'autre caractère de cet acte de foi de la Très Sainte Vierge dans ce mystère de l'Annonciation est son réalisme. Par cet acte de foi, le sommet de son intelligence

1. *Cf.* 1 S 3, 9 : « Parle, Yahvé, car ton serviteur écoute. »

adhère à la Parole vivante de Dieu, au Verbe qui s'incarne en elle et, par le fait même, c'est toute la vie humaine de Marie qui se trouve engagée dans cette adhésion de foi. Le Verbe de Dieu est présent en elle, habite en elle et s'empare de toutes les forces de son intelligence, de son cœur, de sa sensibilité. Tout son être est mobilisé par Dieu et pour Dieu. Il faut bien comprendre le caractère réaliste de cet acte de foi qui transforme toute la vie de Marie, qui, en un instant, exige d'elle un acquiescement profond, sans restriction, à la volonté aimante de Dieu sur elle. Saint Thomas nous dit bien que la foi porte sur la Réalité divine, qu'elle est donc la connaissance la plus réaliste qui soit. Aussi, la foi détermine-t-elle non seulement notre intellect spéculatif, mais aussi notre intellect pratique. Le *fiat* de Marie à l'Annonciation nous révèle bien le réalisme divin de son acte de foi. N'oublions pas que si la foi peut nous apparaître si souvent comme une connaissance abstraite, c'est qu'elle se réalise en nous d'une façon encore trop humaine, selon notre mode connaturel de connaître, mode d'abstraction de notre connaissance qui n'est pas intuitive et réaliste. Par la charité et par le don d'intelligence, l'acte de foi s'épanouit normalement en une expérience aimante de la présence intime de Dieu, d'un Dieu-Père qui agit sur nous avec amour, portant dans sa vertu efficace tout notre être, nous communiquant quelque chose de son être et de sa vie.

Foi — confiance

Cet acte de foi de Marie, qui s'épanouit dans l'amour, s'épanouit aussi dans l'espérance, qui y met cette note d'élan joyeux, de désir, de tendance et d'abandon. Dans ce *fiat* est impliqué le premier acte d'espérance explicitement chrétien portant sur le Verbe incarné. Marie espère en la promesse divine qui se réalise en elle. Elle puise en la présence de son Dieu, s'incarnant en elle, un soutien merveilleux, un nouvel élan de désir et un nouvel abandon. C'est l'espérance silencieuse de la mère qui puise en celui qui est en elle un nouvel élan de vie, une soif ardente de voir son Dieu. L'espérance, en effet, est le désir efficace de voir Dieu, désir qui s'appuie sur la toute-puissance miséricordieuse de Dieu. C'est cette « ancre » divine qui nous fixe dans le cœur du Christ et ordonne toutes nos forces vitales vers lui, en nous appuyant sur sa toute-puissance miséricordieuse. Marie, dans son *fiat* traduit ce désir efficace d'atteindre son Dieu, de le posséder, d'être possédée par lui, en s'abandonnant totalement à la toute-puissance miséricordieuse du Père. Ce désir et cet abandon, par son Fils et en lui, revêt un caractère beaucoup plus simple, plus familier, plus doux, mais aussi beaucoup plus ardent, plus brûlant et plus fort, puisque la promesse se trouve réalisée en elle et de cette manière si intime et si proche.

Notons aussi la pauvreté très grande de cette espérance. C'est par là que nous touchons sa note tout à fait chrétienne, car nous saisissons alors combien elle doit s'appuyer sur la miséricorde infinie de Dieu. Marie espère en son Fils, en son tout-petit. Elle s'appuie sur la force de Dieu qui lui est communiquée dans la faiblesse du « tout-petit », de celui qui n'est pas encore né. Elle n'a aucun droit sur celui qui se donne à elle par pure grâce et libéralité divine, mais elle doit le posséder comme son propre fils, son propre enfant. Elle doit se livrer à celui qui se livre à elle comme un tout-petit qui attend tout d'elle. Le don de crainte permet à l'espérance du cœur de Marie d'acquérir cette note toute divine : c'est une espérance de mère qui espère totalement en son tout-petit, n'ayant aucun droit sur lui. Par l'espérance toute pauvre, la foi chrétienne s'épanouit en une attitude de confiance. Marie a confiance en la parole de Dieu qui est promesse de vie pour elle. Son abandon se transforme en une confiance inébranlable en celui qui lui est donné, en celui qui va venir...

Foi — don

Cet acte de foi et cet acte d'espérance permettent à la charité du cœur de Marie de s'épanouir divinement en don. Nous savons bien que toutes purifications de la foi et de l'espérance sont en vue de l'accroissement de l'amour. Si l'Esprit Saint réclame une telle pureté de foi, une telle pauvreté dans l'espérance, une telle confiance, c'est pour permettre à l'Amour de s'exercer librement et sans être limité ni diminué par des restrictions humaines provenant de notre manière de juger, d'estimer et d'orienter notre vie.

L'amour de Dieu veut avoir le champ libre pour s'exercer selon ses propres exigences. Car Dieu ne peut se donner personnellement que si l'homme accepte librement de se donner à Dieu. La charité est une amitié divine, c'est un don mutuel, réciproque, qui ne peut se réaliser que dans le don mutuel. Dieu ne se donne à Marie que si Marie se donne à Dieu, et c'est là où nous pouvons saisir toute la fécondité divine de ce don. Car Marie, en se donnant, donne toute l'humanité à Dieu. On connaît cette très belle doctrine des Pères, considérant le *fiat* de Marie comme le consentement de toute l'humanité à des noces divines avec le Verbe ; saint Thomas la reprend à propos des motifs qui expliquent l'annonce de Gabriel à Marie : « Afin de manifester qu'un mariage spirituel était contracté entre le Fils de Dieu et la nature humaine, par l'Annonciation, le consentement était demandé à la Vierge au nom de toute la nature humaine[1]. »

Dans ce *fiat* de l'Annonciation, Marie se donne à son Dieu. Ce don plus explicite la lie plus divinement, plus intimement au Père, au Fils et au Saint-Esprit. Ce don implique un choix net, précis, qui réclame tout sans aucun partage. Dieu se donne en son Fils unique. Marie se donne comme mère de Dieu. Voilà la nouvelle alliance qui se réalise dans ce *fiat* d'amour. Ce *fiat* demande à

1. III, q. 30, a. 1 et 4.

Marie une docilité parfaite. L'ange lui dit en effet : « L'Esprit Saint viendra sur toi, et la puissance du Très-Haut te prendra sous son ombre [1]. »

Foi — vie contemplative

Par ce *fiat* de foi, d'espérance et d'amour, Marie pénètre dans une intimité toute nouvelle avec Dieu, son Fils. Le Père lui communique son secret d'amour, lui demande d'en vivre avec lui. Le Fils lui communique son secret personnel d'amour et lui demande de vivre de sa lumière, en face de lui et pour lui. L'Esprit Saint lui demande une docilité parfaite dans l'amour. Par ce *fiat*, Marie pénètre dans le mystère de la Trinité Sainte, pour vivre de ce même mystère. Voyons la manière admirable dont le Père a révélé aux hommes son mystère de Père, en demandant à Marie d'être mère de son Fils. On ne peut révéler plus suavement un secret à un ami qu'en le faisant vivre du même secret, qu'en faisant que ce secret devienne immédiatement son secret et qu'il en vive de la même manière. Le Père, en révélant son Fils, son Verbe, la Lumière, à une humanité qui est si loin de cette lumière, demande à Marie que son Fils unique, devienne son propre Fils unique. Il révèle sa paternité en donnant à Marie cette fécondité miraculeuse de mère. C'est en la maternité de Marie qu'il nous révèle sa paternité.

Ce *fiat* est vraiment l'origine, la source, de toute la vie contemplative chrétienne. Marie, par ce *fiat* s'engage d'abord et avant tout dans une vie de contemplation. Elle devient porteuse de son Dieu, tabernacle vivant du Verbe incarné. C'est elle qui est le vrai temple du Saint-Esprit qui contient l'alliance nouvelle de Dieu avec l'humanité, selon l'expression si forte de saint Augustin s'adressant à Marie : « Le Verbe s'unit à la chair, il contracte alliance

1. Lc 1, 35.

avec la chair, et c'est votre sein qui est le lit sacré où se consomme cette sainte union du Verbe et de la chair[1]. »

Elle est donc bien la maison de Dieu, la « maison de prière » et de contemplation. Tout en son âme, en son intelligence et en son cœur, est ordonné au Verbe, à la Vérité subsistante. Tout en elle doit être attentif à la présence aimante, à l'amour de prédilection de son Dieu et Fils. Dans ce *fiat* c'est bien Marie qui reçoit la Parole divine et la garde, la conserve, la recueille, en son cœur et en son intelligence. Par ce *fiat*, la présence de Dieu lui est donnée ; Dieu se fixe en elle, établit ses racines en elle, s'empare de toute sa vie de la manière la plus intime et la plus réaliste.

Foi — silence

La pureté divine de la foi de Marie, dans ce mystère de l'Annonciation, nous est encore manifestée dans le fait que cet acte de foi la sépare et l'isole de tout ce qui n'est pas Dieu, pour la cacher en son Dieu, l'unir à lui d'une façon toute nouvelle. Il y a un secret, une alliance nouvelle, entre elle et son Dieu, d'où son silence, même à l'égard de Joseph. Elle lui avait communiqué son premier secret, celui qui était son œuvre commune avec Dieu. Ici, où Dieu agit directement, pour lui communiquer son secret personnel, Dieu lui demande d'être comme recluse dans ce secret. Cela fait partie de cet acte de foi qui la relie divinement à son Dieu, d'une façon toute personnelle. La foi nous engage dans le mystère personnel de Dieu, elle nous fait porter son secret trinitaire pour en vivre. Nous orientant vers la vision béatifique, et celle-ci nous clôturant en la Très Sainte Trinité, il est normal que la foi, dans ce qu'elle a de plus divin, porte en elle cette même exigence. Marie doit accepter d'être comme clôturée par son Dieu dans un silence nouveau. Dieu, en lui

1. *Serm.* 291, 111.

communiquant son secret, veut qu'elle le garde jalousement dans son cœur, pour qu'il fructifie en elle. Il faut qu'elle accepte de se taire, de ne rien dire, d'être un « jardin scellé » pour Dieu seul. Dieu, après avoir accepté sa consécration, l'a confiée et donnée à Joseph ; de nouveau il la reprend tout à lui dans ce mystère, dans ce secret. Il veut qu'elle vive pour lui, qu'entre elle et lui il y ait ce lien très secret qui la sépare de tous. Par sa maternité divine, il veut qu'elle entre au plus intime de sa vie trinitaire.

Notons bien ce silence de Marie dans le mystère de l'Annonciation, signe de sa vie contemplative et sauvegarde de sa solitude divine. Ce silence est la conséquence immédiate de l'alliance secrète qui existe entre elle et son Dieu.

Le silence ne peut s'emparer d'une façon vitale de notre vie, en devenir un élément essentiel, que par l'amour, et l'amour dans ce qu'il a de plus lui-même, l'amour d'amitié, qui fait que l'ami communique à son ami ses secrets. Seul l'ami peut recevoir les secrets de son ami et il n'a pas le droit de les communiquer à quelqu'un d'autre. La communication des secrets de l'ami à son ami, effet propre de leur amitié, engendre nécessairement le silence, car à l'égard de tous les autres on doit se taire, on est comme muré. Dans la mesure où le secret que l'ami nous a communiqué s'empare profondément de notre vie, dans cette même mesure on devient silencieux ; on vit alors de plus en plus dans l'intimité de son ami, car ce secret, lourd à porter, est en même temps source de joie, et comme fruit de l'amour, il s'empare de plus en plus de toute notre intelligence et de notre cœur.

Au point de vue humain, les secrets, regardant toujours la connaissance pratique et affective, ne peuvent jamais s'emparer de toute notre vie humaine ; il y aura toujours des possibilités d'évasion grâce à notre activité de connaissance spéculative.

Dans l'ordre surnaturel, c'est autre chose, puisque Dieu, par la foi vivante, peut s'emparer de toute notre intelligence et de tout notre cœur. C'est ce qui se passe pour la Très Sainte Vierge en ce *fiat* qui la mure en Dieu, comme, d'une certaine façon, Dieu se mure en elle. Dieu se cache en elle et Marie, par ce secret, se cache en son Dieu. Elle garde le silence par amour et dans l'amour, ce qui lui permet d'être encore plus présente, plus attentive à la présence aimante de son Dieu. Ce n'est pas du tout un silence violent et forcé, comme le silence de Zacharie (silence pénal, mise en quarantaine), c'est un silence d'amour libre. On pourrait dire que la parole de Dieu, quand elle nous est adressée, semble toujours réclamer le silence : si nous adhérons divinement à cette parole, elle nous cachera en sa vertu et nous rendra silencieux dans l'amour ; si nous n'y adhérons qu'imparfaitement, elle nous rendra muet pour nous corriger.

Ce silence, signe et effet de l'exigence contemplative de la foi aimante, isole Marie de Joseph. En ce sens, il implique une certaine épreuve divine pour Marie et pour Joseph. C'est un moyen divin qui intensifie la vie d'union avec Dieu et qui sépare en même temps de toute communauté humaine, si sainte qu'elle soit. Nous disons bien de toute communauté humaine et non des instruments de Dieu, au sens précis d'instruments divins, c'est-à-dire de ceux qui, envoyés par Dieu, transmettent le message de Dieu, comme Gabriel ou comme le prêtre. Joseph ne possède que l'autorité de for externe. Il fait partie de cette communauté comme ayant l'autorité. Dieu veut que Marie garde son secret, alors qu'il eût été si simple qu'elle mette Joseph au courant des paroles de l'ange. C'eût été plus prudent, selon notre regard humain. Marie aurait par là témoigné à Joseph plus de confiance, plus de respect à l'égard de son autorité. L'Esprit Saint en a jugé autrement, pour que tous les deux soient conduits par des voies plus divines, plus héroïques. Marie, en acceptant ce silence, témoigne à Joseph une confiance encore plus grande, celle qu'on témoigne à quelqu'un quand on peut tout lui demander, même quand on se met à son égard dans une situation qui, extérieurement, semble le trahir et le tromper. Il faut alors une confiance héroïque. C'est bien celle-là que Marie réclame de Joseph et qu'elle attend de lui. Elle sait combien il l'aime et qu'elle peut tout lui demander.

Joseph respecte son silence, sans le comprendre. Il ne l'interroge pas. Mais il se demandera ce qu'il doit faire : « Joseph, son époux, qui était un homme droit et ne voulait pas la dénoncer publiquement, résolut de la répudier sans bruit[1]. » Il ne met pas en doute la vertu de Marie, mais il pense qu'il ne peut plus la garder comme sa fiancée. « Il avait formé ce dessein, quand l'Ange du Seigneur lui apparut en songe, et lui dit : “Joseph, fils de David, ne crains point de prendre chez toi Marie, ton épouse : car ce qui a été engendré en elle vient de l'Esprit Saint ; elle enfantera un fils, auquel tu donneras le nom de Jésus ; car c'est lui qui sauvera son peuple de ses péchés.”[2] »

C'est l'ange qui éclaire Joseph sur ce qu'il doit faire.

Marie peut donc garder son secret, rester dans le silence et demeurer auprès de Joseph. Leur union a été mise à l'épreuve, et à une épreuve terrible, par l'exigence du secret de Dieu ; mais, une fois l'épreuve divinement dépassée, leur union s'intensifie et se purifie. Joseph devient le gardien de la Mère et de l'Enfant, il regarde Marie avec un regard nouveau, il la regarde à travers les paroles de l'ange, il peut donc avoir une connaissance divine d'elle. Et Marie sait combien elle peut compter sur sa discrétion, son respect, son amour.

Il y a là des principes extrêmement importants pour bien comprendre l'enchevêtrement de la vie contemplative dans la vie communautaire : la vie contemplative, pour demeurer cachée aux yeux des autres, prend naissance dans une communauté, mais elle ne peut durer, au sein de la communauté, que si elle demeure divinement séparée et se réfugie dans l'intransigeance du silence divin.

1. Mt 1, 19.
2. Mt 1, 20-21.

Efficacité de la foi : la servante de Dieu

Notons de plus que si ce *fiat* engage Marie d'abord dans une vie contemplative, il l'engage en même temps dans une vie de service temporel à l'égard de Dieu. Car le *fiat* de foi vivante détermine non seulement ce qu'il y a de plus intime dans l'intelligence spéculative de Marie, mais aussi dans son intelligence pratique. La foi est au-delà de la distinction de l'intellect spéculatif et de l'intellect pratique, et c'est pourquoi toute adhésion de foi transforme notre attitude spéculative et pratique. Elle demande de se concrétiser dans l'attitude obéissante du serviteur fidèle. Marie, par son *fiat* devient Mère de Dieu, et par sa maternité elle coopère d'une façon étroite au gouvernement de Dieu sur les hommes. Dieu lui demande d'accepter dans l'obéissance ce service temporel et divin de maternité : toute sa vie physique, sensible, est comme mise au service de son Dieu.

Il n'y a pas de service plus humble, plus contraignant, plus absorbant et en même temps plus noble, plus beau que celui de former à Dieu un corps humain, de donner à Dieu sa chair et son sang, de lui donner tout ce qu'on possède pour l'en revêtir. C'est en même temps un service très pauvre que celui d'être mère de Dieu, car il faut accepter de n'avoir aucun droit sur son fils, ce qui est l'abdication la plus éprouvante et la plus terrible pour le cœur d'une mère. Normalement une mère a des droits naturels sur son enfant, droits instinctifs très forts et très jaloux. Marie, en acceptant d'être mère de Dieu, renonce à tous ses droits sur son fils. Elle comprend qu'une créature ne peut pas avoir de droit sur son Dieu et, par le fait même, elle renonce volontairement, en esprit, à posséder humainement et à accaparer pour elle celui qui doit être son fils, celui qui doit lui être si intimement dépendant et soumis, celui qui doit être tout le trésor de sa vie. Grâce à cette abdication, elle devient la plus pauvre des créatures. Les paroles que Gédéon répond à l'ange lui annonçant la mission que Dieu attend de lui, seraient encore plus vraies dans la bouche de Marie — « Je suis le dernier dans la maison de mon père[1] » — puisque Marie doit vivre et connaître ce qu'aucune autre créature ne connaîtra : la pauvreté divine installée au plus intime de son cœur maternel à l'égard de celui qui est tout pour elle. C'est vraiment le service d'une servante inutile que Dieu réclame d'elle, tout en étant le service de la servante fidèle, choisie de préférence à tous les autres enfants des hommes, puisqu'il s'agit d'un service où Marie est cause seconde, où elle doit se donner elle-même pleinement, sans restriction, avec tout ce qui lui est le plus individuel, le plus elle-même : sa vie, son cœur, sa sensibilité, sa chair et son sang. Sa maternité est une maternité miraculeuse qui dépend directement de la toute-puissance de Dieu, c'est une pure gratuité de Dieu à laquelle Marie n'a aucun droit, et c'est en même temps une maternité réelle, plus parfaite et plus merveilleuse que toutes les autres maternités, dont Marie est cause propre. Il y a là quelque chose d'unique du point de vue excellence : la maternité de Marie est vraiment le modèle de tous les autres services que Dieu peut demander aux hommes. En effet, quand Yahvé choisit Moïse pour délivrer son peuple et qu'il lui ordonne de parler au pharaon, « pour qu'il laisse les enfants d'Israël quitter son territoire[2] », quand Yahvé ordonne à Gédéon de battre Madiân, de renverser l'autel de Baal, de bâtir au sommet de ce lieu un autel à son Dieu[3], Dieu investit ses serviteurs d'un pouvoir nouveau qui leur est donné miraculeusement par pure libéralité. Il leur ordonne d'agir en même temps par eux-mêmes. Dieu veut qu'ils soient à la fois des serviteurs pauvres, inutiles, entièrement remis à sa volonté, et des serviteurs fidèles qui mettent tout en cause pour réaliser ce que Dieu attend d'eux. C'est toujours la même exigence du service divin que nous retrouvons et qui sera pleinement expliqué par Notre Seigneur dans son Évangile. Le fidèle

1. Jg 6, 15.
2. Ex 6, 11.
3. *Cf.* Jg 6, 16 ; 25-26.

serviteur exploite de son mieux les cinq talents que son maître lui a confiés. Il ne se contente pas de les enfouir par crainte de les perdre. Le fidèle serviteur, ce n'est pas seulement celui qui conserve, qui garde le dépôt confié, mais c'est celui qui le fait fructifier et qui pourra, au temps marqué par son maître, lui remettre le double de ce qu'il a reçu. Le fidèle serviteur, c'est donc celui qui a travaillé en pauvre, qui ne garde rien pour lui. C'est celui aussi qui a su utiliser intelligemment et faire fructifier ce que son maître lui avait confié. Parmi les serviteurs fidèles du Christ, Marie est la première. Moïse, serviteur de Yahvé, est comme une magnifique préfiguration de Marie, servante de son Dieu. La grandeur même de ce grand serviteur de Yahvé, la toute-puissance divine qui est comme remise entre ses mains, nous montrent avec éclat la grandeur toute nouvelle de cette petite servante de son Dieu, qui lui rend un service plus intime, plus utile, plus grand encore. Elle laisse la toute-puissance de Dieu s'emparer de tout ce qui lui appartient, elle y coopère avec une générosité plénière. Elle acceptera de ne rien garder quand le Maître viendra lui reprendre le trésor confié.

Obéissance de la servante

Le serviteur ne peut être fidèle que s'il exécute parfaitement les ordres reçus, intelligemment et non matériellement. Le fidèle serviteur est celui qui vit dans l'obéissance. L'obéissance est la vertu première du serviteur. Un serviteur qui n'obéit plus n'est plus un serviteur. Comprenons l'attitude si intime de la servante de Dieu : son obéissance intérieure parfaite à la volonté de son Dieu. Cette volonté divine, Marie l'aime plus que tout, elle s'y livre complètement, la considérant comme son unique lumière et son unique force.

Les Pères de l'Église ont beaucoup insisté sur ce *fiat*

d'obéissance qui est l'antithèse divine du *non serviam* de Lucifer et de l'acte de désobéissance d'Ève[1].

« Nous comprenons, dit saint Justin, qu'il (le Christ) s'est fait homme par le moyen de la Vierge, afin que la désobéissance provoquée par le serpent prît fin par la même voie où elle avait commencé. En effet, Ève, vierge et intacte, ayant conçu la parole du serpent, enfanta la désobéissance et la mort, la Vierge Marie, ayant conçu foi et joie, quand l'Ange Gabriel lui annonça que l'Esprit du Seigneur viendrait sur elle et que la vertu du Très-Haut la couvrirait de son ombre, en sorte que l'Être saint né d'elle serait Fils de Dieu, répondit : "Qu'il me soit fait selon votre parole[2]..." »

Saint Irénée est encore plus explicite : « Nous trouvons aussi la Vierge Marie obéissante, et disant : "Voici votre servante, Seigneur, qu'il me soit fait selon votre parole !" Ève fut désobéissante : elle désobéit en effet alors qu'elle était encore "vierge". Si Ève, épouse d'Adam, se fit désobéissante et devint, pour elle et pour tout le genre humain, cause de mort, Marie, elle, épouse d'un homme prédestiné, et cependant vierge, est devenue par son obéissance, pour elle-même et pour tout le genre humain, cause de salut... Car on ne peut délier ce qui a été lié qu'en défaisant en sens inverse l'assemblage des nœuds, en sorte que les premiers soient déliés grâce aux seconds, ou, qu'en d'autres termes, les seconds libèrent les premiers... Le nœud que la désobéissance d'Ève avait noué a été dénoué par l'obéissance de Marie : ce qu'en effet la vierge Ève avait lié par son incrédulité, la Vierge Marie l'a délié par sa foi[3]. »

Cette obéissance de la servante de Dieu se réalise dans la plus grande simplicité, dans la plus grande humilité, la

1. *Cf.* A. D'ALÈS : « Marie, Mère de Dieu, Tradition anténicienne », *Diction, abolog.*, t. III, c. 155 et sq.

2. *Dialogue de Tryphon,* P.G. t. 6, 712.

3. *Cf. Contra Haereses,* III, 22, 4, trad. de E. Sagnard et IRÉNÉE DE LYON, *Contre les Hérésies,* Sources Chrétiennes, éd. du Cerf, 1952, pp. 379 sq.

plus grande spontanéité, sans aucun retard. Marie n'a qu'un seul désir : exécuter divinement l'ordre de Dieu, laisser l'ordre de Dieu s'exécuter en elle. N'est-elle pas la « terre de Dieu » ? Cette servante se donne pour que son Dieu se serve d'elle, pour devenir le « moule » de Dieu.

Comme la fidélité de la servante de Dieu nous montre la qualité divine de l'obéissance, s'emparant de toute sa vie, de même sa pauvreté, son inutilité, nous met en présence de la qualité divine de l'humilité de son cœur. L'Écriture nous manifeste cette humilité lorsqu'elle nous montre le trouble de Marie devant la salutation de l'ange. Marie se confie tellement en la grâce et présume si peu d'elle-même qu'elle est prise de crainte en entendant la salutation de l'ange. « Marie, dit l'Évangile, se demandait ce que pouvait bien signifier cette salutation » (Lc 1, 29). C'est-à-dire qu'elle s'estimait indigne d'être saluée par un ange et pensait : « D'où est-il donné qu'un ange du Seigneur vienne à moi[1] ? »

La manière dont Marie accepte ce service divin de sa maternité auprès de son Fils, doit nous éclairer sur l'attitude que Dieu réclame de nous dans tel ou tel service qu'il nous ordonne. Notre *fiat* de serviteur doit être obéissant, fidèle, généreux, il doit s'exercer aussi selon un esprit de pauvreté. Autrement nous ne serons plus de vrais serviteurs, nous accaparerons les trésors de Dieu et nous empêcherons Dieu de nous les communiquer.

La pauvreté : lien divin entre la vie contemplative et la vie active

C'est grâce à la pauvreté si foncière du cœur de Marie qu'il n'y aura pas d'opposition entre les exigences de sa vie contemplative, solitaire et silencieuse, et celles de sa maternité active et accaparante, la mettant nécessairement dans une vie commune.

1. *Cf.* PÈRE AUBRON, s.j., *L'œuvre mariale de saint Bernard,* Cahiers de la Vierge (t. 13-14), éd. du Cerf, p. 156.

Du point de vue naturel, selon leurs structures propres, la vie contemplative et la maternité s'opposent et réclament une organisation de vie tout opposée : la contemplation demande de ne regarder que l'unique nécessaire, la maternité divise nécessairement et enracine dans la terre. Marie, seule, dans le mystère de sa maternité, échappe à cette loi, puisque son Fils est son Dieu. Mais cette maternité exige qu'elle accepte de n'avoir aucun droit sur son Fils et d'être possédée par lui.

Grâce à sa pauvreté, cette maternité n'accapare rien, elle ne garde rien. Marie peut s'y adonner totalement, elle demeure libre, son cœur et son intelligence n'adhérant qu'à l'unique volonté de Dieu sur elle, par et dans l'œuvre que Dieu lui demande de réaliser. La pauvreté spirituelle apparaît comme le moyen divin qui peut seul allier et unir ces fonctions si diverses du point de vue de notre psychologie, si opposées pour nous : celle du repos contemplatif, celle de l'activité maternelle.

Dans la mesure où nous devenons des serviteurs pauvres, c'est-à-dire inutiles, dans cette même mesure une seule chose s'empare de notre intelligence et de notre volonté : le désir d'accomplir le plus parfaitement possible la volonté aimante de Dieu sur nous. Or, le désir de l'accomplissement de sa volonté, même quand Dieu exige de nous une vie apparemment très active, nous maintient en son amour, en son unité, et par le fait même, ne peut plus faire obstacle à la vie contemplative. Dans ces conditions, en effet, la vie active n'est plus finalisée par une œuvre temporelle à réaliser, son terme propre n'est plus quelque chose d'humain et de terrestre, mais bien quelque chose d'éternel : la volonté de Dieu que l'on cherche avant tout à réaliser. C'est la volonté divine qui seule finalise tout et qui détermine réellement notre activité. Qu'on ne prétende pas pour autant que tous ceux qui accomplissent la volonté de Dieu comme des serviteurs fidèles et pauvres sont nécessairement établis dans la vie contemplative. La vie contemplative réclame quelque chose de plus — qui lui est propre — et qui donne à son activité un caractère spécial, spécifique. Mais nous voulons souligner que la vie active peut être menée de deux façons, selon le mode qui lui est connaturel — elle s'oppose alors fatalement à la vie contemplative — et selon un mode divin de pauvreté. Alors, loin de s'opposer à la vie contemplative, elle peut être à son service, en devenant comme une disposition divine à son égard ou comme son rayonnement visible et sa manifestation, qui la cache aux yeux des hommes et la réserve plus totalement à Dieu. C'est pratiquement ce qui se passe à l'égard du mystère de la maternité divine. Cette maternité miraculeuse cache la virginité de Marie ; la vie de la mère, toute dévouée aux soins temporels de son enfant, cache la vie contemplative silencieuse, toute consacrée à son Dieu. Apparemment, Marie mène la même vie que toutes les autres mères ; profondément, aux yeux de Dieu, sa vie a une qualité unique d'amour. De plus, sa maternité donne à sa vie contemplative une présence merveilleusement incarnée de son Dieu, qui permet une contemplation beaucoup plus simple, plus familière, plus intime, et cette même maternité est en même temps comme le fruit propre de sa vie de foi, d'espérance et d'amour, de toute sa vie contemplative. Voilà les liens très intimes que Dieu, en sa sagesse, a voulu réaliser entre des activités qui, humainement, sont si opposées.

Il est très instructif pour nous de voir que la vie contemplative, dès son entrée dans l'Église, s'est accompagnée d'un service temporel et divin. Il y a là un mode typiquement chrétien de la contemplation sur la terre, qui nous manifeste à la fois sa surabondance divine — elle doit s'emparer de toutes nos activités — et son caractère caché, réservé à Dieu — elle doit échapper aux regards des hommes, ne pas être de ce monde.

La joie

Ce début, en Marie, de la vie contemplative chrétienne, dans un dévouement de servante pauvre et fidèle, s'épanouit dans un mystère de joie. Le *fiat* de l'Annonciation engendre dans le cœur de Marie une joie plénière toute pure, sans la moindre tristesse.

Essayons de pénétrer dans le mystère de cette joie, pour mieux comprendre comment Dieu, lorsqu'il veut travailler profondément une âme, l'élever très haut dans son amour, l'épanouit d'abord pleinement dans sa joie. Cette joie fait partie essentielle de la vie chrétienne. Notre Seigneur lui-même nous la souhaite et la demande au Père pour nous : « ... pour qu'ils aient en eux-mêmes ma joie en sa plénitude[1] ». C'est pourquoi il est bon pour nous de la considérer à son point de départ, dans sa première manifestation.

La joie, pour nous, si nous la considérons dans sa structure profonde, est le sentiment que nous éprouvons en prenant conscience de l'épanouissement plénier du capital de vie que nous possédons. Un homme qui mène sa vie comme il le veut, sans obstacle, sans contrariété, sans opposition, et qui en a pleinement conscience, connaît nécessairement une certaine euphorie joyeuse. On ne voit pas pourquoi il n'en serait pas ainsi. Songeons à toutes les joies de notre vie : joie de retrouver ceux qu'on aime, joie du travail bien fait, joie de réussite d'examens...

Il est facile, en effet, de comprendre — l'expérience est là qui ne cesse de nous le manifester — qu'il y a pour nous différentes joies de qualités très diverses, correspondant aux épanouissements de nos divers genres de vie humaine : intellectuelle, sensible, végétative. La joie de posséder une parfaite santé, un corps vigoureux, est toute différente de la joie de la contemplation ou de celle d'avoir retrouvé un ami, un être que nous aimons tendre-

1. Jn 17, 13b.

ment. Nous ne pouvons pas entrer ici dans l'étude de ces diverses modalités de la joie, il suffit de noter que toujours, en chacune d'elle, nous trouvons comme deux éléments : l'épanouissement de telle ou telle orientation de notre vie et la conscience de cet épanouissement.

Si l'un des deux éléments fait défaut, il n'y aura pas de joie. Pour nous en convaincre, il suffit d'analyser le contraire de la joie : la tristesse. Celle-ci n'est autre que le sentiment que nous éprouvons lorsque nous avons conscience qu'un élan de notre vie est comme brisé par une force contraire qui nous blesse ou nous étouffe. La tristesse ne naît que si nous avons la connaissance de cet état de violence dans lequel nous nous trouvons ; l'ignorance de cet état écarte de nous ce sentiment. Nous voyons donc que la tristesse, comme la joie, exige une certaine connaissance expérimentale de notre état de vie.

Si nous transposons analogiquement cette analyse de la joie au plan de la vie surnaturelle, il est facile de comprendre comment la joie surnaturelle chrétienne exige d'une part l'épanouissement de notre vie divine d'amour et la prise de conscience de cet épanouissement, ou plus exactement — puisque notre vie divine est une vie d'amitié avec Dieu par le Christ — la joie chrétienne jaillira de l'expérience de la présence du Christ en nous, et en lui de toute la très Sainte Trinité. La joie chrétienne est donc la joie de la présence du Christ possédé comme ami, et en lui de tout le mystère personnel de l'amour de Dieu.

En Marie, dans son mystère de l'Annonciation, cette joie est plénière. Marie sait dans sa foi que Dieu lui est donné d'une manière tout intime comme un tout-petit est livré à sa mère. La présence qui se réalise entre son Dieu et elle par son *fiat* est une présence à la fois spirituelle et physique. C'est une présence qui est d'abord spirituelle. Marie choisit son Fils, ou plus exactement accepte d'être choisie par son Dieu pour être la mère du Verbe incarné, du Fils unique du Père. Grâce à ce choix mutuel, il y a une présence spirituelle parfaite, et la qualité et l'intensité de cette présence spirituelle jaillit immédiatement de la qualité et de l'intensité de ce choix réciproque pleinement vécu. Cette présence spirituelle se prolonge dans une présence physique qui est le mode de présence le plus intime qui puisse normalement se réaliser ici sur terre entre deux vivants, c'est-à-dire la présence de l'enfant à sa mère, quand l'enfant, tout petit, est porté par sa mère, et la présence de la mère à l'enfant quand elle le porte, le fait vivre, en lui communiquant tout ce dont elle vit elle-même. Il y a alors un maximum de dépendance vitale qui fonde une présence très intime. Précisons que, grâce au don de sagesse, Marie expérimente intimement dans son cœur l'efficacité du choix de son Dieu et de son Fils sur elle. Elle sait combien son Fils lui est livré, lui est remis, combien il dépend d'elle dans sa vie physique.

Cette joie est en même temps toute divine, très pure et très profondément humaine. C'est la joie de la Vierge qui vit de la présence intime de son Dieu pour elle, qui lui est consacrée d'une manière toute spéciale. C'est la joie du cœur de la Mère qui vit de la présence intime de son Fils. Celui-ci épanouit, en effet, toute sa vie humaine, il en est comme la fleur la plus exquise. Cette joie est à la fois celle de sa vie contemplative et celle de son service maternel, c'est la joie de l'enfant du Père et celle de sa petite servante. Ces deux joies, de caractère si différent du point de vue de notre psychologie humaine — on peut même dire qu'il s'agit des deux espèces de joies les plus opposées et les plus irréductibles : l'une, s'enracinant très profondément dans toute la vie humaine, l'autre, provenant de ce qu'il y a de plus secret dans la vie divine — se trouvent unies dans le cœur de Marie et loin de s'opposer, elles s'intensifient au contraire mutuellement l'une l'autre. Aussi, ce qui caractérise en premier lieu la joie de ce mystère de l'Annonciation, c'est l'harmonie parfaite entre les exigences de l'amour divin et celles de l'épanouissement de la vie humaine ; cet épanouissement se réalise toutefois selon un mode de pauvreté divine. S'il n'en était pas ainsi, la joie humaine ferait écran à la joie spirituelle divine. Elle n'en serait plus le rayonnement et le fruit.

Ajoutons comme second caractère de cette joie chrétienne dans ce mystère de l'Annonciation, son caractère recueilli, silencieux ; Marie doit en jouir seule. C'est dans le secret qu'elle doit vivre de ce mystère. Il faut donc qu'elle vive dans le silence cette joie divine et humaine. Ce recueillement augmente la ferveur de sa joie. Il faut qu'elle la garde jalousement pour son Dieu. Une joie secrète a toujours une note toute spéciale de profondeur, d'intériorité, d'intimité. C'est comme un parfum qu'on garde précieusement dans un vase scellé de peur que toute sa qualité ne s'évapore. Cette joie possède, par le fait même, une certaine gravité. Marie doit être joyeuse pour tout l'univers qui ne sait rien. Elle doit être attentive à la présence de Dieu pour ceux qui l'ignorent.

Enfin, cette joie est très pure : c'est son caractère le plus intime et le plus divin. C'est une joie pauvre, en ce sens qu'elle ne replie pas Marie sur elle-même, mais au contraire ouvre encore plus profondément son cœur à l'amour divin. Le danger de toute joie, pour nous, c'est de nous y complaire, de nous y arrêter, d'en être accaparé et, par le fait même, de nous replier sur nous-mêmes dans un sentiment de plénitude et de satisfaction. Le danger de complaisance existe encore dans les joies surnaturelles. Marie, grâce à la pureté très grande de sa foi et à la pauvreté de son cœur, peut vivre intimement de cette joie divine de la présence de son Jésus, sans aucun danger de repliement sur elle-même. Au contraire, par cette joie plénière, tout intime et si profonde, le cœur de Marie peut s'épanouir parfaitement, peut s'unir plus complètement à l'amour de son Dieu et de son Fils. Il devient comme de plus en plus accueillant, de plus en plus dilaté et avide d'aimer. Si Dieu donne cette joie au début, c'est précisément pour cela. Comme un merveilleux éducateur, il commence par attirer l'âme vers lui le plus complètement possible, en la dilatant dans la joie de son amour, pour exiger d'elle une très grande fidélité. Il donne cette joie, au point de départ, pour affermir les premiers pas et permettre un élan plus spontané. La joie, étant le fruit immédiat de l'amour d'amitié, sa quasi-propriété, elle engendre normalement en notre âme — et nous pouvons dire toujours lorsqu'il s'agit de la joie divine — cette dilatation, cette ouverture et cette fermeté, cette confiance, qui permettent de nouveaux élans. La joie, effet de l'amour, conduit à un amour plus parfait. C'est pourquoi il est normal que le premier épanouissement de l'amour divin, dans ce qu'il a de plus propre, de plus connaturel et de plus profond, soit la joie.

Ce mystère de l'Annonciation nous montre les dimensions divines de l'âme de Marie. Elle est celle qui reçoit la parole de Dieu et la garde dans le silence et la fidélité de l'obéissance. La « conversation » de cette vierge est réservée à Dieu. Elle est celle qui est la servante humble et pauvre de son Dieu. Son unique secours est dans la volonté et la promesse de son Dieu. Elle est celle qui est la mère aimante de son Dieu. La vierge servante, miraculeusement, devient féconde, et cette fécondité toute d'amour s'épanouit en joie.

Dans ce mystère, aurore de la vie chrétienne, Marie apparaît comme la nouvelle Femme : la vierge silencieuse, consacrée à son Dieu, la vierge, humble servante, la vierge Mère, féconde dans la joie.

Chapitre III

PREMIÈRE INITIATIVE COMMUNAUTAIRE DE MARIE : LE MYSTÈRE DE LA VISITATION. LA MISÉRICORDE ET LA LOUANGE

Après l'Annonciation, saint Luc nous rapporte en ces termes le mystère de la Visitation : « En ces jours-là, Marie partit et se rendit en hâte vers le haut pays, dans une ville de Juda. Elle entra chez Zacharie et salua Élisabeth[1]. »

L'ange, par son message divin, avait donné à Marie non seulement l'objet de sa contemplation, mais aussi un « signe », dont elle devait se servir pour exercer sa miséricorde : « Élisabeth, ta parente, vient, elle aussi, de concevoir un fils en sa vieillesse, et elle en est à son sixième mois, elle qu'on appelait la stérile[2]... »

Ce n'est pas en vain que l'ange avertit Marie de cette naissance extraordinaire. Il n'y a rien d'inutile dans les messages de Dieu. De ce signe, donné par surcroît pour confirmer son adhésion de foi, Marie, sous l'inspiration du Saint-Esprit, s'en sert comme pâture divine à son zèle miséricordieux.

Avec ce mystère de la Visitation, nous voyons comment sa vie contemplative, recueillie et silencieuse, et son état de servante totalement consacrée à son Dieu, ne s'opposent en rien à la générosité et à l'impétuosité de son

1. Lc 1, 39-40.
2. Lc 1, 36.

amour fraternel et miséricordieux. Bien au contraire : le don complet d'elle-même à Dieu la pousse à se mettre au service de ses proches, de sa cousine Élisabeth qui, en raison de son état, a besoin de ses services ménagers. Il s'agit en effet, pour Marie, d'aller se mettre au service de sa cousine âgée et de lui rendre toute l'aide temporelle et matérielle dont elle a sans doute besoin. Marie s'y dispose allégrement, « en hâte », la distance et la fatigue ne l'effraient pas. « La charité nous brûle », dit saint Paul. Elle brûle le cœur de Marie et lui demande de transformer en miséricorde tous les liens qu'elle a avec la communauté humaine.

De fait, le texte de l'Écriture nous le révèle, Dieu se sert de ce geste de miséricorde temporelle pour réaliser une miséricorde divine : la sanctification de Jean-Baptiste, le précurseur et, par Jean-Baptiste, celle de sa mère. « Dès qu'Élisabeth eut entendu la salutation de Marie, l'enfant tressaillit dans son sein et Élisabeth fut remplie du Saint-Esprit[1]. »

Tâchons de bien saisir cet enchaînement de faits, qui constitue pour nous un enseignement merveilleux.

Marie nous enseigne ici la miséricorde temporelle. Nous sommes en présence de son premier geste communautaire qui, de fait, est un geste de miséricorde temporelle à l'égard de ses semblables. Ce premier geste, elle le fait à l'égard de quelqu'un qui lui est très proche par les liens du sang et par sa vie divine, et qui a besoin de son dévouement.

Marie n'hésite pas à se livrer à ce labeur. Elle aurait pu, sous prétexte d'intimité avec son Dieu, sous prétexte de silence et de solitude, s'épargner ce geste de miséricorde. L'excuse était toute trouvée : n'a-t-elle pas accepté un service beaucoup plus divin, beaucoup plus urgent et personnel, auquel elle doit se préparer et s'adonner entièrement ? Étant celle qui a été choisie pour être la Mère de Dieu, il pouvait sembler normal et convenable qu'elle

1. Lc 1, 41.

soit comme exempte des autres services communs, ceux que tout le monde peut rendre. Nous connaissons suffisamment toutes ces raisons que bien souvent le démon met dans notre imagination pour éviter d'insister davantage. Du reste, notons-le bien, personne ne l'oblige ; Dieu, par l'ange, n'a rien exigé d'elle dans ce domaine, et Élisabeth n'a pas réclamé d'aide. Marie aurait donc pu facilement s'abstenir, pour se livrer à ce qui est certainement la volonté de Dieu sur elle.

L'Esprit Saint ne lui fait pas entendre ce langage. Il veut que ce geste de miséricorde s'exerce d'une manière toute divine. Dieu n'exerce-t-il pas sa miséricorde dans une pure gratuité ? Une miséricorde forcée n'est plus une miséricorde. Le Père veut que Marie soit miséricordieuse comme lui ; c'est pourquoi il faut que ce premier geste de miséricorde jaillisse gratuitement de son cœur, sans aucun précepte du côté de Dieu, sans aucun appel du côté de la créature. Il n'y a que l'appel et le gémissement de l'Esprit Saint, il n'y a que son souffle, plus impérieux pour le cœur de la Vierge que tout ordre. L'Esprit Saint la pousse à se mettre humblement et « en hâte » au service de sa cousine. C'est Marie qui se déplace et va chez Élisabeth ; c'est Marie qui s'efface devant sa cousine et la salue la première. L'ordre de hiérarchie sociale et familiale est respecté. Mais en se livrant à ce labeur miséricordieux, Marie ne quitte pas sa vie contemplative. Elle ne quitte pas son Fils-Dieu. Elle le porte, le prie et obéit docilement à l'Esprit Saint qui la dirige. Venant auprès d'Élisabeth pour lui donner l'aide de ses mains, elle lui apporte en même temps quelque chose d'infiniment plus précieux : la présence cachée, réelle et physique, de son Dieu. Elle lui donne réellement son Dieu, sans rien dire du mystère qui est sa vie. Elle se tait ; elle demeure dans son secret. Mais puisque Marie agit sous la conduite de l'Esprit Saint, toutes ses actions ont une efficacité divine, qui dépasse infiniment leur valeur propre, inscrite dans telle ou telle circonstance particulière de lieu et de temps. Nous le voyons ici d'une façon manifeste. La parole de salutation que Marie adresse à Élisabeth, Dieu s'en sert pour « faire tressaillir d'allégresse l'enfant » : « Car, vois-tu, dès l'instant où ta salutation a frappé mes oreilles, l'enfant a tressailli d'allégresse en mon sein [1]. » Jean-Baptiste est bien le premier après Marie qui reçoit par elle l'influence de la vertu vivificatrice et salvatrice de Jésus. Il est, par le fait même aussi, le premier sur lequel Marie, par la présence de Jésus en elle, exerce son rôle de maternité divine. Cette action se réalise d'une façon efficace et mystérieuse. Marie se tait. Jean-Baptiste se tait, mais il tressaille de joie. C'est son langage de tout-petit. C'est lui qui, le premier, a compris la grandeur de Marie. Il faut être « tout petit » pour reconnaître la maternité divine de Marie. Par Jean-Baptiste, l'action divine du Christ en Marie atteint sa mère, Élisabeth qui, comme l'Écriture le souligne, fut alors « remplie du Saint-Esprit [2]. »

Notons bien le mode joyeux, si fort et si suave, de cette double miséricorde spirituelle. L'Esprit Saint sanctifie Élisabeth par le tressaillement de Jean-Baptiste, et il sanctifie Jean-Baptiste par la salutation de Marie à Élisabeth. On ne peut agir plus suavement sur le cœur d'une mère pour la sanctifier, la transformer, qu'en se servant de son tout petit enfant encore caché en son sein, puisqu'il n'y a rien de plus intime et de plus cher au cœur d'une mère que son tout-petit qu'elle porte, auquel elle donne sa vie. Et en même temps, on ne peut agir d'une façon plus directe, plus efficace, plus forte, puisque l'enfant est quelque chose de sa mère. Et l'on peut dire également qu'on ne peut agir plus suavement sur le cœur d'un tout-petit qu'en se servant de sa mère. Dans ce premier geste miséricordieux de Marie, apparaissent nettement les qualités dominantes de la miséricorde : celle-ci doit être divinement spontanée, s'accomplir avec générosité et rapidité (le misérable n'a pas le temps d'attendre) ; elle doit être persévérante (« Marie demeurera avec Élisabeth environ

1. Lc 1, 44.
2. Lc 1, 41.

trois mois ») ; s'accomplir avec fidélité (ce n'est pas un geste capricieux de dilettante, mais d'une gratuité toute différente) ; elle doit s'exercer dans l'humilité, pour être douce et discrète, autrement on blesse le pauvre en lui faisant trop sentir son dénuement. Le pauvre est un être fragile, vulnérable, qui demande une très grande douceur.

L'humilité de Marie, qui se met au service de sa cousine, est merveilleusement récompensée par Dieu. Elle reçoit par Élisabeth une nouvelle salutation divine, après celle de Gabriel. C'est celle d'une mère qui parle en mère, avec un langage de mère : « Tu es bénie entre les femmes, et béni le fruit de ton sein ! Et comment m'est-il donné que la mère de mon Seigneur vienne à moi ? » Et dépassant la simple salutation, elle proclame la raison de cette béatitude de Marie : « Bienheureuse celle qui a cru en l'accomplissement de ce qui lui a été dit de la part du Seigneur[1] ! »

Élisabeth, avant que Notre Seigneur lui-même le proclame dans l'Évangile — « Ma mère et mes frères, ce sont ceux qui écoutent la parole de Dieu et la mettent en pratique[2] » — nous montre la véritable béatitude de Marie, par où elle est vraiment notre modèle et où nous pouvons l'imiter.

Résumons donc ce mystère de la Visitation : il est une action de miséricorde temporelle, une action de miséricorde éternelle, une sanctification, une révélation nouvelle qui proclame la grandeur divine de celle qui est servante de son Sauveur, de sa famille, de son peuple.

À cette salutation d'Élisabeth, Marie répond par le Magnificat, qui nous découvre la grandeur de son âme, sa merveilleuse magnanimité. Celle qui vient auprès d'Élisabeth comme petite servante écoute la salutation d'Élisabeth et, au lieu de se comporter comme ceux qui, n'ayant pas assez d'humilité pour accepter de recevoir des

1. Lc 1, 42-43. 45.
2. Lc 8, 21.

honneurs, réclament brutalement le silence de ceux qui les louent, Marie, au contraire, accepte cet honneur insigne que lui témoigne sa cousine : elle ne lui reproche pas la manière dont elle la salue, mais elle reçoit cet honneur pour le retourner à Dieu. Voyez comment un saint Bernard expose merveilleusement cette attitude de Marie : « Elle arrive chez Élisabeth qui, aussitôt instruite par l'Esprit Saint de la gloire unique de la Vierge, s'écrie pleine d'admiration : "D'où m'est-il donné que la mère de mon Seigneur vienne à moi ?" Puis, bénissant la voix de celle qui vient de la saluer, Élisabeth ajoute : "Votre voix, lorsque vous m'avez saluée, n'a pas plutôt frappé mon oreille, que mon enfant a tressailli de joie en mon sein" ; enfin, elle béatifie la foi de celle qui a cru : "Heureuse celle qui a cru ! Car elles seront accomplies les choses qui lui ont été dites de la part du Seigneur !" Voilà certes de grandes louanges ; mais la pieuse humilité de Marie ne permet pas qu'elle en retienne rien pour elle-même : elle les fait remonter à celui qui l'a comblée des bienfaits qu'on loue en elle. Vous glorifiez, dit-elle à Élisabeth, la Mère du Seigneur, mais "mon âme glorifie le Seigneur"... Vous témoignez qu'à ma voix votre fils a tressailli de joie, mais "mon esprit a tressailli de joie, en Dieu mon Sauveur". Et comme l'ami de l'époux, il se réjouit à sa voix. Vous me proclamez bienheureuse d'avoir cru, mais cette béatitude de la foi est une attention pour moi de la céleste miséricorde, de telle sorte que si "toutes les générations me proclament bienheureuse", c'est surtout parce que Dieu a regardé son humble et petite servante [1]. »

Voilà bien l'alliance divine, merveilleuse, de l'humilité et de la magnanimité ; l'humilité dans ce qu'elle a de très pur et de très beau, loin d'étriquer l'âme, de la renfermer sur elle-même en lui enlevant tout élan d'ardeur, la met au contraire dans un état d'épanouissement qui favorise la grandeur d'âme et permet toutes les audaces divines.

---

1. *Sermon pour le dimanche dans l'Octave de l'Assomption*, *cf.* traduction du PÈRE AUBRON, *op. cit.*, p. 144.

Marie, étant proclamée « bénie entre les femmes », proclame immédiatement Dieu comme auteur de toutes ces bénédictions, dont elle reconnaît toute la valeur et la vérité, mais qu'elle ne veut pas faire reposer sur elle-même. Dieu en est la cause principale ; il faut donc lui rendre tout l'honneur des créatures.

Le Magnificat est une prière de louange, où l'âme de Marie « magnifie » son Seigneur et où son esprit exulte de joie. Cette louange est comme le merveilleux bouquet de toute la louange de l'Ancien Testament qui, par le Magnificat, atteint comme son sommet ; c'est son fruit ultime qui est comme l'aurore du Nouveau Testament [1]. Car le Christ y est déjà présent, caché, il est vrai, mais divinement actif. Cette présence du Christ donne à la louange de Marie une note de joie extraordinaire : « Mon esprit tressaille de joie en Dieu mon Sauveur. » C'est une exultation, une joie débordante qui ne peut plus se contenir. C'est bien son esprit qui exulte de joie, c'est-à-dire ce sont les sommets de son âme qui tressaillent d'une joie divine, toute pure. C'est « en son Dieu » qu'elle se réjouit, en la présence aimante de son Sauveur, de ce Sauveur qui est sien, qui lui appartient, puisque tout son corps, par le moyen duquel il sauve le monde, est sien, totalement sien, comme le corps d'un tout-petit est quelque chose de sa mère. Voilà bien la joie chrétienne dans ce qu'elle a de plus propre.

Et Marie, sous l'inspiration du Saint-Esprit, nous livre la raison de cette joie divine : « Parce qu'il a jeté les yeux sur son humble servante. » C'est ce regard d'amour de Dieu poursuivant sa créature, sa pauvre créature, dans sa petitesse même de créature, sa condition chétive et misérable de créature, descendante d'Ève, faite de boue et de poussière, n'étant rien par elle-même, qui est le vrai motif de cette joie chrétienne. Dieu a aimé la faiblesse de sa

1. Il faut mettre en parallèle avec le Magnificat (Lc 1, 46-55) les deux cantiques de Moïse : Ex 15 et Dt 32, pour mieux saisir ce qui est tout à fait propre dans le chant de Marie.

servante, il s'est complu en elle à tel point qu'il a voulu en faire sa Mère, le tabernacle vivant de son Verbe incarné.

Marie, sous la motion du don de crainte et du don de sagesse, expérimente pleinement sa bassesse de servante de Dieu en même temps que ce regard d'amour miséricordieux, de choix tout à fait gratuit de Dieu.

Comprenons bien cette expérience intime du don de crainte que Marie nous révèle ici dans une telle simplicité. Par ce don, elle aime sa petitesse, son propre néant, pour que toute la gloire ne soit qu'à Dieu. Elle aime à être vraiment la plus petite, à la dernière place, pour être plus parfaitement servante, pour être plus dépendante, et ceci non seulement physiquement, socialement, mais encore moralement. Elle aime à ne s'estimer d'aucun mérite, d'aucune vertu, sachant que c'est la vérité. En elle-même, hors de la miséricorde toute-puissante de Dieu, elle n'est rien ; toute la place est à Dieu. L'humilité, lorsqu'elle devient toute divine, fait le vide complet, elle ne se contente plus d'écarter les obstacles de l'orgueil, d'aplanir les montagnes, mais elle creuse encore un abîme de petitesse, pour appeler plus efficacement l'Amour, pour l'attirer avec plus de force et d'audace. C'est cette humilité divine qui attire Dieu vers le cœur de Marie, comme le dit d'une façon si belle saint Augustin : *Facta est Mariae humilitas scala caelestis, per quam Deus descendit ad terras.* « L'humilité de Marie a constitué l'échelle céleste, par laquelle Dieu descendit sur la terre[1]. » C'est la petitesse vécue et aimée pour Dieu qui est à la racine de toute divine exultation.

1. *Cf.* SAINT BERNARD, *Les louanges de la Vierge Mère, hom. I, super missus :* « Sur qui, dit le Seigneur, reposera mon esprit, sinon sur l'âme humble et paisible ? (Is 66, 2). Il dit, sur l'âme humble et non sur la vierge. Par conséquent, si Marie n'avait pas été humble, l'Esprit Saint ne se fût pas reposé sur elle, et si l'Esprit Saint ne s'était pas reposé sur elle, il ne l'eût pas fécondée... Il est donc manifeste que si elle a conçu du Saint-Esprit, c'est, comme elle l'avoue elle-même, que Dieu a regardé l'humilité de sa servante plutôt que sa virginité. Si donc elle a plu à Dieu par sa virginité, c'est grâce à son humilité qu'elle a conçu... » texte cité par le PÈRE AUBRON, *op. cit.*

Parce qu'elle est tellement enracinée dans l'humilité, Marie peut reconnaître que « désormais toutes les générations la diront bienheureuse ». La béatitude propre de la mère vient de ses enfants. Sa plus grande gloire, c'est d'être honorée par et dans ses enfants. Nous pouvons dire, en nous appuyant sur l'Écriture, que si l'épouse est bien la gloire de l'époux, les enfants sont la gloire de leur mère. Le châtiment propre que Dieu réserve à la femme, c'est d'enfanter dans la douleur, et son déshonneur le plus terrible est d'avoir des fils indignes et criminels. Pour Ève, la plus terrible conséquence de son péché, celle qu'elle ressentit le plus intimement, fut d'avoir un fils fratricide, sur lequel pèse lourdement la malédiction divine : « Maintenant, sois maudit et chassé du sol fertile qui a ouvert la bouche pour recevoir de ta main le sang de ton frère. Si tu cultives le sol, il ne te donnera plus son produit : tu seras un errant parcourant la terre[1]. »

La plus grande gloire de Marie est bien d'être la mère du Fils de Dieu, de ce premier Fils de l'homme, Sauveur de l'humanité, véritable Joseph qui rachète ses frères coupables envers lui de trahison et de crime. Par Jésus, Marie est aussi Mère de toute l'Église ; à la Croix, elle est établie officiellement par Jésus la mère du disciple bien-aimé, qui représente l'Église. C'est pourquoi toutes les générations divines, provenant de l'eau et de l'Esprit, sont sa gloire. Toutes la proclameront bienheureuse.

Notons ce futur. Il s'agit d'une prophétie, de quelque chose qui doit venir, mais qui, déjà, dès à présent, maintenant, *nunc*, à l'heure actuelle, se réalise, puisque la génération de Jean-Baptiste a déjà reconnu Marie bienheureuse. Les autres générations des fils de Dieu, jusqu'à la fin des temps, continueront de l'appeler bienheureuse, parce qu'elle a reçu la parole de Dieu dans son cœur, en cette « bonne terre », en laquelle la parole divine a pleinement fructifié. Par sa maternité divine, toutes les autres maternités peuvent être sanctifiées et transformées ; par

1. Gn 4, 11-12.

la génération du Fils de Dieu, toutes les autres générations peuvent acquérir un sens nouveau.

Élisabeth, sous l'inspiration de l'Esprit Saint, a proclamé Marie bienheureuse parce qu'elle avait cru ; Marie, sous l'inspiration du même Esprit, nous affirme que toutes les générations — pas seulement Élisabeth — la proclameront bienheureuse parce que Dieu le « Tout-Puissant » a fait en elle des choses admirables et « son nom est Saint ». Par là-même, Marie complète ce qu'avait proclamé Élisabeth.

Sur terre, ce qui la béatifie immédiatement, c'est son acte de foi, mais cet acte de foi regarde son Fils, le Verbe incarné. Voilà la réalité sur laquelle il se fonde, et cette réalité est éternelle. C'est pourquoi éternellement et universellement, Marie est appelée bienheureuse par toutes les générations.

C'est la toute-puissance de Dieu et sa sainteté qui sont ici invoquées, puisque le mystère de l'Incarnation ne peut s'expliquer que par l'intervention de cette toute-puissance et de cette sainteté. Le fait admirable, miraculeux et saint, fait appel immédiatement, d'une part, à la toute-puissance pour qui rien n'est impossible et, d'autre part, à sa sainteté qui est séparée de tout le créé et élevée au-dessus de toute corruptibilité et alliage. Qu'une créature enfante son Dieu, qu'une petite servante soit mère de son Seigneur, qu'une mère demeure vierge dans sa maternité, tout est admirable et saint, tout est objet direct de contemplation divine.

Comprenons également que cette génération du Fils de Dieu est la première des générations du point de vue perfection, selon l'ordre des valeurs. Toutes les autres générations sont donc nécessairement relatives à celle-là ; on peut même dire qu'elles sont en quelque sorte comme mesurées et finalisées par elle. En effet, le plus merveilleux chef-d'œuvre naturel que notre univers ait produit, c'est la sainte humanité du Christ. Cette humanité est parfaite, sans la moindre tare, l'image la plus accomplie de son Dieu. Voilà pourquoi toutes les générations proclameront nécessairement bienheureuse cette génération du Fils de Dieu et, en cette génération, sa Mère. Par toutes les générations, c'est tout l'univers physique qui la reconnaît comme bienheureuse.

Si la toute-puissance et la sainteté sont inséparables et nécessaires pour expliquer l'œuvre admirable de l'Incarnation, la miséricorde l'est également, et c'est même elle qui donne l'ultime explication, nous faisant comprendre combien ce Dieu tout-puissant, transcendant, est et demeure pourtant si proche, et comment son action toute-puissante est si suave. Il est miséricordieux, plein de sollicitude pour « ceux qui le craignent ». Cette miséricorde est éternelle ; elle s'étend d'« âge en âge ». Elle ne fait donc défaut à aucune créature ; elle est toujours présente à toutes ses œuvres.

Mais si cette miséricorde est toujours là, prête à se donner, prête à sauver, elle ne peut s'exercer efficacement qu'à l'égard de « ceux qui craignent Dieu ». Car on ne peut faire la miséricorde qu'à ceux qui reconnaissent leur pauvreté, c'est-à-dire à ceux qui craignent Dieu, sachant qu'ils ne sont rien. Parmi ces pauvres, avides de recevoir la miséricorde et la réclamant, Marie est la première. Elle vit profondément de cette crainte divine, ayant le sens de la majesté toute-puissante de son Dieu. Et c'est pour cela qu'elle est capable plus qu'aucune autre créature de recevoir la miséricorde de Dieu.

Notons bien ce lien entre la miséricorde et la crainte filiale. La miséricorde est l'attribut le plus propre de Dieu, comme dit saint Thomas, c'est-à-dire celui qui caractérise le mieux l'état de supériorité absolue de Dieu, qui ne dépend de personne et dont tout dépend. C'est pourquoi tout dépend de sa miséricorde et rien n'échappe à celle-ci. La crainte divine est l'attitude la plus caractéristique de la créature, celle qui qualifie le plus profondément son état de créature en face de Dieu, état de celui qui n'a rien par lui-même et qui reçoit tout à chaque instant de son Créateur et de son Père ; état de celui qui ne peut pas être autre chose que le mendiant de la miséricorde de Dieu, puisque la créature, comme telle, n'a aucun droit, au sens strict, à l'égard de son Créateur. La crainte de Dieu est donc comme la condition nécessaire pour recevoir la miséricorde divine. Elle donne cette réceptivité, cette soif qui oriente spontanément la créature vers le Dieu de toute richesse et de toute bonté. C'est elle qui, du côté de la créature, est comme la mesure de la miséricorde. Dans la mesure où nous craignons Dieu, Dieu nous fait miséricorde.

Après avoir parlé de la toute-puissance et de la sainteté de Dieu, Marie a donc raison de nous parler de sa miséricorde et de la crainte qu'elle réclame. Par cette considération, elle étend sa louange à toutes les œuvres de Dieu. Son Magnificat, qui avait commencé par glorifier Dieu pour l'œuvre admirable qu'il avait réalisée en elle, prend une ampleur universelle : *Non solum mihi fecit magna qui potens est*, comme dit le vénérable Bède, *sed et in omni gente qui timet Deum acceptus est illi.* « Non seulement il a fait en moi des choses grandes, celui qui est puissant, mais tout peuple qui craint Dieu a reçu de lui. » Ceci, du reste, est normal, puisque le mystère de l'Incarnation doit, par la Rédemption, avoir une efficacité universelle et doit étendre la miséricorde de Dieu sur tout l'univers. Si toutes les générations proclameront Marie bienheureuse, elles ne le feront pas de l'extérieur, sans entrer dans sa propre béatitude ; elles recevront, au contraire, elles aussi, à leur façon, comme Marie, la miséricorde de Dieu. Sous cette lumière de la miséricorde divine tout s'unifie ; Marie et ceux qui l'appelleront bienheureuse, ont la même attitude, ils craignent Dieu.

Cette amplitude universelle du Magnificat nous invite à considérer un nouvel aspect de cette louange prophétique. Nous avons dit, en effet, que le Magnificat nous révèle la grandeur d'âme de Marie, mère de Jésus, servante d'Élisabeth et mère des apôtres ; aussi n'est-il pas étonnant qu'après avoir retourné vers Dieu tout l'honneur qu'Élisabeth lui avait exprimé, elle chante toutes les merveilles du gouvernement divin. En effet, le propre de la magnanimité chrétienne est non seulement de rendre grandement gloire à Dieu pour ce qu'il a réalisé en nous et pour la coopération qu'il réclame de nous, mais aussi pour tout ce qu'il réalise dans tout l'univers, pour tout le concours merveilleux qu'il demande à ses créatures. Nous saisissons par là une des différences qui existent entre le magnanime tel que le montre le philosophe, et le magnanime chrétien. Pour Aristote, le magnanime, s'il domine l'honneur et n'en est pas l'esclave, c'est à cause de la grandeur de sa vertu et du sens exact de la valeur éminente de celle-ci. C'est pourquoi le magnanime est toujours un peu au-dessus de la multitude des pauvres hommes, indignes de lui et, par le fait même, il ne s'engage que pour de grandes œuvres, laissant à d'autres le soin de faire les petites choses quotidiennes. Parmi les actions humaines, morales et politiques, il fait son choix.

Transplantée en terre chrétienne, la magnanimité devient la qualité-type de l'apôtre, de celui qui veut vivre pleinement dans l'amour de son Dieu et coopérer le plus étroitement possible à son règne, pour permettre à d'autres d'accéder à cette vie divine. Le magnanime chrétien est celui qui est totalement engagé au service de Dieu pour exécuter tout ce que sa volonté attend de lui, sachant très bien que seul ce qui est voulu de Dieu est grand et éternel. Peu lui importe le jugement des hommes qui regardent la valeur des réalités de l'extérieur, c'est-à-dire, sans considérer leur valeur divine, sans en référer immédiatement à la volonté de Dieu. Pour lui, au contraire, la grandeur de telle ou telle action dépend directement de cette référence. Accomplir la volonté de Dieu, même dans une toute petite chose, dans un détail, peut toujours être quelque chose de très grand, de très noble, si on le fait avec un grand amour ; pour le magnanime chrétien, servir Dieu c'est régner.

Le magnanime chrétien n'a donc plus à se réserver pour telle ou telle action de choix. Ce n'est plus lui qui choisit, mais Dieu choisit pour lui. Il ne doit plus, de lui-même, se séparer de la multitude et se mettre au-dessus de la vie commune. Son unique désir est d'entrer de plus en plus profondément dans les vues de Dieu sur lui et sur tous ceux qui l'entourent, pour devenir de plus en plus un coopérateur fidèle du Christ, pour le Père, dans la condition où celui-ci a voulu le placer.

Marie, avec une grandeur d'âme magnifique, a accepté par son *fiat* cette coopération unique au gouvernement de Dieu, qui la met dans une situation tout à fait privilégiée. Sous l'inspiration du Saint-Esprit, elle nous révèle cette sorte de charte du gouvernement divin et, par là, elle donne aux apôtres les grands principes divins qui doivent les diriger et qui doivent être aussi la matière de leurs louanges divines et de leurs actions de grâces.

Ces principes sont très simples. C'est d'une part, la force de Dieu qui exécute sa justice : le « bras de Dieu » apparaît comme au service de sa justice vindicative, et d'autre part, sa miséricorde qui pardonne tout, qui transforme tout. « Il a déployé la force de son bras, il a dispersé les hommes au cœur superbe. Il a renversé les potentats de leurs trônes et élevé les humbles. Il a rassasié de biens les affamés et renvoyé les riches les mains vides [1]. »

Cette loi de sagesse du gouvernement divin est universelle. Elle a présidé à la conduite de Dieu à l'égard des anges. Vis-à-vis de « ceux qui s'élevaient d'orgueil aux pensées de leur cœur », qui ont préféré leur propre excellence à la gloire de Dieu, qui ont trop aimé leur puissance et leur majesté, qui se croyaient riches, en ne manquant de rien, Dieu a exercé « la force de son bras ». Il les a dispersés, dépossédés de leur trône, et renvoyés les mains vides. Ceux qui, humblement, n'aspiraient qu'à la gloire de leur Seigneur et de leur Dieu, il les a exaltés et remplis de toutes ses richesses.

Nous retrouvons la même loi dans le gouvernement de Dieu sur les hommes. Songeons à la conduite de Dieu à l'égard de Pharaon [2]. Cependant, une note spéciale appa-

---

1. Lc 1, 51-53.
2. Ex 7 à 12, 42.

raît ici qui s'explicitera de plus en plus, puisque toute la conduite de Dieu dans l'Ancien Testament est en fonction du Nouveau. Or, précisément, dans la sagesse chrétienne, si la justice et la miséricorde s'y retrouvent, elles s'y retrouvent dans une synthèse divine différente. Ce sera très manifeste à l'égard des œuvres propres du Verbe incarné, du Christ. Marie peut déjà le proclamer, car tout en elle est réalisé en sa racine, en sa source première. Sous l'inspiration du Saint-Esprit, elle prophétise la manière dont Dieu gouvernera son Église.

Dans le Christ, l'Oint du Seigneur, le Père a déployé la « force de son bras » contre les cœurs orgueilleux, les potentats et les riches, ces trois formes d'orgueil et de contentement de soi. Et il exalte les humbles et remplit de biens ceux qui ont faim.

La première œuvre que la force divine manifeste dans ce « bras de Dieu », est de disperser ceux qui s'élèvent orgueilleusement, comme celui qui est fort physiquement peut disperser et écarter tous ceux qui s'efforcent de le dominer. Il en va de même au plan surnaturel. Dieu écarte de lui ceux qui sont pleins d'orgueil, ne pensant qu'à se porter au-dessus des autres. Il est normal que la première œuvre de la force divine soit d'écarter les orgueilleux, puisque seul parmi les vices humains, l'orgueil s'oppose directement à Dieu et tâche de s'élever au-dessus de lui. Voilà pourquoi celui qui ne cherche que la gloire de son Père doit d'abord, en premier lieu, courber les têtes altières qui ne veulent pas s'incliner. C'est une œuvre de justice, puisque c'est rendre à Dieu la première place, celle qui lui est due et qu'on veut lui usurper.

Cet orgueil intérieur, caché dans le cœur, se concrétise souvent dans la recherche du pouvoir humain : la puissance politique, sociale. L'avènement de ce « Roi des rois » détrône les potentats et exalte les humbles. Songeons à l'angoisse d'un Hérode, apprenant par les mages la naissance mystérieuse de ce Roi d'Israël : « Hérode s'émut et tout Jérusalem avec lui[1]. » Par crainte lâche, il

1. Mt 2, 3.

fit massacrer tous ceux qui pourraient être ce roi. C'est leur unique crime. Songeons à la lâcheté de Pilate devant les cris de la populace réclamant la mort de Jésus. Pilate a peur de perdre sa place, il aime mieux être complice d'un crime, d'un déicide, que de perdre son pouvoir. Les Hérode et les Pilate de tous les temps sont en réalité jugés et condamnés par cet Enfant-Roi et ce Crucifié : « Il a renversé les potentats de leurs trônes. »

Ce ne sont pas seulement ceux qui sont au pouvoir qui sont atteints par cette folie de l'orgueil. L'orgueil peut régner sur tout homme. Son premier fruit est toujours le même : il met dans le cœur de l'homme ce contentement parfait de soi qui le fait se considérer comme ne dépendant de personne, possédant en soi toutes les richesses. À l'égard de ces riches d'esprit et d'âme, qui ne comprennent pas leur profonde indigence d'amour divin et qui pensent que tout leur est dû, qui s'estiment déborder de sagesse, la justice divine s'exerce encore d'une façon implacable : « Il a renvoyé les riches les mains vides[1]. »

1. Il serait intéressant de comparer le geste de miséricorde de Marie en son mystère de la Visitation et les gestes de miséricorde de Moïse à l'égard du pharaon et de son peuple. Ne croyons pas que le parallélisme soit artificiel. Il suffit d'analyser le Magnificat pour saisir que si Marie, en son mystère de la Visitation, n'agit à l'égard d'Élisabeth, qu'avec une extrême suavité, elle proclame cependant et ne rejette pas « la force du bras » de Dieu qui a « dispersé les hommes au cœur superbe », qui a « renversé les potentats de leurs trônes », qui a « renvoyé les riches les mains vides ». Le pharaon n'est pas absent de ce mystère ! Ce parallélisme entre la miséricorde suave de Marie et les dix plaies d'Égypte nous permet de mieux saisir comment le Père veut que Marie soit l'aurore de la miséricorde évangélique, dont le caractère premier est la douceur. Il faut, selon l'ordre de la sagesse de Dieu, que le premier geste communautaire que Marie réalise comme Mère de Dieu, soit un geste miséricordieux tout à fait gratuit, qui jaillisse spontanément de son cœur et qui se fasse avec une extrême suavité. Pour que cette suavité soit mieux manifestée, elle apparaît dans toute sa pureté. Tout est suave dans ce mystère.

Mais ne croyons pas pour autant que la force soit comme absente de cette miséricorde. Elle est présente, mais dépassée. Il faut une force plénière, excessive, pour être vraiment doux. Marie, dans sa miséricorde à l'égard d'Élisabeth, est plus forte que Moïse dans ses corrections miséricordieuses à l'égard de la dureté du cœur du pharaon. Aussi ne nous étonnons pas lorsque Marie nous « visite », étant donné qu'en

Par contre, « il a rassasié de biens les affamés ». Le Christ est vraiment venu pour les « affamés et assoiffés de justice[1] », pour ceux qui savent leur faiblesse et leur misère et réclament un secours. Tous ces pauvres, ces miséreux, il les comble de ses richesses, de ses biens. Quand Jean-Baptiste, dans sa prison, ayant entendu parler des œuvres du Christ, envoya deux de ses disciples lui dire : « Es-tu celui qui doit venir ou devons-nous en attendre un autre ? », Jésus leur répondit : « Allez rapporter à Jean ce que vous entendez et voyez : les aveugles voient et les boiteux marchent, les lépreux sont guéris et les sourds entendent, les morts ressuscitent et la Bonne Nouvelle est annoncée aux pauvres[2]. »

Voilà la réalisation de la prophétie d'Isaïe, qui annonçait ainsi le règne du Messie : « Alors les yeux des aveugles se désilleront, les oreilles des sourds s'ouvriront[3]... », « Il m'a envoyé porter la bonne nouvelle aux pauvres, panser les cœurs meurtris[4] ». Le gouvernement du Messie est avant tout un gouvernement de miséricorde, qui exalte les pauvres, les petits, les misérables, et c'est ce qui le rend si divin, si digne d'être loué.

Dans l'Ancien Testament, les richesses, la puissance et la bonne conscience de soi étaient souvent considérées comme un signe de la bienveillance de Dieu, comme une récompense normale du juste. Dans le Nouveau Testament, les pauvres prennent la première place, que les riches dépossédés leur laissent de force. Les déshérités, les orphelins, les faibles passent avant les « potentats » ; ceux qui ont un cœur contrit et qui connaissent leur

---

nous il y a encore un « vieil homme » dont les mœurs sont quelquefois très proches de celles du pharaon. Si nous lui demandons d'exercer sur nous ses « corrections maternelles » pour libérer l'« Israël » que nous portons en nous, ne nous étonnons pas qu'elle puisse agir avec la même force que Moïse, envoyant les dix plaies d'Égypte pour nous détourner de nos concupiscences.

1. Mt 5, 6.
2. Mt 11, 4-6.
3. Is 35, 5.
4. Is 61, 1b.

misère et l'avouent, sont seuls regardés de Dieu. Le Père, par le Christ et en lui, pardonne, réhabilite et exalte l'enfant prodigue, le publicain, la pécheresse, le Samaritain, et il laisse comme de côté le fils aîné, les pharisiens, les lévites et les prêtres de l'ancienne Loi, plus attachés à leur propre justification rituelle qu'à la miséricorde et à l'amour.

Après avoir opposé et uni trois gestes divins de miséricorde et de justice, le Magnificat de Marie se termine en proclamant la prédilection miséricordieuse et fidèle de Dieu pour Israël, son serviteur et son fils. « Il a porté secours à Israël son serviteur, se souvenant de sa miséricorde, ainsi qu'il l'a promis à nos pères, en faveur d'Abraham et de sa descendance à jamais. » Le mystère du Verbe incarné est la grande miséricorde faite d'une façon spéciale à Israël ; c'est la miséricorde par excellence que Dieu lui fait, en choisissant un membre de sa race pour donner à l'univers son Sauveur, pour ennoblir toute l'humanité en la descendance de David. Cette miséricorde est l'accomplissement de la promesse faite aux patriarches, et par là, elle prend un mode particulier ; elle s'inscrit plus profondément encore dans le peuple élu, ayant été longuement désirée et appelée par lui. Dieu, ayant préparé cette miséricorde ineffable par une longue période d'attente, de préfigurations, excitait dans Israël une soif plus ardente et lui faisait mieux comprendre sa faiblesse, son impuissance, loin de l'aide de son Dieu. Toute miséricorde inattendue, donnée sans préparation, en dehors de la miséricorde prévenante et première, ne peut pas être aussi efficace, puisqu'une telle miséricorde ne peut se faire qu'à deux : celui qui donne et celui qui reçoit. Il faut que celui qui reçoit sache pleinement sa pauvreté pour ne pas trop limiter le geste du donateur. Dieu n'avait pas besoin d'attendre pour se préparer, mais l'humanité en avait besoin, pour mieux comprendre la gravité de sa faute et tout ce qui en découle. Marie qui, en son *fiat* de l'annonciation, termine cette période d'attente, a une soif plus grande encore que celle des patriarches et des prophètes, car elle connaissait mieux que ceux-ci la gravité de la faute et ses funestes conséquences. C'est son désir si pauvre, sa consécration virginale dans l'abandon qui a attiré la miséricorde de Dieu. Cet abandon total a appelé si fortement la miséricorde divine que celle-ci n'a plus attendu. Elle est venue s'établir en Marie pour en faire sa demeure, son temple. Israël, en définitive, c'est elle. C'est en elle que se réalise la promesse. Marie le reconnaît et, dans sa grandeur d'âme, elle en glorifie le Seigneur.

Ce mystère de la Visitation nous montre, d'une part, comment la miséricorde chrétienne est comme le fruit premier de la contemplation chrétienne. Celle-ci demande de s'épanouir dans des œuvres de miséricorde temporelle et spirituelle. D'autre part, elle nous fait voir comment la prière liturgique jaillit de la miséricorde. Elle est la louange de la communauté chrétienne, constituée par la miséricorde elle-même. En effet, la communauté chrétienne est immédiatement fondée sur la miséricorde ; aussi, n'est-il pas étonnant que la louange propre de la communauté chrétienne comme telle, proclame surtout la miséricorde de Dieu, puisqu'elle s'enracine en celle-ci. *Misericordias Dei in aeternum cantabo.* Le Magnificat, comme le cantique de Moïse, est avant tout le chant du serviteur de Dieu, objet de ses prévenances, de ses bienfaits, de ses miséricordes.

CHAPITRE IV

PRÉSENCE DE JÉSUS. LE MYSTÈRE DE NOËL. LA JOIE

Avant la naissance de Jésus, durant les neuf mois d'attente, Jésus est bien là présent pour Marie : présent pour sa vie contemplative, pour son cœur de mère et de servante de Dieu. Mais cette présence demeure imparfaite. Elle est comme enfouie en Marie. Cette présence ne réclame d'elle que la passivité à l'égard de la vertu du Très-Haut. Elle n'a qu'à obéir à l'ordre de Gabriel qui l'avertit que « l'Esprit Saint viendrait sur elle, que la Vertu du Très-Haut la prendrait sous son ombre[1]... » Par son *fiat*, elle vit de cette présence cachée du Verbe qui s'incarne en elle.

Avec le mystère de la naissance de son Fils, Marie entre dans une étape toute nouvelle tant pour sa vie contemplative que pour sa vie de servante de Dieu. Dieu se donne alors à elle comme un tout petit enfant est donné à sa mère, attendant tout de celle-ci. Marie ne doit plus seulement demeurer passive en se laissant travailler par l'Esprit Saint ; elle doit commencer à avoir des initiatives toutes maternelles. Il ne faut plus seulement qu'elle se laisse prendre et dévorer par lui, il faut encore qu'elle se donne spontanément et effectivement à son tout-petit, dans de multiples gestes, actions, occupations ; il faut lui créer un milieu maternel, où sa vie d'enfant pourra se conserver et s'épanouir.

1. Lc 1, 35.

Ceci est extrêmement important à bien considérer pour mieux comprendre comment l'Esprit Saint, après de longues périodes de pure réceptivité, où lui-même étant directement à l'œuvre, ne réclamant de nous qu'une docilité parfaite à son action, peut subitement nous demander certaines initiatives toutes nouvelles, sans nous dispenser de cet état de docilité et de dépendance foncière. C'est qu'il veut alors quelque chose de plus. Il attend de nous un don effectif se traduisant par certaines attitudes et certains gestes, par certaines responsabilités et certains engagements quelquefois très audacieux, où il veut que nous ayons certaines initiatives.

De plus, avec la naissance de Jésus, la vie communautaire chrétienne va connaître sa première réalisation parfaite. La présence cachée et invisible de Jésus ne suffisait pas à l'épanouissement de cette vie communautaire familiale ; il fallait sa présence visible. C'est pourquoi, avec le mystère de Noël, nous serons en présence d'un discernement très net de Dieu sur l'humanité : certains refusent de le recevoir. « Il est venu chez lui et les siens ne l'ont pas reçu. » D'autres sont conduits vers lui avec une gratuité merveilleuse.

Sous cet aspect on comprend comment Noël est vraiment le mystère de la joie divine parfaite. Les anges le proclament nettement aux bergers : *Ecce enim evangelizo vobis gaudium magnum, quod erit omni populo*, « voici que je vous annonce une grande joie, qui sera celle de tout le peuple[1]. »

La joie, en effet, implique l'épanouissement de notre vie et la conscience de cet épanouissement. C'est pourquoi, du point de vue humain, il pourra y avoir divers types de joie, puisqu'il y a diverses manières d'épanouir notre vie humaine. Parmi ces joies, celle de l'amitié est à la fois la plus humaine et la plus consciente pour nous. On sait très bien comme notre cœur humain peut être triste, lorsqu'il doit subir la séparation, l'absence de l'ami.

1. Lc 2, 10.

Sa présence, au contraire, le fait exulter de joie. C'est cette joie de l'amitié qui peut le mieux nous servir à saisir le caractère propre de notre joie divine, puisque le mystère de la charité est un mystère d'amitié avec Dieu, avec les trois Personnes divines, par et dans le Christ. La joie divine implique l'épanouissement de cette amitié et une certaine expérience de cette amitié, c'est-à-dire le don de Dieu et notre don à Dieu, d'où résultent une présence d'amour et une certaine expérience de cette présence dans la foi vivante, grâce au don de sagesse. Plus la présence est intense et forte, vécue et expérimentée, plus la joie est intense et forte. Or, précisément, le mystère de Noël pour Marie est bien ce mystère de don mutuel : Dieu donné comme « tout-petit » à Marie sa mère. Il ne peut y avoir de présence plus intime que celle du tout-petit auprès de sa mère, car ces deux êtres sont si proches l'un de l'autre et si connaturels. Il ne peut y avoir de présence plus vécue, plus expérimentée qu'au moment même de la naissance, de la première apparition de cette présence. La présence, à ce moment, possède un éclat unique. Noël, c'est Dieu avec Marie, c'est Dieu pour Marie. Et il n'y a rien d'autre que ce fait, dans toute sa nouveauté, dans toute sa pureté. C'est vraiment le mystère de la grande joie. À l'Annonciation, Dieu était bien donné à Marie et Marie était bien donnée à son Dieu, mais ce don demeurait très caché. La présence demeurait imparfaite, car celle-ci réclame que les êtres, qui sont en présence, soient parfaitement distincts, face à face, qu'ils puissent vraiment être deux à mener la même vie. L'unité de connaissance et d'amour, même lorsque cette connaissance et cet amour sont divins, ne suffisent pas pour une présence plénière, surtout lorsqu'il s'agit de nous qui possédons un corps. Nous avons besoin d'une présence physique, d'un regard qui soit comme le reflet, l'expression vivante de cette unité de connaissance et d'amour. Le propre de la naissance est précisément de réaliser cette distinction parfaite du corps de l'enfant avec celui de sa mère, ce qui permet à l'enfant de devenir présent à sa mère. C'est pourquoi ce n'est pas la joie qui domine à l'Annonciation, mais le désir silencieux dans l'attente d'une promesse qui se réalise.

Ajoutons encore que la présence parfaite demande une certaine action mutuelle des êtres entre eux. Marie, dans ce mystère de Noël, se trouvant pour la première fois face à face avec son tout-petit, doit agir à son égard en mère, c'est-à-dire comme quelqu'un qui lui donne tout, qui ne se gêne pas avec son tout-petit, puisqu'il attend tout d'elle et dépend totalement d'elle.

Tâchons de comprendre un peu toute la tendresse, tout l'amour, tout le respect que Marie met dans son premier regard sur Jésus, dans sa première caresse, dans son premier baiser, dans ses premiers gestes maternels. « Elle l'enveloppa de langes », nous dit l'Écriture [1]. Ces gestes, que les autres mères font instinctivement et qui traduisent leur amour maternel dans ce qu'il a de plus naturel, Marie les fait sous la conduite du Saint-Esprit. Car ces gestes traduisent non seulement son amour maternel, mais aussi son amour virginal, son amour divin à l'égard de son Dieu qui se donne à elle dans la faiblesse, la petitesse du tout-petit, livré totalement à sa mère. Sous la motion des dons de crainte, de piété et de conseil, Marie exécute divinement ces gestes. C'est avec une crainte chaste et aimante, dans un abandon parfait à la volonté du Père, qu'elle serre son enfant sur son cœur, pour réchauffer les membres menus et tendres du Fils unique du Père. C'est le tremblement de la Vierge qui reçoit son Dieu dans la petitesse et l'impuissance, sachant que son Dieu attend d'elle des initiatives toutes maternelles. Comme le Fils est éternellement auprès du Père dans un embrassement éternel d'amour, le tout petit Enfant Jésus, dans cette nuit de Noël, est caché auprès de sa Mère, dans un embrassement d'amour. Le cœur de Marie est pour Jésus l'écho vivant du « sein éternel » du Père. Ce tremblement divin, effet du don de crainte, loin de para-

1. Lc 2, 7.

lyser la tendresse et l'amour de son cœur maternel, leur permet, au contraire, de s'épanouir beaucoup plus profondément. Aucune mère n'a serré sur son cœur son tout-petit avec plus de tendresse que Marie ; aucune mère n'a eu plus de délicatesse et de respect à l'égard de sa fragilité.

Le don de crainte ne nuit en rien aux exigences profondes de l'amour ni à toutes ses audaces ; il ne rend ni scrupuleux, ni humainement craintif, mais il épanouit, car il se réalise dans l'amour ; il attire et épure pour permettre à l'amour d'aller plus loin, de réaliser tous ses élans, toutes ses exigences.

Pour mieux pénétrer dans ce mystère de présence et de joie, arrêtons-nous un instant aux circonstances spéciales en lesquelles il se réalise et que l'Écriture nous a révélées.

Marie et Joseph ont été obligés de quitter la Galilée pour se rendre en Judée, à Bethléem, la ville de David, puisque le recensement, exigé par César Auguste, demandait que chacun fût recensé dans sa ville d'origine. Or, précisément durant ce séjour à Bethléem, « le temps où elle devait enfanter se trouva révolu. Elle mit au monde son fils premier-né, l'enveloppa de langes et le coucha dans une crèche, parce qu'il n'y avait pas de place pour eux à l'hôtellerie [1] ».

C'est en exode, on peut dire sur la route, que se passe ce mystère de la naissance de Jésus. Jésus ne devait naître ni dans le Temple de Jérusalem — la maison de Dieu, qui était le symbole de son propre corps (car il devait naître d'une manière obscure et cachée), ni dans la maison de Joseph et de Marie — il fallait obéir au décret impérial et « rendre à César ce qui est à César » — ni à l'hôtellerie — les hommes ayant fermé leurs portes devant la pauvreté de Joseph et de Marie. Refusant de recevoir Joseph et Marie et tout occupés des biens de ce monde, les hommes refusent de recevoir Jésus : « Il est venu chez lui et les siens ne l'ont pas reçu [2]. » Il n'y a pas de place

1. Lc 2, 6-7.
2. Jn 1, 11.

pour lui. Les hommes ne veulent pas d'un roi et d'un Dieu pauvre, dont aucun signe extérieur ne manifeste la puissance. Joseph et Marie, rejetés par les hommes, n'ont plus qu'à se réfugier dans une grotte auprès des animaux. C'est là où Jésus devait naître, pour les hommes, mais loin de leur négoce, de leur organisation terrestre qui les empêche de le recevoir.

Dans sa sagesse, Dieu se sert de ce refus des hommes pour réaliser plus pleinement son amour, pour faire éclater plus magnifiquement sa joie et sa gloire. La naissance de Jésus se réalise alors dans le silence et la solitude merveilleuse de la nature endormie. Par le fait même, tout est beaucoup plus réservé à Marie, tout est beaucoup plus simple : il n'y a pas de curieux, il n'y a pas d'importuns ! Marie est seule à recevoir son Fils, son Dieu. Cette naissance miraculeuse permet à cette Mère de recevoir immédiatement son Fils, d'être immédiatement tout attentive à lui, d'être vraiment seule à seule avec lui. Il n'y a pas de mains étrangères qui s'interposeront entre celles de Marie et le corps de son tout-petit. Si Joseph est bien là présent, près de Marie et de Jésus, c'est pour cacher le mystère, c'est pour garder jalousement le secret du Père.

Selon les desseins de la sagesse de Dieu, Marie, qui enfante son Premier-né, doit être seule avec lui dans ce silence de la nuit, pour connaître le plus grand épanouissement possible de son amour et de sa joie ; car, précisément, parce qu'il est là uniquement pour elle — les autres l'ont rejeté et n'ont pas voulu le recevoir — et qu'elle-même est là uniquement pour lui, cette présence connaît une intensité et une pureté plus grandes. À l'Annonciation, Marie était bien seule avec lui et lui en elle, mais il n'y avait pas encore ce refus de l'humanité, qui rejette avec violence, pourrait-on dire, Jésus vers sa Mère, puisqu'elle seule accepte de le recevoir.

Tout concourt à rendre plus intime, plus profond, plus divin, le mystère de cette présence nouvelle dans la solitude et le silence de la nuit de Noël. La pauvreté extérieure de Joseph et de Marie en est comme la gardienne.

Si Joseph et Marie avaient paru riches, s'ils étaient arrivés en grands seigneurs, vu l'état de Marie, on aurait fait de la place à l'hôtellerie, on aurait délogé d'autres hôtes moins intéressants, on aurait trouvé un moyen ou l'autre de les retenir, et le mystère de la naissance de Jésus n'aurait plus connu cette solitude et ce silence. Il se serait réalisé au milieu de l'agitation d'une hôtellerie et il aurait contribué à augmenter cette agitation ! Ce n'est pas de cette manière que Dieu visite notre terre ! Il faut, au contraire, que la pauvreté prépare les voies et écarte tous ceux qui ne cherchent que les richesses terrestres, tous ceux qui ne pensent qu'à s'installer sur la terre.

Lorsqu'il s'agit du mystère de la première visite du Verbe incarné en ce monde, la pauvreté a tellement bien fait son travail qu'il n'y a plus personne, si ce n'est Marie et Joseph. C'est dans cette solitude, fruit de la pauvreté acceptée et aimée, qu'il vient habiter, qu'il se montre et se manifeste pour se donner et se livrer.

Dans ce silence et cette joie, la contemplation de Marie peut se réaliser parfaitement. Elle peut, par sa foi dans le mystère de l'Incarnation pleinement réalisé en elle, adhérer au Verbe présent qui se donne à elle dans le silence : la Parole vivante de Dieu se donne à Marie par son enfant (*infans*), celui qui ne parle pas. La Lumière éclatante de Dieu se donne dans un tout-petit qui garde les yeux fermés. Marie peut, dans son espérance, s'appuyer sur la force de Dieu, qui se donne à elle dans la faiblesse même de celui qui attend tout de sa mère ; elle peut désirer vivre du ciel, en recevant pour elle seule son Dieu en la personne de son Fils bien-aimé. Elle peut, dans sa charité, éprouver l'amour de Dieu pour elle et pour les hommes en se fixant dans le cœur de son tout-petit, en y établissant son unique lieu de repos. Grâce à cette présence aimante et silencieuse de son tout-petit pour elle, Marie connaît un nouvel élan de contemplation, engendrant une nouvelle exigence de silence et de solitude. Solitude et silence divins, tout imprégnés d'amour, qui ne l'empêchent pas d'être parfaitement mère, d'être tout attentive à son service et à ses responsabilités maternelles. Cette joie de Marie est comme une image vivante de celle du Père en présence de son Fils. En effet, Noël est le commencement de tout le mystère de la Sainte Famille. C'est la première manifestation du caractère familial de la vie divine et, par le fait même, le prolongement pour nous, dans notre humanité, de tout le mystère de la très Sainte Trinité.

Cette contemplation chrétienne toute virginale de Marie se réalise donc dans une vie commune familiale qui, parce qu'elle est toute divine, tout à fait pauvre, demeure réellement une vie solitaire avec Dieu. C'est pourquoi les activités maternelles de Marie pour son Fils doivent être considérées comme le rayonnement immédiat de son silence contemplatif. Elles ont une valeur liturgique et, vues sous cet aspect, elles nous manifestent le mode tout à fait caractéristique de la liturgie chrétienne dans son jaillissement originel. Cette présence visible de Jésus donne naissance à toute la vie liturgique chrétienne, celle-ci exigeant la vie commune parfaite pour se réaliser pleinement. Le mystère de Noël nous manifeste ce qu'il y a de tout à fait typique dans la liturgie chrétienne : l'exercice de la vertu de religion informée par la charité chrétienne sous la motion directe du Saint-Esprit selon le don de piété. Le Magnificat, comme chant de louange, termine l'Ancien Testament et commence le Nouveau, il en est l'aurore. À Noël le « Soleil » apparaît, il est présent et resplendit déjà. C'est donc bien Noël qui doit nous faire saisir dans toute sa pureté ce qui caractérise la liturgie chrétienne.

La liturgie de l'Ancien Testament avait choisi successivement comme lieu d'adoration et de louange, les hauts lieux où toute la grande nature était comme conviée à s'unir à l'action religieuse, puis la Demeure de Yahvé pour la marche dans le désert, enfin le Temple de Jérusalem, où le génie artistique de l'homme, sous la conduite de Dieu, avait édifié une demeure divine. Ces hauts lieux, la Demeure et le Temple, réclamaient une liturgie de plus en plus majestueuse et solennelle. La liturgie chrétienne, qui n'est plus uniquement la liturgie de l'attente — celle qui symbolise une réalité qui doit venir — connaît une note beaucoup plus simple, beaucoup plus réaliste. C'est autour de l'Enfant Jésus, auprès de la crèche, qu'elle fait son apparition. Dieu, venant habiter parmi les siens, ne descend pas dans la demeure somptueuse que les hommes lui avaient destinée. Il ne naît pas dans le Temple de Jérusalem, mais à Bethléem de Judée, dans une grotte réservée aux animaux et aux pauvres gens sans logis, aux vagabonds. Il veut que sa première visite soit vraiment pour les pauvres, pour ceux qui n'ont rien. Il veut tout refaire à partir de cette nudité de la crèche, c'est pourquoi les hauts lieux et le Temple ont été délaissés et Bethléem et la crèche ont été choisis comme le lieu où devaient s'accomplir les premiers gestes, la première adoration et la première louange de la liturgie chrétienne. Toute la majesté un peu froide du Temple est abandonnée pour être remplacée par les gestes maternels très simples et très aimants de Marie. Le don de piété s'exerce alors pleinement et transforme de l'intérieur l'exercice même de la vertu de religion. La liturgie prend de ce fait une note toute familiale, qui n'enlève rien au respect dû à la majesté de Dieu, mais qui lui donne une physionomie nouvelle, faite d'intimité, de simplicité, de tendresse.

Le caractère familial de cette liturgie étant divin n'est pas exclusif et jalousement refermé sur lui-même : l'arrivée des bergers, invités par les anges, est là pour nous l'attester. Si Marie avait eu une contemplation et une joie moins divines, si son union avec son Jésus avait gardé un mode plus humain, elle aurait refusé de recevoir les bergers. Elle aurait demandé à Joseph de leur faire comprendre qu'on ne vient pas déranger durant la nuit une jeune maman qui vient de mettre au monde son fils. Marie aurait pu arguer de ce fait pour demeurer jalousement dans sa joie et son silence et rester seule avec Jésus.

Docile au Saint-Esprit, elle agit autrement : elle laisse ces pauvres étrangers s'approcher et contempler son nouveau-né. Elle leur fait ce geste merveilleux de charité fraternelle. Tout ce qu'elle possède de plus précieux, elle le leur donne, pour que sa joie plénière soit aussi dans leurs cœurs. Elle est vraiment cause de leur joie, puisqu'elle leur montre le Sauveur, leur permettant de le contempler, de vivre de sa présence. Ces pauvres qui viennent au nom de Dieu, poussés par les anges, ne troublent pas son silence contemplatif et font immédiatement partie de cette liturgie chrétienne. « Et, l'ayant vu, dit saint Luc, ils firent connaître ce qui leur avait été dit de cet enfant[1]. » Leur louange est celle des anges. Ils n'en ont pas d'autres ; ils sont trop pauvres.

Par les bergers, cette liturgie chrétienne est donc immédiatement et explicitement en continuité avec la liturgie des anges : Le « Gloire à Dieu au plus haut des cieux et paix sur la terre aux hommes qu'il aime[2] », est devenu la louange des « pauvres » qui sont les premiers évangélisés et qui attendent tout de la bonté de Dieu.

Non seulement les bergers ne troublent pas la joie et le silence contemplatif de Marie, mais ils lui donnent une joie et une paix nouvelles. Marie ne fait-elle pas partie de ceux « qu'il aime » ?

Marie, qui n'a pas écarté ces pauvres et ne les a pas considérés comme des gêneurs et des indiscrets, est récompensée de sa bonté miséricordieuse à leur égard. Car ces bergers non seulement lui communiquent la louange des anges, cette louange qui enveloppe mystérieusement le silence de la crèche, mais ils lui communiquent aussi ce que l'ange leur a dit au sujet de ce nouveau-né : « Aujourd'hui, dans la cité de David, un Sauveur vous est né, qui est le Christ Seigneur. Et ceci vous servira de signe : vous trouverez un nouveau-né enveloppé de langes et couché dans une crèche[3]. »

Saint Luc ajoute : « Quant à Marie, elle conservait avec

1. Lc 2, 17.
2. Lc 2, 14.
3. Lc 2, 11-12.

soin toutes ces paroles, les unissant dans son cœur[1]. » Ces paroles de l'ange aux bergers lui confirment l'Annonciation que l'ange Gabriel lui avait faite, et précisent la mission divine de son Jésus : il vient pour sauver son peuple : c'est le Sauveur.

Non seulement ces paroles confirment sa foi dans le message de l'ange, mais elles confirment encore son attitude maternelle de tendresse et d'amour à l'égard de son Fils. L'ange, en effet, inspiré par l'Esprit Saint, se sert des premiers gestes de Marie auprès de son Jésus comme « signe » par lequel les bergers pourront le reconnaître. Pour son cœur virginal qui, dans sa crainte chaste, avait dû avoir ces initiatives si audacieuses et si tendres à l'égard de son Dieu, les paroles de l'envoyé de Dieu devaient être extrêmement pacifiantes et dilatantes. Marie, en agissant de cette manière si maternelle, si aimante et si tendre, avait bien réalisé la charité divine qu'elle devait avoir à l'égard de son Fils. Toute la tendresse, tout l'amour qu'une mère porte naturellement à son enfant, elle les avait pour Jésus, mais avec plus de force encore, car la virginité du cœur, loin d'amoindrir son amour pour son Fils, ne faisait que l'intensifier et lui permettre d'épanouir toutes ses exigences.

Comprenons bien cette loi du gouvernement divin et voyons comment Dieu se sert de tous et de chacun d'une manière propre et originale pour éduquer et former le cœur de Marie. D'abord c'est l'Esprit Saint seul qui l'instruit et lui montre ce qu'elle doit faire ; puis l'Esprit Saint et l'ange Gabriel, puis l'Esprit Saint, les anges et les bergers. Ensuite, comme nous le verrons, les rois mages et Siméon ; enfin, son Fils lui-même.

L'ange Gabriel aurait pu venir dire explicitement à Marie la manière dont Dieu désirait qu'elle agît à Noël. Dieu, au contraire, aimait qu'elle demeurât dans l'obscurité de la foi et que, dans cette obscurité, sa charité eût

1. Lc 2, 19. Voir le *Commentaire* de Cajetan : « Elle exerçait l'office (*officium*) de la contemplation, en unissant ce qui lui avait été dit aux paroles dites aux bergers. »

des initiatives maternelles auprès de son Dieu, quoique demeurant dans une docilité plénière au souffle de l'Esprit Saint, acceptant en silence ses indications, ses motions suaves. L'Esprit Saint, pour récompense de sa docilité, lui envoie les pauvres bergers qui lui révèlent l'approbation de Dieu à l'égard de son attitude, puisque l'ange lui-même se sert de ses gestes comme « signe » distinctif. Le Sauveur, c'est celui qui est enveloppé de langes et couché dans une crèche.

Si le point de départ de la vie contemplative chrétienne s'est réalisé grâce à une intervention explicite de Dieu — le mystère de l'Annonciation —, ici l'intervention du Saint-Esprit semble se réaliser tout intérieurement comme pour intensifier l'abandon de Marie[1]. Le signe visible n'apparaît que comme une confirmation donnée par surabondance. Marie n'en avait pas besoin d'une manière nécessaire. Mais il lui occasionne une nouvelle joie — la joie de l'enfant qui se sait béni de son Dieu et qui constate que l'ange lui-même se sert de ses pauvres gestes humains — et un surcroît de certitude à l'égard de ses activités de servante maternelle de Dieu. Elle doit être la Vierge tout ordonnée et consacrée à Dieu ; elle doit être la Mère tout ordonnée à son Fils. Ce double ordre ne fait qu'un dans l'amour ; loin de s'opposer, les deux aspects s'intensifient. Ce double ordre, qui l'unit si fort au Verbe incarné, ne l'isole pas de ses semblables, mais

1. Saint Luc, dans l'Évangile, nous indique bien ce progrès du silence contemplatif de Marie : à l'ange, elle répond par le *fiat*, à Élisabeth elle répond par le *Magnificat*, aux bergers elle répond en gardant avec soin toutes leurs paroles et en les resserrant dans son cœur. Il faudrait du reste bien comprendre la signification très forte du *conservabat — sunetêrei —* employé ici par Saint Luc, distinct du *retinent* (Lc 8, 15) et du *custodiunt* (Lc 11, 28). Marie garde la parole de Dieu d'une manière unique, elle la « conserve comme un secret », car elle lui est confiée, elle doit en avoir la garde ; les autres disciples du Christ doivent aussi la garder — ils ne doivent pas seulement l'écouter — mais pour eux, garder la parole indique en premier lieu le fait d'être attentif à la parole de Dieu pour ne pas l'oublier. Progressivement, avec l'aide de Marie, ils doivent, eux aussi, la garder comme l'unique trésor, comme un secret d'amour.

lui permet d'être extraordinairement accueillante à l'égard de toutes les âmes de « bonne volonté » que Dieu met sur sa route.

Ce mystère de Noël, comme toute naissance humaine, est à la fois un terme et un point de départ. C'est le terme de tout l'Avent, non seulement celui des neuf mois, mais aussi celui de la longue attente du peuple d'Israël, depuis la promesse faite à Abraham, depuis la promesse faite à Ève après le péché et le renvoi de l'Éden. Enfin, il est là, le Sauveur ! Noël, comme terme, peut être le mystère de la présence et le mystère de la joie, présence et joie exigeant un résultat, un fait accompli. Toutes les exigences divines qui, en l'âme de Marie, s'étaient progressivement épanouies depuis le mystère de la Présentation, se retrouvent dans ce mystère de Noël comme rassemblées, unifiées en un épanouissement joyeux. Les exigences de la consécration virginale dans l'abandon et celles de la charité fraternelle s'emparent plus profondément de l'âme de Marie en cette nuit de Noël. Tout secours humain lui est enlevé en dehors de celui de Joseph. Les hommes refusent de l'abriter, de venir à son aide. Le désert se fait autour d'elle. Il faut qu'elle s'abandonne totalement à la miséricorde toute-puissante du Père, pour ne recevoir de secours pour elle et son enfant que de son Père du ciel et de son représentant, Joseph. Ce n'est rien d'être abandonné à la miséricorde de Dieu, quand il ne s'agit que de nous-mêmes, mais il faut une surabondance d'abandon divin, quand il s'agit d'être abandonné pour celui qui est toute notre vie, notre enfant de prédilection. Cette mère qui attend son enfant doit s'abandonner totalement dans une très grande pauvreté à l'unique miséricorde du Père et doit en même temps, plus que jamais, faire totale confiance à Joseph, dans une charité fraternelle très simple, sachant très bien qu'elle peut compter sur lui. Ce Jésus qu'elle attend, qui est son enfant, Joseph l'attend avec un amour plus grand encore que s'il était le sien, car tout ce qui est à Marie est sien ; Marie le sait. Voilà bien la délicatesse suprême de la charité fraternelle, qui supprime toute trace de jalousie entre ceux qui s'aiment pour Dieu. Le *fiat* silencieux de l'Annonciation connaît alors comme un sommet en cette attente ultime de la naissance. « Il vient », celui qui a été promis et qu'elle porte et cache en elle. Son désir de le posséder et d'être toute à lui n'a cessé d'augmenter, de s'intensifier. La naissance de Jésus ne brise pas le silence de sa contemplation. Elle le regarde divinement, dans la lumière de sa foi, vivant plus divinement encore de son *fiat*. Ses gestes maternels traduisent le silence de sa contemplation et expriment le don généreux et efficace de tout son être, au service de son tout-petit.

La gratuité de sa miséricorde s'exerce dans son accueil des pauvres bergers qui ont besoin de s'approcher de leur Sauveur. C'est Marie qui, dans le silence, leur montre la bénignité du Sauveur. La louange des anges, respectant le silence de Marie, proclame la « gloire de Dieu » en son nom. C'est le Magnificat de la mère qui, par ses gestes maternels, loue Dieu en silence, demandant aux anges de chanter à sa place.

Si Noël est un terme, tout commence aussi à Noël. Noël est le début de la vie terrestre du Christ, c'est le commencement de la grande montée à Jérusalem, c'est le commencement de la séparation. Marie devient celle qui, de plus en plus, suivra son Jésus au lieu d'être uniquement celle qui le porte et le cache. Pour mieux comprendre ces deux grands aspects du mystère de Noël, il ne serait pas inutile de regarder ce qui correspond, dans l'itinéraire de Moïse, à ce mystère de la naissance de Jésus. On serait tenté, à première vue, de dire qu'il est bien évident que dans la vie de Moïse il ne peut y avoir de préfiguration du mystère de Noël, puisque ce mystère est tout à fait propre à l'Évangile. L'Évangile commence en effet par ce mystère, par cette « grande joie » : la naissance du Sauveur. C'est vrai ; de ce point de vue, il ne faut pas chercher de préfiguration du mystère de Noël, mais plutôt considérer que Noël est une certaine préfiguration de notre entrée dans le ciel, comme le temps de l'Avent est une préfiguration de notre vie divine ici-bas, dans l'attente du ciel. Mais cependant, après avoir souligné le parallélisme qui existe entre le privilège de l'Immaculée Conception et la naissance de Moïse, la Présentation de Marie et le premier geste de Moïse, l'Annonciation et la vocation de Moïse, la Visitation et les dix plaies d'Égypte, le Magnificat et le cantique de Moïse, il n'est peut-être pas vain de poursuivre. Après le cantique de Moïse, c'est l'entrée dans le désert, c'est le début de cette grande aventure à travers tout le désert, à travers les luttes les plus diverses. N'y a-t-il pas là la préfiguration de cet autre aspect du mystère de Noël que nous venons de souligner ? La vie terrestre du Christ, c'est bien la marche à travers un grand désert[1].

1. « Ils se dirigèrent vers le désert de Shur, où ils marchèrent trois jours sans trouver de point d'eau » (Ex 15, 22).

Troisième partie

ANNONCE PROPHÉTIQUE DU GLAIVE ET PREMIÈRES ÉPREUVES : PRÉPARATIONS DIVINES AUX ÉTAPES DOULOUREUSES

Chapitre premier

INSERTION DE LA DOULEUR DANS LE MYSTÈRE DE LA JOIE CHRÉTIENNE : LE MYSTÈRE DE LA PURIFICATION

Si le mystère de Noël s'accomplit en dehors du Temple, celui de la Purification s'accomplit au Temple. Il n'y a pas opposition entre la vie liturgique de Noël et celle de l'Ancien Testament, mais achèvement de l'une par l'autre. Si la présence réelle du Christ au milieu de notre univers renouvelle toutes choses et commence une ère nouvelle, elle n'est pas pour autant une révolution qui condamne ce qui s'est passé précédemment sous la conduite de Dieu dans le peuple d'Israël.

Dieu, dans son gouvernement, renouvelle en conservant. Ses œuvres les plus hardies et les plus audacieuses s'enracinent dans la tradition qu'il a établie pour les hommes. Devant les Juifs qui cherchent à opposer la doctrine et les gestes de Jésus à ceux de Moïse, Jésus répond : « Votre accusateur sera Moïse, en qui vous mettez votre espoir. Car si vous croyiez Moïse, vous me croiriez aussi, car c'est de moi qu'il a écrit[1]. »

Nous touchons ici encore à l'une de ces lois très profondes du gouvernement divin, gouvernement de sagesse, qui se sert de tout, qui ne se durcit jamais, parce qu'il demeure toujours ordonné vers l'unique bien. Le gouvernement des hommes maintient très difficilement cette

---

1. Jn 5, 45-46.

harmonie, cet équilibre entre le fait de garder ce qui est bon — *conservatio in bono* — et le fait de promouvoir vers le bien — *motio ad bonum* — ou si l'on préfère, l'aspect statique et l'aspect dynamique, l'aspect formel et l'aspect efficient. Il pèche constamment, soit par excès de conservatisme, soit par excès de renouveau. Il est soit conservateur au détriment du renouvellement, soit révolutionnaire au détriment de la tradition. Dieu, dans sa sagesse, domine les deux tendances opposées. Il les harmonise pour que chacune réalise tout ce qu'elle peut réaliser en vue de l'acquisition du bien suprême, la béatitude.

Les liens de dépendance entre le mystère de Noël et celui de la Purification et leur originalité propre, nous manifestent merveilleusement ces principes. Rien de plus audacieux que le mystère de Noël comparativement à tout ce qui avait été établi par Dieu dans la loi mosaïque. On pourrait même dire que comparativement au formalisme légal de cette époque — c'est-à-dire la manière dont les hommes appliquaient la loi — rien n'est plus révolutionnaire dans l'extrême douceur. Mais rien, également, n'est plus enraciné dans cette loi, que ce renouveau : les mystères de la Purification et de la Circoncision sont là pour nous l'attester.

Tâchons de comprendre comment ce mystère de la Purification va être pour Marie une étape nouvelle tant pour sa vie contemplative que pour sa vie liturgique. Ce premier retour au Temple avec l'Enfant Jésus va être source de grandes joies (joie pour Siméon, joie pour le peuple, joie pour Marie), et en même temps source d'un approfondissement et d'une entrée plus personnelle encore dans les vues de Dieu par l'annonce prophétique de la souffrance.

Dans ce mystère de la Purification, nous devons distinguer trois aspects complémentaires : la présentation de Jésus au Temple, la purification de Marie et l'apparition de la prophétesse Anne.

Présentation de Jésus au Temple

La loi de Moïse demandait que « tout garçon premier-né soit consacré au Seigneur ». Cette consécration était symbolisée par le sacrifice « d'un couple de tourterelles ou de deux jeunes colombes ». Or la lettre même de la loi ne regardait pas Jésus qui fut, dès le premier instant de sa conception, l'Oint de Dieu par son mystère de l'union hypostatique. La loi, en effet, ne s'appliquait qu'à tout enfant mâle sorti naturellement du sein maternel — *masculinum quod aperit vulvam, hoc est matricem*, note Cajetan dans son commentaire —, tandis que Jésus est sorti miraculeusement du sein demeuré vierge de sa mère, *clauso genitali membro matris, ita etiam clausa vulva est*[1]. Il était vraiment au-dessus de la loi et sa naissance miraculeuse en était comme un signe. Cependant Dieu veut que, de fait, il s'y soumette, comme il s'était déjà soumis à la circoncision : « Ils le portèrent à Jérusalem pour le présenter au Seigneur[2]. »

En effet, Jésus, comme il le dira plus tard, n'est pas envoyé pour abolir la loi, mais pour l'accomplir. Cette loi de l'offrande de tout premier-né rappelait la libération miraculeuse du peuple d'Israël du joug tyrannique du pharaon : le Seigneur avait frappé au milieu de la nuit tous les premiers-nés dans le pays d'Égypte, « le premier-né de Pharaon... aussi bien que le premier-né du captif dans sa prison[3] ». Cette loi trouvait son achèvement dans l'offrande de ce premier-né de Marie et du Père.

En se soumettant à cette loi, Jésus vivait pleinement et totalement la loi commune de son peuple, celle de tous les enfants d'Israël. Son mystère personnel demeurait caché. Il apparaissait officiellement comme « fils de la femme », portant, lui aussi, les conséquences de la dette commune d'Israël.

Au Temple, Marie et Joseph rencontrent Siméon,

1. Voir Lc 2, 23.
2. Lc 2, 22.
3. Ex 12, 29.

« homme juste, rempli de la crainte de Dieu, attendant la consolation d'Israël[1] ». Non seulement cet homme était juste selon la loi commune, mais il vivait dans la crainte de son Seigneur et l'espérance de sa miséricorde. Il demeurait dans l'intimité filiale de l'Esprit Saint : « L'Esprit Saint reposait sur lui. Et il lui avait été révélé qu'il ne verrait pas la mort avant d'avoir vu le Christ du Seigneur[2]. »

Cet homme, qui avait reçu les secrets de la sagesse de Dieu, « vint donc au Temple, poussé par l'Esprit ». Lui qui était pleinement de l'Ancien Testament, mais fidèle à son esprit, est conduit au Temple par l'Esprit Saint. Marie qui est pleinement du Nouveau Testament, mais encore matériellement de l'Ancien, obéit à la loi en se dirigeant vers le Temple avec son Jésus. Il y a là une merveilleuse ordonnance de la sagesse de Dieu pour faire rencontrer Siméon et Marie avec son Jésus. Siméon prit dans ses bras l'Enfant Jésus et rendit grâce à Dieu en disant : « Maintenant, ô Maître, tu peux, selon ta parole, laisser ton serviteur s'en aller en paix ; car mes yeux ont vu ton salut, que tu as préparé à la face de tous les peuples, lumière pour éclairer les nations et gloire de ton peuple Israël[3]. »

Les qualités de Siméon nous montrent bien qu'il vit intensément de toute l'attente d'Israël, celle des patriarches, des prophètes, dans ce qu'elle a de plus pur, de plus authentique. C'est pourquoi l'Esprit Saint lui révèle en premier lieu, avant les autres, la présence du Messie, en ce tout petit enfant. Après Marie, Jean-Baptiste, Élisabeth, Joseph et les bergers, instruits par les anges, Siméon est instruit par l'Esprit Saint lui-même au plus intime de son cœur et de son intelligence. C'est au milieu de la grande nature silencieuse que les bergers avaient reçu le message de l'ange et qu'ils s'étaient mis

1. Lc 2, 25 : « *Et ecce homo erat in Jerusalem, cui nomen Simeon, et homo iste justus, et timoratus, expectans consolationem Israël...* »
2. Lc 2, 25-26.
3. Lc 2, 29-32.

en marche ; c'est dans le Temple, maison de Dieu, que Siméon, docile au souffle de l'Esprit Saint, rencontre le Messie. C'est dans le Temple que le désir d'Israël doit trouver son terme.

Mû par l'Esprit Saint, Siméon parle au nom de tout son peuple, serviteur fidèle de Dieu, attendant l'arrivée de celui qui doit venir comme Sauveur. Il reconnaît que *maintenant* il est en face de la réalisation de la promesse : « Mes yeux ont vu ton salut », et par le fait même sa mission est terminée, il n'a plus qu'à disparaître pour laisser le Sauveur agir directement. Toute la mission d'Israël, allié à Dieu dans la chair et le sang par le signe de la circoncision, était d'attendre le Messie, le libérateur de son peuple : « Le sceptre ne s'éloignera pas de Juda, ni le bâton de Chef d'entre ses pieds, jusqu'à la venue de Celui à qui il est, à qui obéiront les peuples[1]. »

Par deux affirmations, Siméon caractérise prophétiquement la mission de ce Sauveur universel : « Lumière pour éclairer les nations, gloire du peuple Israël. »

Notons bien cette précision. Comme Sauveur — celui qui donne le salut — Jésus vient pour tous les peuples ; comme Lumière — celui qui éclaire et manifeste la vérité — Jésus vient pour les Gentils qui n'ont pas encore reçu la révélation divine. Sa mission personnelle est de rendre témoignage à la vérité pour que tous les hommes de bonne volonté puissent recevoir la lumière. Comme Gloire — celui qui apporte l'achèvement ultime à une œuvre déjà commencée — Jésus est donné à son peuple. Il en est le fruit le plus excellent, celui qui épanouit toutes les perfections et toutes les richesses de la race de David. « Il est comme un arbre planté près du cours des eaux[2]. »

« Son père et sa mère étaient dans l'émerveillement de ce qui se disait de lui[3]. » Marie, qui gardait dans son cœur le message de l'ange et celui des bergers, écoute avec admiration la prophétie de Siméon qui lui révèle explici-

1. Gn 49, 10.
2. Ps 1, 3.
3. Lc 2, 33.

tement la mission salvatrice universelle de son Jésus : son fils est le Salut que Dieu a préparé à la face de tous les peuples ; il est la Lumière envoyée par Dieu pour éclairer les nations ; il est la Gloire de son peuple.

Ce mystère de la présentation implique l'offrande de Jésus à Dieu, offrande faite par le prêtre. Sans vouloir entrer dans la question de savoir si oui ou non Siméon est prêtre, suivons ici l'opinion de Cajetan qui, du point de vue théologique, apparaît comme valable. Cajetan considère que Siméon est prêtre, car l'Écriture nous signale qu'« il les bénit[1] ». Or, accomplir un tel geste dans le Temple ne peut être que l'œuvre du prêtre, dont la fonction propre est de bénir et de sacrifier[2].

Cette offrande de Jésus par Siméon est le dernier acte du sacerdoce lévitique. Après, il n'aura plus qu'à disparaître, puisque, la réalité étant présente, l'ère des symboles n'a plus de raison d'être. Le *Nunc dimittis* de Siméon, qui regarde toute l'attente d'Israël, s'applique d'une manière spéciale au sacerdoce lévitique.

Dans cette dernière action liturgique du sacerdoce lévitique, Marie joue un rôle important. C'est elle qui présente Jésus au prêtre ; c'est elle qui le lui donne. C'est de Marie que le prêtre le reçoit pour l'offrir au Père.

Marie coopère donc à ce mystère qui achève tout le sacerdoce lévitique. Sa coopération est une coopération maternelle, qui consiste à présenter Jésus, à le conduire, à le livrer au pouvoir du prêtre. Par cette coopération elle unit divinement la liturgie chrétienne à celle de l'Ancien Testament. La liturgie toute maternelle de Noël, tout intime et familiale, assume la liturgie légale du Temple en lui donnant une nouvelle signification. Avec cette offrande de l'Enfant Jésus, réalisée en premier lieu par lui-même d'une façon toute silencieuse et cachée, puis visiblement par Marie et par le sacerdoce lévitique, nous sommes en présence de la transformation de la liturgie mosaïque en liturgie chrétienne.

---

1. Lc 2, 34.
2. Voir le *Commentaire* de Cajetan sur Lc 2, 34.

Purification de Marie. Annonciation prophétique

La loi de Moïse réclamait non seulement l'offrande du premier-né, mais aussi la purification de la mère. Cette loi, considérée matériellement, n'oblige pas Marie. Celle-ci est toute pure, elle a conçu et enfanté miraculeusement son Fils. Cependant, si l'on envisage la loi profondément, dans son application à l'âme de Marie, elle s'achève dans un mystère. La purification légale est transformée en un mystère de purification.

Si Marie se soumet à la loi, c'est pour rester cachée, pour que son privilège demeure exclusivement pour la gloire de son Dieu. Voilà l'attitude de la pauvre servante de Dieu qui, par instinct divin, aime à vivre selon les exigences propres de la loi commune, pour demeurer cachée, pour ne pas se singulariser. Ceci est une des marques de l'humilité chrétienne au plan social et communautaire, l'inverse de la tendance orgueilleuse qui cherche toutes les occasions de se manifester aux yeux des autres, pour être remarquée.

Marie aurait pu faire état de ses privilèges, s'exempter de la loi commune et se montrer comme une âme privilégiée de Dieu et appelée par lui à une mission extraordinaire. Mais, conduite par cet instinct divin du don de crainte, elle se sert de la loi commune pour disparaître et demeurer inaperçue et sans considération. Elle comprend que la gloire de Dieu, c'est de cacher ses œuvres.

Cette humilité prépare divinement le cœur de Marie à recevoir pleinement la parole de Dieu, même si cette parole doit blesser son cœur. Un lien très étroit existe en effet entre la foi et l'humilité. Celle-ci permet à notre intelligence de ne pas limiter humainement la parole de Dieu en l'adaptant à nos exigences naturelles. Nous maintenant à notre place de créature, elle nous donne le sens de notre petitesse, de l'étroitesse de nos vues humaines comparativement aux vues de Dieu sur nous. Elle nous rend apte à accepter un message divin que nous pouvons ne pas comprendre et qui semble même, à première vue, en opposition avec tout ce qui nous avait été dit précédemment. L'orgueil, dans la mesure où il s'empare de nous et nous exalte, ferme notre intelligence qui se croit alors capable d'atteindre profondément la vérité. L'orgueilleux ne compte que sur son jugement personnel. C'est pourquoi il ne peut se soumettre à la vérité divine dans sa transcendance même. Or, précisément, il faut que Marie soit très pauvre et très humble pour être capable de recevoir cette nouvelle prophétie de Siméon. Celui-ci, en effet, non seulement lui révèle la mission salvatrice universelle de son Fils, mission de lumière et de gloire, mais, d'une façon plus directe encore, il lui révèle que ce Sauveur est un « signe en butte à la contradiction » et combien son sort de mère sera lié à celui de son Fils, combien les douleurs de celui-ci doivent être ses propres douleurs.

Le texte de l'Écriture est très net : « Siméon les bénit et dit à Marie sa mère : "Vois ! cet enfant doit amener la chute et le relèvement d'un grand nombre en Israël ; il doit être un signe en butte à la contradiction — et toi-même, un glaive te transpercera l'âme ! — afin que se révèlent les pensées intimes d'un grand nombre[1]". »

Celui qui est le Salut, la Lumière et la Gloire est en même temps un « signe en butte à la contradiction ». Il est vraiment un *signe*, parce qu'il signifie l'accomplissement de toutes les prophéties ; parce qu'il signifie la paix parfaite entre Dieu et le genre humain ; parce qu'il signifie, enfin, l'immense grâce de Dieu communiquée au monde. C'est le signe de Dieu par excellence. Mais ce signe divin est en butte à la contradiction, car les Juifs prétendront qu'il n'est ni le signe de l'achèvement des prophéties, ni celui de la paix divine avec les hommes, ni celui de la grâce accordée au monde. Cette contradiction qui opposera Jésus, dans son enseignement, aux pharisiens, aux scribes et aux princes des prêtres, aboutira à la crucifixion. Là, Jésus sera plus que jamais « signe de

1. Lc 2, 34-35.

Dieu », puisque là tout sera consommé. À la croix, il sera « signe de Dieu » par excellence, non seulement pour Israël, mais aussi pour les Gentils.

En tant que « signe en butte à la contradiction », il sera nécessairement à la fois la ruine et la résurrection pour son peuple, car le propre de la contradiction est de diviser et de diviser d'une manière définitive. Il n'y a pas possibilité de prendre une position intermédiaire : on accepte ou on rejette. Pour ceux qui recevront Jésus, comme le Sauveur, comme celui qui vient pour sauver et illuminer, il sera cause de résurrection et de vie. Pour ceux qui le rejetteront, le considérant comme un blasphémateur ou un fou, pour ceux-là, à cause même de leur refus, il sera cause de ruine. Beaucoup, à cause de lui, par orgueil, refuseront la lumière et connaîtront des ténèbres plus épaisses encore que s'il n'était pas venu. Non seulement ils refuseront le Christ, mais ils en viendront même à refuser Dieu, à proclamer que Dieu n'existe pas. Saint Jean affirme que « la lumière luit dans les ténèbres, et les ténèbres n'ont pu l'atteindre [1] ». Celui qui est Sagesse et Lumière de Dieu pour le croyant, est en même temps scandale et folie pour le Juif et le Gentil, pour tous ceux qui n'acceptent pas de croire en son mystère.

Le sort de Marie est intimement lié à celui de son Fils. C'est pourquoi son âme doit être transpercée par un glaive. L'âme de Marie doit être torturée et connaître les souffrances les plus intimes, les plus aiguës. L'image du glaive qui transperce montre bien qu'il ne s'agit pas seulement d'une blessure superficielle et passagère, mais d'une blessure mortelle qui atteint ce qu'il y a de plus vital en elle : son cœur de mère. C'est ce cœur maternel qui doit être transpercé dans ce qu'il a de plus aimant, de plus vulnérable. C'est d'une manière prophétique que Siméon annonce à Marie ce qui doit arriver à Jésus durant sa vie. Il lui révèle les attitudes diamétralement opposées qu'on prendra à l'égard de Jésus, et comment elle-même sera

1. Jn 1, 5.

engagée dans ce mystère et devra boire avec lui le calice jusqu'à la lie. C'est pourquoi son âme devra connaître cette terrible blessure. Le glaive qui transpercera physiquement la poitrine et le cœur de son Fils, transpercera mystiquement son âme. Toute sa souffrance sera intérieure, cachée, réservée à son Dieu. Voilà la part spéciale que Dieu lui a réservée et lui demande d'accepter dans sa foi vivante. Dieu la prévient. Après lui avoir demandé le *fiat* de l'Annonciation dans la joie, il lui demande ce nouveau *fiat* qui annonce le glaive. Le mystère de l'Incarnation est ordonné au mystère de la Rédemption et de la Croix, tout en s'en distinguant. Il ne s'agit pas seulement d'accepter de vivre une maternité divine toute de joie dans une totale pauvreté. Dieu veut plus. Marie, qui a été si liée au mystère de l'Incarnation, doit l'être également au mystère de la Rédemption. C'est pourquoi il lui demande d'accepter une maternité sanglante, crucifiante pour qu'elle soit plus intimement unie au mystère du salut de son Fils.

Tout cela doit arriver « afin que se révèlent les pensées intimes d'un grand nombre ».

Appelée par le Père à être si profondément associée au mystère de la Rédemption de son Fils, Marie devient la nouvelle Femme, donnée comme mère à Jean, le disciple bien-aimé, et par lui donnée comme mère à tous les disciples de Jésus.

Le rachat de la Rédemption en elle est tellement efficace et tellement profond qu'elle peut faire œuvre commune avec celui qui la rachète. Elle peut enfanter maternellement à la vie divine ceux que Jésus sauve. Par là même, elle est mère du Christ total. Comme mère des membres du Christ total, elle peut recevoir les secrets de leurs cœurs et les garder dans le sien. À sa mère, l'enfant n'a rien à cacher. Il lui dit tous les secrets de son cœur et, comme enfant, il ne peut les dire qu'à sa mère, qui seule peut les comprendre. Dans la mesure où elle est mère, celle-ci peut recevoir les secrets de ses enfants et les garder en les cachant. Marie, qui est totalement mère, qui est mère en toute son âme — puisque sa maternité est divine — peut recevoir en son cœur les secrets d'un « grand nombre ». C'est bien grâce à la blessure divine du glaive qu'elle peut recevoir en son amour ces secrets, puisque c'est par la blessure de ce glaive qu'elle est intimement unie à l'œuvre de la Rédemption et qu'elle devient explicitement notre Mère.

Revenons un instant sur la comparaison de ce mystère de la Purification avec celui de l'Annonciation, pour mieux saisir l'ordre de la sagesse divine. L'annonciation, faite par Gabriel, était toute de joie. Le silence et la pauvreté qu'elle exigeait étaient tout ordonnés à la joie. Celle faite par Siméon est tout orientée vers la souffrance et la séparation. La première, en effet, regardait la maternité divine à l'égard de Jésus et se réalisait dans le secret, sans témoin ; la seconde considère la maternité douloureuse — qui trouvera son achèvement au Calvaire — à l'égard de tous les « fils prodigues », de tous ceux qu'il faut réhabiliter et réintroduire dans la maison paternelle, et se réalise dans le Temple. Elle est officielle, il y a des témoins.

Il est donc tout à fait normal que la première vienne d'un ange et la seconde, au contraire, d'un représentant des hommes et, d'une façon toute spéciale, d'un représentant d'Israël : un prêtre-prophète qui, au nom de son peuple et de toute l'humanité, lui demande d'être mère de tous ces pauvres pécheurs, en acceptant d'avoir son âme intimement unie à celle de son Fils dans sa mission de rachat et de salut. Il est normal que la première annonciation angélique ait lieu dans le secret. Le mystère de l'Incarnation doit être caché aux yeux des hommes pour que Jésus puisse mener la « vie commune » de l'humanité, que le « Roi d'Israël » puisse servir en travaillant durement, caché aux siens durant trente ans. Il est normal que cette seconde annonciation soit officielle : le mystère de la Rédemption doit se réaliser sur la montagne, à la vue de tous.

C'était dans un *fiat* de foi, d'espérance et d'amour que Marie avait reçu le message joyeux de l'ange ; c'est dans un nouveau *fiat* de foi, d'espérance et d'amour qu'elle reçoit la prophétie de Siméon. Ce nouveau *fiat* implique de nouvelles exigences et réclame une générosité divine plus grande. Car si à l'Annonciation, son *fiat* de foi était obscur, il lui donnait cependant une présence intime du Verbe incarné : par cet acte de foi, le Christ venait habiter en elle. Dans le cas présent, ce nouvel acte de foi l'oblige à accepter une séparation future, cet acte de foi lui fait vivre la menace de la séparation, et d'une séparation violente et sanglante. Cet acte de foi engendre en son cœur et en son âme une pauvreté beaucoup plus grande, celle d'une séparation très douloureuse d'avec celui qui est tout pour elle, exigeant un abandon plénier à la volonté aimante de Dieu. Il faut que radicalement et profondément elle accepte, sans la comprendre, cette volonté mystérieuse de Dieu sur Jésus et sur elle-même, préférant l'accomplissement plénier de cette volonté, si pénible et si dure que celle-ci puisse lui paraître, à la possession actuelle si merveilleuse et si divine de son Jésus. Plus Dieu nous fait des dons merveilleux, plus il exige de nous cette volonté foncière de le préférer, lui, dans sa volonté propre sur nous, à ses dons.

La prophétie de Siméon demande à Marie de vivre de la présence de Jésus qui vient de lui être donnée si pleinement par le Père, en sachant qu'un jour cette présence lui sera arrachée d'une manière terrible, violente. Voilà la très grande pauvreté intérieure que Dieu réclame d'elle comme mère et comme vierge. L'ange lui demandait la pauvreté de la servante inutile ; Siméon lui en demande une autre, celle de la servante inutile qui doit se dévouer totalement à sa mission, sachant dans sa foi que cette mission, humainement et extérieurement, échouera d'une manière momentanée presque entièrement. Ce Sauveur « doit amener la chute... d'un grand nombre en Israël ». Puisqu'elle doit coopérer à son œuvre, puisque son sort est lié au sien, elle-même, la Mère, est placée pour la chute d'un grand nombre en Israël. Comme lui est un signe de contradiction, elle-même doit accepter de l'être. Pour un cœur de mère, qui ne connaît que la miséricorde, c'est terrible à porter. C'est vraiment la pauvreté installée jusqu'au plus intime de son cœur maternel et miséricordieux : accepter que sa miséricorde soit occasion de chute. Elle doit accepter un jour d'être elle-même rejetée comme son Fils. Elle doit accepter d'être traitée comme Agar, réduite à vivre au désert, mourant de faim et de soif, avec son Fils, parce qu'on ne voudra pas considérer la vraie dignité de celui-ci ; on ne voudra voir en lui que l'esclave, le fils de l'esclave, un gêneur...

Avec ce mystère, nous sommes en face de la première rencontre de Marie et du prêtre. Cette première rencontre prend immédiatement un caractère d'holocauste et de sacrifice. L'âme de Marie est immolée prophétiquement par le glaive divin. Mais elle l'est déjà par cet autre glaive divin qui est la parole de Dieu, parole qui lui est adressée par Siméon, et dont elle vit par la foi. Cette parole est sa nourriture, nourriture amère pour son cœur de mère. La parole de Dieu qui, jusque-là, avait toujours été cause de joie pour son âme, devient subitement pour elle une parole crucifiante qui blesse, qui cause une souffrance très cachée, très profonde. C'est vraiment la marche à travers le désert qui commence avec cette prophétie de Siméon. Or, le premier épisode que l'Exode mentionne à propos de cette marche, c'est précisément qu'au bout de trois jours de marche sans trouver d'eau, Israël arriva à Mara, « dont ils ne purent boire l'eau, tant elle était amère : d'où le nom de Mara donné à ce lieu[1] ». Cette eau amère est comme une préfiguration de la prophétie de Siméon pour le cœur maternel de Marie. Mais nous savons que « Moïse cria alors vers Yahvé, et Yahvé lui indiqua une sorte de bois. Moïse, l'ayant jeté dans l'eau, celle-ci devint douce[2] ». Siméon rendit à Marie son tout petit Enfant Jésus. Marie le saisit avec un amour plus fort. Elle pouvait lui donner maintenant non seulement

1. Ex 15, 23.
2. Ex 15, 25.

la joie de son cœur, mais aussi cette douleur si profonde, elle pouvait lui offrir son âme blessée par le glaive de la parole. Par la présence de son Jésus, cette blessure qui était toute pour lui, devient source d'une douceur nouvelle.

Cette prophétie de Siméon, qui est la dernière de l'Ancien Testament, qui clôt donc toutes celles des prophètes, doit s'enfouir dans le cœur de Marie ; elle doit y être gardée, cachée, comme un secret. Par cette prophétie, c'est tout l'Ancien Testament dans ce qu'il a de plus divin, qui se termine dans le cœur de Marie pour la blesser divinement.

Toutes les prophéties de l'Ancien Testament sont comme orientées vers cette dernière prophétie, pour que le poids de la parole divine soit plus lourd, pour que le glaive soit plus tranchant. En acceptant dans sa foi cette prophétie de Siméon, ce sont toutes les prophéties de l'Ancien Testament qui font comme irruption dans son âme et qu'elle accepte d'une manière toute nouvelle.

Apparition de la prophétesse Anne

Une veuve fort avancée en âge « qui ne quittait pas le Temple, servant Dieu nuit et jour, dans le jeûne et la prière [1] » mue par l'Esprit Saint, se met à rendre gloire à Dieu et à parler de l'Enfant Jésus à tous ceux qui attendaient la délivrance de Jérusalem.

Avant Jean-Baptiste, qui sera « la voix qui crie dans le désert » pour annoncer la venue du Messie, après les anges qui glorifiaient Dieu dans les cieux, il y a cette pauvre veuve qui, dans le Temple, annonce la première la bonne nouvelle.

Cette prophétesse de la tribu d'Aser est là comme représentant toutes les autres prophétesses de l'Ancien

1. Lc 2, 37.

Testament qui ont rendu témoignage à la providence miséricordieuse de Dieu.

Ce mystère de la Présentation est vraiment la réunion dans le Temple de tout ce qu'il y avait de vivant et de vrai dans l'Ancien Testament. L'Esprit Saint les réunit dans la maison de Dieu pour qu'ils puissent recevoir cette première visite du Christ au Temple, participer à son mystère en reconnaissant qu'enfin l'ère de l'attente est terminée, que la Lumière apparaît et se lève.

Tout ce mystère nous montre comment, en Marie, se fait l'union de l'Ancien et du Nouveau Testament, comment, par elle et en elle, l'Ancien Testament est assumé par le Nouveau, sans être supprimé : l'Ancien Testament est complètement transformé. Elle est la femme qui termine et achève la Synagogue et qui est la Mère et le prototype de l'Église.

Cette union se fait par le mystère de la Croix, mais il faut que Marie vive d'abord de ce mystère dans sa foi, son espérance et son amour. Il faut que ce mystère s'empare pleinement de son âme avant de se réaliser extérieurement dans le corps du Christ. Elle doit le porter au plus intime de son cœur, et c'est vraiment en cela que consiste ce mystère d'offrande et de purification qui, en réalité, n'en fait qu'un. Car toute offrande purifie, et toute purification divine doit être une offrande.

Chapitre II

PREMIÈRE ÉPREUVE : L'ADORATION DES MAGES, LA FUITE EN ÉGYPTE, LE MASSACRE DES SAINTS INNOCENTS

Sans discuter ici l'itinéraire des mages et sans nous demander qui ils sont ni d'où ils viennent, notons seulement ce qui peut éclairer notre étude présente et nous faire mieux pénétrer dans ce mystère, où Marie est immédiatement engagée.

Ce mystère, en effet, qui demeure un mystère de joie, implique cependant déjà des luttes, certaines séparations et certaines souffrances, non plus seulement d'ordre prophétique, mais immédiatement réalisées. Nous sommes donc en présence des premières luttes, des premiers assauts du démon, des premières séparations et souffrances qui viennent meurtrir le cœur de Marie et qui viennent mettre dans sa joie une nuance particulière.

Les mages, venant de l'Orient, après avoir été instruits et guidés miraculeusement par l'étoile, au sujet de la naissance du « roi des Juifs », s'arrêtent à Jérusalem pour chercher, auprès de ceux qui savent, où doit se trouver le roi des Juifs. Après s'être servi du signe divin, les mages doivent avoir recours à des moyens plus humains et demander le concours de la sagesse acquise. Mais cet appel à la connaissance humaine les oblige à dévoiler leur croyance, à faire connaître le but de leur voyage extraordinaire. « Où est le roi des Juifs qui vient de naître ? Nous avons vu, en effet, son astre se lever et sommes venus lui rendre hommage[1]. » « À cette nouvelle Hérode fut troublé, et Jérusalem tout entière avec lui », dit l'Écriture.

Après avoir consulté les « princes des prêtres et les scribes du peuple », Hérode, ayant fait appeler les mages secrètement, apprit d'eux exactement le temps de l'apparition de l'étoile et, les ayant mis sur le chemin de Bethléem, il leur dit : « Allez vous renseigner exactement sur l'enfant. Et quand vous l'aurez trouvé, avisez-moi, afin que j'aille, moi aussi, lui rendre hommage[2]. »

Dès leur sortie de Jérusalem, l'étoile réapparaît à leur grande joie : « Et voici que l'astre, qu'ils avaient vu à son lever, les devançait jusqu'à ce qu'il vînt s'arrêter au-dessus de l'endroit où était l'enfant[3]. » Étant entrés, ils virent l'Enfant avec Marie sa Mère. Et tombant à genoux, ils se prosternèrent devant lui et l'adorèrent. Et, ayant ouvert leurs trésors, ils lui offrirent des présents : « de l'or, de l'encens et de la myrrhe ».

Ces gestes extérieurs attestent bien les sentiments intérieurs d'admiration, de vénération, d'adoration, que les mages éprouvent en face de Jésus. Ces hommes de science avaient été tellement saisis par ce signe merveilleux dans le ciel, l'étoile miraculeuse, qu'ils croyaient en la protection très spéciale de Dieu sur cet enfant royal, comme « envoyé de Dieu », de telle sorte qu'ils n'ont pas été déconcertés de constater que, extérieurement, rien d'extraordinaire ne se manifestait. Ce roi d'Israël n'apparaît que comme le tout petit enfant de parents pauvres. On ne peut douter, vu le texte de l'Écriture, que, dans leurs esprits et dans leurs cœurs, les mages n'aient adoré l'Enfant Jésus en esprit et en vérité, avec la plus grande humilité, le reconnaissant comme l'envoyé de Dieu. « Bien que, selon le sens littéral, la raison qui a mû les mages à offrir tel présent plutôt que tel autre, demeure incertaine », note Cajetan, « cependant la tradition y a attaché une certaine valeur symbolique, puisque l'or est

1. Mt 2, 2.
2. Mt 2, 8.
3. Mt 2, 9.

adapté à la dignité royale, l'encens à la divinité et à la dignité sacerdotale, la myrrhe à ses membres d'enfant et à sa sépulture[1]. »

Les mages, par leur adoration et leur offrande, confirment en Marie ce que Dieu lui avait déjà appris par l'ange Gabriel, par les bergers et par Siméon. L'étoile miraculeuse, comme signe divin attestant dans le ciel la naissance merveilleuse de cet enfant, confirme pour elle sa royauté universelle et divine. Marie admire dans son cœur l'attitude de ces hommes venus de loin pour adorer son Fils et lui rendre hommage. Quelle manifestation éclatante de la sollicitude du Père pour son Fils !

Mais il y quelque chose de très particulier dans cette adoration des mages, si on la compare avec celle des bergers. Ceux-ci avaient été guidés uniquement par les anges, sans aucun intermédiaire. Aussi, après leur adoration à la crèche, sont-ils retournés à leur travail habituel, transformés intérieurement certes, mais sans que rien ne modifiât leur vie extérieure. Les mages, guidés initialement et immédiatement par Dieu, ont été obligés de s'arrêter à Jérusalem et de se renseigner sur le lieu où ils devaient aller pour trouver le « roi des Juifs ». L'itinéraire des mages n'est pas aussi simple que celui des bergers. Ils ont dû avoir recours à la sagesse des hommes pour se rendre à Bethléem, et cela a provoqué dans le cœur d'Hérode et de ses partisans une grande jalousie à l'égard de cet enfant merveilleux, annoncé comme le « chef qui sera pasteur de mon peuple Israël ». Voilà pourquoi les mages, sur le point de repartir, furent avertis en songe de ne pas retourner chez Hérode. Ils prirent alors une autre route pour rentrer dans leurs pays, « sans tenir compte de la demande d'Hérode[2] ».

1. CAJETAN, *Commentaire de saint Matthieu* II, 12.
2. Mt 2, 12.

La fuite en Égypte

Mais il n'y a pas que les mages, à l'occasion de ce mystère, pour recevoir des anges des ordres de marche. Joseph, lui aussi, est alerté : « Après leur départ, l'Ange du Seigneur apparaît en songe à Joseph et lui dit : "Lève-toi, prends l'enfant et sa mère, et fuis en Égypte ; et restes-y jusqu'à ce que je t'avertisse. Car Hérode va rechercher l'enfant pour le faire périr[1]." » Joseph se leva, prit l'enfant et sa mère, et dans la même nuit, partit en Égypte pour s'y réfugier.

C'est Joseph que l'ange a averti cette fois-ci, car il s'agit d'une décision qui regarde le chef de famille comme tel, et il faut que Marie ait tout le mérite d'une obéissance plénière. Nous sommes, en effet, en présence d'un geste d'obéissance communautaire chrétienne de Marie. Celle-ci a déjà plus d'une fois obéi à Dieu, à sa parole, à ses instruments ; mais ici il s'agit d'une obéissance de for externe, d'une obéissance à Joseph, au chef de famille. Cette obéissance intéresse le bien commun du foyer qui est menacé et qu'il faut à tout prix mettre en sûreté.

Voyons bien toutes les circonstances particulières de cet acte d'obéissance pour tâcher de mieux saisir ce qui caractérise l'obéissance chrétienne communautaire comme telle.

Cet acte d'obéissance est relatif à l'ordre que Joseph donne à Marie et, par celle-ci, à l'enfant. Il faut quitter immédiatement Bethléem et partir en pays étranger, en Égypte. Il s'agit de s'expatrier, de s'exiler, car la vie de l'enfant est en danger. Il faut partir au loin, durant la nuit, sans savoir exactement où, ni durant combien de temps. Cet ordre peut paraître à première vue imprudent, une folie même : l'enfant est encore si petit, et il s'agit d'entreprendre un très long voyage, sans aucun soutien, sans aucun préparatif. Cet ordre apparaît bien soudain et tellement en opposition avec tout ce qui vient de se pas-

1. Mt 2, 13.

ser : le passage des mages semblait manifester une sollicitude extraordinaire du Père à l'égard de ce tout-petit ! Et voilà que tout est changé en un instant par un rêve, par une apparition nocturne.

On ne peut guère penser un ordre plus net, plus précis, plus concret, dans des circonstances plus extraordinaires et apparemment si peu prudentes. De plus, un tel ordre n'est-il pas un manque de courage ? C'est une fuite devant un ennemi encore lointain. Hérode n'est pas encore là. Une telle fuite ne pourrait-elle pas avoir des conséquences tragiques pour les autres ?

Marie accepte cet ordre sans le discuter, en silence, comme si c'était la chose la plus normale, la plus simple. Marie n'a pas dû réclamer à Joseph des explications pour s'assurer que tout était bien prudent, bien selon la volonté de Dieu. Dans la joie de pouvoir obéir, elle exécute immédiatement ce qui lui est demandé. La vertu d'obéissance consiste, en effet, à accepter comme règle de telle ou telle de nos activités l'ordre du supérieur. C'est l'ordre même du supérieur que l'inférieur reçoit librement comme mesure immédiate de son acte d'obéissance. La vertu d'obéissance, regardant le précepte du supérieur, se situe bien dans l'ordre de l'exécution. C'est pourquoi plus l'obéissance est rapide et prompte, plus elle est parfaite, puisque l'ordre d'exécution demande, par nature, cette promptitude, à la différence de la phase de réflexions et de conseils, qui demande du temps.

Le don de piété qui, de l'intérieur, transforme la vertu infuse d'obéissance, mettant directement son exercice sous la motion de l'Esprit Saint, permet à nos actes d'obéissance de posséder une note de simplicité et de confiance toute filiale. C'est l'obéissance de l'enfant docile à l'égard de ses parents bien-aimés. Une telle obéissance ne peut supporter la moindre réclamation ou revendication de notre raison humaine contre l'autorité de celui qui commande ou contre la valeur de son commandement. Elle ne peut tolérer aucune comparaison ou critique humaines venant diminuer le caractère impérieux et absolu de l'ordre reçu du Père. Elle aime à exécuter l'ordre paternel avec le plus de générosité et d'exactitude possible, sachant très bien que par là elle coopère efficacement à sa volonté, à son règne. Et, par le fait même, l'attitude tragique ou dramatique que l'obéissance — de for externe surtout — engendre facilement en notre moi psychologique — puisque celle-ci implique toujours une certaine mort de notre jugement pratique — demande d'être dépassée. Il faut accepter par amour pour Dieu de disparaître complètement sans faire de drame. Nous devons offrir notre holocauste sans réclamer de spectateurs pour nous applaudir ou pour nous plaindre, que ces spectateurs, du reste, soient en nous ou hors de nous. Le don de piété nous apprend à mourir à nous-mêmes d'une manière toute cachée, par amour pour Dieu.

Marie, mue par l'Esprit Saint, grâce au don de piété, obéit de la manière la plus confiante, la plus spontanée, la plus divine, à l'ordre de Joseph, puisque Joseph représente pour elle l'autorité de Dieu en tout ce qui concerne la vie commune familiale. Sans aucune hésitation, sans aucune critique, sans se demander si Joseph est suffisamment prudent en donnant un tel ordre, elle exécute immédiatement, dans le silence de la nuit, avec amour et avec joie, la volonté de Dieu sur elle, transmise par Joseph.

Cet acte d'obéissance garde un mode joyeux, car bien qu'elle doive quitter sa patrie, le lieu béni de la naissance de son Fils, et se diriger vers l'Égypte, le lieu de la captivité et de l'exil, Marie s'exile avec son Fils en l'emportant avec elle. C'est pourquoi cet acte d'obéissance, qui réclame d'elle la séparation de certains biens extérieurs, de son pays, de ses proches, l'unit en réalité plus profondément à son Fils. Elle doit le prendre et l'emporter avec elle, puisque c'est pour le sauver qu'elle s'exile. De nouveau elle est toute pour lui, comme dans la nuit de Noël, et leur intimité est même plus grande encore, car le danger et le péril imminents resserrent encore leurs liens. Le cœur de Marie doit devenir pour son enfant comme un rempart et une forteresse contre l'ennemi qui en veut à sa vie. Cet acte d'obéissance, qui livre Marie plus profondément au bon plaisir de Dieu, cause donc, en son cœur, une plénitude de joie plus grande, plus parfaite, puisque sa présence en devient plus intense : tout concourt au salut des saints, même les ennemis de Dieu sont l'occasion, pour les fils de Dieu, d'un épanouissement de joie.

Le massacre des Innocents

« Alors Hérode, voyant qu'il avait été joué par les mages, fut pris d'une violente fureur et envoya tuer, dans Bethléem et tout son territoire, tous les enfants de moins de deux ans, d'après la date qu'il s'était fait préciser par les mages. Alors s'accomplit l'oracle du prophète Jérémie :

> "Dans Rama s'est fait entendre une voix
> qui sanglote et moult se lamente :
> c'est Rachel pleurant ses enfants
> et ne veut pas qu'on la console, car ils ne sont plus !"[1] »

La docilité des mages au message de l'ange a pour conséquence de préserver l'Enfant Jésus de la mort, mais occasionne en même temps le massacre terrible de ces tout-petits, tout proches de l'Enfant Jésus selon le temps et le lieu. Voilà la première douleur qui entoure la venue du Christ sur la terre. Et cette douleur doit être subie par ces enfants et leurs mères, tous les enfants et toutes les mères qui, historiquement et géographiquement, sont respectivement contemporains de Jésus et Marie.

Au point de vue du gouvernement divin, il y a là un mystère chrétien, qui est comme la première réalisation de la prophétie de Siméon : la venue du Christ, pourtant bien cachée dans l'humilité, suscite tout de suite des jalousies terribles dans le cœur des orgueilleux qui veulent

---

1. Mt 2, 16-18.

à tout prix régner sur la terre et qui craignent d'être détrônés : car Jésus ne peut venir qu'en roi. Ces jaloux, ne pouvant tolérer la supériorité d'un autre, sont pris immédiatement du désir de le supprimer, et de n'importe quelle façon, même s'il faut pour cela massacrer d'autres êtres innocents, dont la seule faute est d'être voisins et contemporains de celui qu'on jalouse.

Puisque l'heure de Jésus n'est pas encore arrivée, Dieu empêche la jalousie d'Hérode de l'atteindre, en le mettant, par la fuite, hors de son pouvoir, mais Dieu permet à la jalousie d'Hérode d'atteindre tous ceux qui sont proches de Jésus, sans le savoir, par l'âge et par le lieu d'origine. Il en fait par là même de petits martyrs, les premiers témoins innocents de la royauté du Christ, témoins non par leurs paroles — ils en sont incapables — mais par leur mort.

Cette permission divine, au regard de notre prudence humaine, peut nous paraître terriblement injustifiable. Car aux yeux de notre prudence humaine nous avons toujours envie de faire nôtre le conseil de Caïphe : « Il vaut mieux qu'un seul homme meure pour le peuple[1]. »

Au regard de notre foi, cette permission divine est l'œuvre de la Sagesse. Elle demeure mystérieuse, mais nous devinons qu'elle est en réalité miséricorde divine. Double miséricorde, mettant d'une part à l'abri la vie de l'Enfant Jésus, et livrant d'autre part au martyre les pauvres petits innocents, faisant d'eux les témoins tacites, involontaires, mais patients et réels, de la royauté du Christ.

Dans sa foi et son obéissance, Marie adhère à ce bon plaisir divin. Les pleurs de ces mères, elle les prend dans son cœur pour les offrir à son Jésus. Ces pleurs humains n'ont pas terni sa joie, ils n'ont fait que la rendre plus pure, plus intense et plus divine.

Dans ce mystère de la fuite en Égypte et du massacre des saints Innocents, il y a tout un enseignement divin

1. Jn 18, 14.

qu'il faut bien comprendre. Relevons d'abord un texte de Louis de Grenade :

« Observez encore que le Christ vient à peine de naître, qu'aussitôt il se lève un Hérode pour le mettre à mort. De même, à peine le Christ sera-t-il né dans votre cœur qu'il se lèvera plusieurs Hérode pour lui enlever la vie. Le monde avec ses persécutions, la chair avec ses plaisirs, les faux amis avec leurs mauvais conseils, le démon avec ses artifices, s'efforceront à l'envi de vous arracher à vos bons desseins, c'est-à-dire de massacrer le Christ récemment né dans votre âme. Comme la femme de l'Apocalypse, fuyez au désert, cherchez la solitude, évitez les hommes, et ceux-là principalement qui causeraient votre perte. Remarquez-le bien : Jésus fut plus en sûreté chez les Égyptiens que chez les Juifs, dans une terre infidèle que dans les pays du peuple de Dieu. Souvent aussi le chrétien est plus en sûreté chez les païens qu'au milieu de chrétiens relâchés et charnels. Un ennemi public est moins à craindre qu'un traître caché : le loup est moins redoutable, tout loup qu'il est, que revêtu d'une peau de brebis [1]. »

Notons aussi que tout acte d'obéissance chrétienne, de for externe surtout, qui s'exerce parfaitement sous la motion du don de piété, sauve, en effet, en nous le règne du Christ, entraînant souvent en nous la mort d'une quantité de choses innocentes, dont le massacre nous est psychologiquement douloureux, faisant couler des pleurs et gémir. Ne portons-nous pas en nous beaucoup de qualités, de pouvoirs, d'activités, qui ne sont pas mauvaises en soi, qui ne sont pas coupables et dont nous n'aurions jamais pensé qu'ils puissent être matière à sacrifice : l'obéissance chrétienne, qui est une obéissance qui nous unit toujours à la croix du Christ, bien souvent nous en demande le sacrifice. Et plus l'obéissance est parfaite, plus elle implique nombre de ces sacrifices. C'est pour-

1. Louis de Grenade, *Mémorial de la vie chrétienne. Œuvres complètes*, Vol. XII, p. 307 (6e traité, ch. Ier), éd. Vivès, 1863.

quoi il est tout à fait normal que l'obéissance chrétienne, nous faisant vivre de la volonté de Dieu et réalisant en nous le règne du Christ, sauve le Christ en nous et en même temps soit l'occasion du sacrifice de notre petite personnalité, de notre « moi psychologique », avec tout ce qu'il possède de relations et de ramifications extérieures ou cachées.

De l'extérieur, on ne peut comprendre ces massacres inutiles et injustifiés, c'est pourquoi on pleure si souvent sur ceux qui semblent inutilement et injustement disparaître. Aux yeux de celui qui obéit, ces massacres sont nécessaires et servent de témoignage à la primauté absolue de la volonté de Dieu et de son amour. Dieu seul peut agir de cette façon et réclamer le témoignage d'innocents. En agissant ainsi, il s'en sert et les exalte, eux coopèrent à son amour et acquièrent une valeur éternelle.

Chapitre III

SECONDE ÉPREUVE : LE RECOUVREMENT DE JÉSUS AU TEMPLE, PREMIÈRE TRISTESSE DANS LE CŒUR DE MARIE

Dans ce mystère du recouvrement de Jésus au Temple, nous est montrée la première séparation que Marie connaît à l'égard de son Fils. C'est la première tristesse que Dieu, dans son gouvernement de sagesse, impose à Marie. Pourtant, ce mystère demeure un mystère de joie, car la séparation n'est que passagère, c'est une épreuve. Cette séparation permettra ensuite une union plus profonde entre Marie et son Jésus.

Ce mystère doit nous faire comprendre comment, dans la vie chrétienne, il peut y avoir des mystères de joie impliquant de grandes tristesses, comment des épreuves passagères préparent la grande séparation de la Croix, comment Dieu peut nous imposer brusquement certaines absences du Christ et permettre à d'autres de jouir de sa présence. Enfin, ce mystère nous livre un secret intime du cœur de Jésus, son secret d'apôtre, que Marie a fait sien et qui doit nous aider à saisir ce qui caractérise la communauté chrétienne.

Rappelons d'abord les circonstances dans lesquelles se réalise ce mystère. Saint Luc nous dit : « Chaque année ses parents se rendaient à Jérusalem pour la fête de la Pâque. Quand il eut douze ans, ils y montèrent, comme c'était la coutume pour la Fête. Et comme au terme de la Fête ils s'en retournaient, l'enfant Jésus resta à Jérusalem à l'insu de ses parents[1]. » Normalement, l'Enfant Jésus devait les suivre avec l'ensemble des autres enfants formant leur groupe à part dans la caravane.

« Le croyant dans la caravane, ils firent une journée de chemin[2]. » Ce n'est donc qu'au terme de la première journée de marche que Marie et Joseph s'aperçurent qu'il n'était pas avec eux. « Ils se mirent à le chercher parmi leurs parents et connaissances. Mais ne l'ayant pas trouvé, ils revinrent, toujours à sa recherche, à Jérusalem[3]. »

Pour Marie, cette découverte subite, au terme de cette première journée de marche, dut être extrêmement douloureuse, vu toute l'intimité qui l'unissait à Jésus et parce que celui-ci ne l'avait encore jamais quittée. Ce fut la première brisure dans son cœur de mère, la première réalisation intime et personnelle de la prophétie de Siméon : « Un glaive te transpercera l'âme. »

Cette séparation est d'autant plus cruelle qu'elle est inattendue et qu'elle était imprévisible. Jésus n'a rien dit, n'a rien laissé deviner, et pourtant il savait, lui, l'Enfant parfaitement obéissant, qui « grandissait en sagesse ». Voilà que soudainement il disparaît sans prévenir ses parents. Il eût été si simple de les avertir. Ils auraient si bien compris. Dieu, dans sa sagesse, voulait autre chose. Cette absence de Jésus est ressentie avec d'autant plus de violence dans le cœur de Marie qu'elle est comme incompréhensible. Jésus étant encore jeune, n'ayant que douze ans, Joseph et Marie ne semblent-ils pas coupables d'un manque de vigilance et de sollicitude à son égard ? N'auraient-ils pas dû s'apercevoir plus vite de cette absence ? Ils ont marché toute une journée loin de lui !

On ne pourrait pas inventer des circonstances plus tragiques dans leur simplicité, pour rendre cette séparation plus dure à porter pour le cœur maternel de Marie. Dans

1. Lc 2, 41-43.
2. Lc 2, 44.
3. Lc 2, 44-45.

leur tristesse et leur douleur, Joseph et Marie mettent tout en cause pour le retrouver, d'abord auprès des proches, puis à Jérusalem. Et cette recherche dura pendant « trois jours », comme pour nous indiquer que, malgré sa durée limitée, elle parut comme infinie au cœur de Marie. Cette épreuve n'était-elle pas en réalité voulue par Dieu comme une préparation à la grande séparation du sépulcre qui, elle aussi, durera trois jours ?

Ces trois jours d'angoisse, de peines, de tristesse, Marie ne peut pas les cacher, à son Fils. Elle lui dit, presque comme un reproche, dès qu'elle le retrouve : « Vois ! ton père et moi, nous te cherchions angoissés [1]. »

Si l'on veut pénétrer plus profondément dans l'âme de Marie durant ces trois jours de recherches, il faut nous rappeler ce que l'Écriture nous dit dans le Cantique à propos de l'inquiétude de l'épouse recherchant son Bien-aimé :

« J'ai cherché celui que mon cœur aime. Je l'ai cherché, mais ne l'ai point trouvé ! Je me lèverai donc et parcourrai la ville. Dans les rues et sur les places je chercherai celui que mon cœur aime... Je l'ai cherché, mais ne l'ai point trouvé ! Les gardes m'ont rencontrée, ceux qui font la ronde dans la ville ; "Avez-vous vu celui que mon cœur aime [2] ?" Je l'ai cherché, mais ne l'ai point trouvé ; je l'ai appelé, mais il n'a pas répondu. Les gardes m'ont rencontrée, ceux qui font la ronde dans la ville. Ils m'ont frappée, ils m'ont blessée [3]... »

Louis de Grenade nous déclare dans son *Mémorial de la vie chrétienne* :

« Dieu laissa trois jours au patriarche Abraham après lui avoir demandé le sacrifice de son fils, afin que ce tendre père pût songer à la mort de ce fils qu'il aimait tant, et en éprouver par avance toute la douleur. Trois

1. Lc 2, 48.
2. Ct 3, 1-3.
3. Ct 5, 6b-7b.

jours furent aussi donnés à Marie, afin de boire jusqu'à la lie le calice amer de l'absence de son Jésus[1]. »

« Au bout de trois jours, ils le trouvèrent dans le Temple, assis au milieu des docteurs, les écoutant et les interrogeant ; et tous ceux qui l'entendaient étaient stupéfaits de son intelligence et de ses réponses[2]. »

C'est dans le Temple que Marie le retrouve, au milieu des docteurs. Il est au milieu d'eux, à la fois les écoutant et les interrogeant. C'est la manière la plus humble d'enseigner, la manière la plus miséricordieuse et la plus adaptée à sa situation de Fils de Dieu, d'une part, qui n'a rien à apprendre des hommes, mais qui doit leur enseigner l'amour que Dieu leur porte et son infinie miséricorde à leur égard, et d'enfant de douze ans d'autre part qui, normalement, devrait se taire au milieu de ces graves théologiens.

Remarquons bien que ce premier enseignement du Verbe incarné est réservé aux docteurs, aux théologiens de ce temps. Ce sont eux qui reçoivent les prémices de la doctrine du Christ. Ils y ont un certain droit en raison de leur fonction sociale, Jésus respecte cette hiérarchie communautaire, ecclésiastique de l'Ancien Testament, comme il a voulu respecter la loi de la circoncision. Lui, le Maître par excellence, veut d'abord interroger les maîtres en Israël.

C'est dans le Temple que se réalise ce premier enseignement, dans la maison du Père, qui est la maison de la vérité, où l'on garde les tables de la loi et toute la doctrine révélée par Dieu depuis Moïse.

Tandis que Marie était avec Joseph dans l'angoisse, Jésus était au milieu des docteurs et il leur procurait cette très grande grâce : la joie de sa présence et de son premier enseignement. L'absence si cruelle de Jésus, que Marie devait supporter, permettait aux docteurs de posséder la présence de Jésus comme Maître et de vivre durant ce

1. Louis de Grenade, *op. cit.*, p. 311.
2. Lc 2, 46-47.

temps avec lui. Il était là pour eux, il avait quitté ceux qui lui étaient chers, Joseph et Marie, pour venir à eux.

Marie et Joseph, en le retrouvant dans ce lieu et en une telle compagnie, furent « saisis d'émotion ». Et malgré cela Marie ne put s'empêcher de lui dire ce qui pesait si lourdement sur son cœur de mère : « Mon enfant, pourquoi nous as-tu fait cela ? Vois ! ton père et moi, nous te cherchions angoissés. »

Voilà la question la plus normale d'une mère qui a souffert à cause de son fils et qui ne comprend pas comment ce fils bien-aimé a pu agir de cette façon si inattendue ! Elle ne le gronde pas, car elle n'est que servante de Dieu, mais elle l'interroge d'une manière triste.

C'est la première interrogation de Marie à Jésus que l'Esprit Saint nous ait révélée. Cette interrogation est une prière, qui exprime toute la douleur profonde de son âme. Elle jaillit comme le fruit immédiat de ces trois jours de souffrance et d'angoisse. Si elle exprime la douleur du cœur de Marie, elle nous manifeste plus profondément encore tout l'amour ardent de Marie à l'égard de son Fils et nous dévoile un peu le mystère de leur intimité si forte. L'intensité de la tristesse de la séparation est en fonction directe de l'intensité de l'amour. Marie ne peut pas nous dire toute l'intensité d'amour qu'elle a pour son Jésus, elle ne peut pas nous dire la qualité de la dilection qu'elle a pour lui. Quand on aime avec une telle force, on garde le silence. Mais, lorsque subitement on est comme délivré d'une tristesse qui nous angoissait, alors à ce moment on peut dire combien on était accablé, et par là, indirectement, dévoiler ce qu'il y a de plus intime dans notre cœur. En exprimant combien on souffrait, combien notre cœur était blessé, on laisse entrevoir combien on aime. C'est la blessure du cœur qui peut seule indiquer combien le cœur aime.

À la question de sa mère, Jésus ne répond pas directement, mais lui-même interroge et montre la relation intime de sa vie avec le Père : « Et pourquoi me cherchiez-vous ? Ne saviez-vous pas que je me dois aux affaires de mon Père[1] ? » À la première question de Marie à Jésus correspond la première réponse de Jésus à Marie, la première que l'Esprit nous ait révélée. Or, cette réponse n'est pas la réponse normale d'un enfant à sa mère, lorsque celle-ci lui a montré toute la douleur qu'il vient de lui causer et lui demande une explication. Cette réponse ne peut être qu'une réponse divine, celle du Fils bien-aimé du Père qui veut instruire Marie. C'est vraiment le premier enseignement de Jésus à sa mère. Après avoir donné les prémices de son enseignement aux docteurs, il peut ensuite regarder sa mère et lui communiquer avec autorité la parole de Dieu, pour elle en particulier. Les docteurs de la loi, il les avait enseignés en les interrogeant. C'est le seul enseignement que des docteurs peuvent recevoir. Marie, il l'enseigne directement avec autorité. Il la sait capable de recevoir de son Fils de douze ans une parole aussi nette, extérieurement aussi rude.

Jésus, en leur disant : « Pourquoi me cherchiez-vous ? », ne fait pas de reproche à sa mère. Marie, en mettant tout en cause pour le chercher durant ces trois jours, a bien agi. Elle a fait ce qu'elle devait faire. Mais Jésus ne veut pas qu'elle s'arrête à sa présence visible auprès d'elle. Il veut l'entraîner plus loin dans sa vie contemplative ; il veut que sa foi se purifie encore. Pour celle-ci, en effet, peu importe la présence visible ; c'est pourquoi il s'adresse bien à celle qui est bienheureuse dans sa foi lorsqu'au lieu de lui répondre il l'interroge : « Pourquoi me cherchiez vous ? » S'adressant en réalité à la toute petite enfant du Père, il veut lui révéler en premier lieu les liens substantiels qui existent entre lui, le Fils, et son Père : « Ne saviez-vous pas que je me dois aux affaires de mon Père ? » Le Fils, en tant que Fils, est nécessairement tout entier auprès du Père et il ne peut être que là. Pour lui, la seule autorité, c'est le Père : « Ma nourriture est de faire la volonté de celui qui m'a envoyé et d'accomplir

1. Lc 2, 49.

son œuvre[1]. » Il est venu pour cela. C'est pourquoi, tout ce que le Père veut, c'est vraiment son bien, sa nourriture.

« Mais eux ne comprirent pas la parole qu'il venait de leur dire[2]. » Ce premier enseignement divin, Marie le reçoit dans la foi. Elle y adhère divinement, mais son cœur de mère ne peut le comprendre. « Et sa mère gardait fidèlement tous ces souvenirs en son cœur[3]. » Elle garde dans son cœur cette parole de son Fils comme la parole de Dieu pour elle, acceptant de ne pas en saisir toute la signification. Notons bien cette attitude toute divine de Marie. C'est la parole de Dieu qu'elle garde dans son cœur. Elle la garde en tant que parole de Dieu. Alors, que lui importe de la comprendre ou de ne pas la comprendre ! Elle sait très bien que ce n'est pas cela l'essentiel. « Comprendre » ou « ne pas comprendre », cela modifie évidemment totalement le point de vue psychologique et transforme le comportement du sujet, mais la foi, dans son aspect objectif, dépasse ce comportement et ce point de vue. La foi demande de garder intacte la parole de Dieu, celle qu'on comprend et celle qu'on ne comprend pas ; celle qui nous réjouit et nous dilate le cœur, comme celle qui nous blesse et nous anéantit. On ne peut jamais comprendre le glaive qui blesse. On peut l'accepter et en vivre, mais on ne peut comprendre ce qui brise. N'adhérer qu'à ce que l'on comprend, c'est ramener, d'une manière ou d'une autre, la parole de Dieu à notre manière humaine de connaître. Dans ces conditions, l'ordre naturel deviendrait mesure de l'ordre surnaturel.

La foi, en Marie, est très pure, très divine : elle garde intactes toutes les exigences objectives du mystère révélé. Elle permet donc à son âme d'être comme au-delà des exigences de son intelligence humaine.

« Il redescendit alors avec eux et revint à Nazareth ; et il leur était soumis... Il croissait en sagesse, en taille et en

1. Jn 4, 34.
2. Lc 2, 50.
3. Lc 2, 51.

grâce devant Dieu et devant les hommes [1]. » Jésus, pour obéir à son Père, avait quitté sa mère sans l'avertir et était resté à Jérusalem sans qu'elle le soupçonnât. Pour obéir, encore, à son Père, il redescend avec Joseph et Marie, comme si rien ne s'était passé. Il retourne à Nazareth et il continue d'être un Fils très obéissant. « Il leur était soumis. »

Apparemment, la vie de Nazareth, cette vie de labeur caché, va reprendre de la même manière qu'auparavant. Mais en réalité elle va s'épanouir d'une façon toute nouvelle. Car Jésus, pour Marie et Joseph, n'est plus seulement l'enfant dont ils ont la charge et qu'ils doivent élever, mais il est l'Enfant qui s'est montré avec toute son autorité de Fils du Père. Il est celui qui vient de révéler le vrai sens de cette communauté familiale, sa véritable orientation, son principe propre : il faut être tout entier « aux affaires du Père ».

Jésus vit dans cette lumière, Marie reçoit ce même ordre de Jésus, et en vit dans sa foi. Et Joseph, lui aussi, l'accepte. Ce principe est vraiment la charte de la Sainte Famille. Il nous fait entrevoir que cette communauté est le modèle de la famille laborieuse qui travaille par amour pour Dieu et par amour fraternel pour ses membres. Et cette communauté est aussi le modèle de la vie religieuse, vécue pour la gloire du Père ; une telle communauté demeure une communauté contemplative, où chacun de ses membres est immédiatement rattaché à Dieu, au Père, comme un de ses serviteurs fidèles, recevant de lui ses directives paternelles. Et, par le fait même, il y a, à l'intérieur de cette communauté si fortement unie, un mystère de solitude qui est encore plus radical et plus profond.

Sous la lumière de la parole de l'Enfant Jésus, il est facile pour nous de saisir la différence qui existe entre la communauté chrétienne comme telle et la communauté humaine. Celle-ci est tout ordonnée au bien commun

1. Lc 2, 51-52.

immanent : l'amitié, la *concordia* de ses membres. Chaque homme, en tant que membre d'une communauté, est ordonné au bien commun de cette communauté. Certes, nous le savons, l'homme peut, par certaines de ses activités, échapper à cette finalité et s'orienter vers le bien séparé absolu. Mais alors, dans cette même mesure, il échappe à la communauté et devient un solitaire. Les membres de la communauté humaine comme telle, mènent une vie active ; le contemplatif en tant que contemplatif n'est plus membre de la communauté humaine. Mais il la finalise en quelque sorte.

La communauté chrétienne, se fondant sur la charité, est à la fois communauté et solitude, puisque le bien commun de cette communauté ne peut être que le Christ total. Celui-ci est à la fois Dieu en son mystère personnel et Dieu se communiquant aux hommes pour les sauver ; c'est le Fils unique et c'est le Sauveur. Ces deux aspects sont inséparables et indivisibles. C'est pourquoi toute communauté chrétienne implique un mystère de solitude, au sein même des relations communautaires très intimes et très profondes de ses membres. La solitude chrétienne n'est plus la solitude du philosophe qui se sépare de la communauté humaine pour mieux atteindre sa fin séparée. La solitude chrétienne est un mystère de solitude, s'enracinant en l'amour divin. Le chrétien, pour vivre de cet amour, ne quitte pas pour cela l'Église, bien au contraire : plus il vivra de solitude, plus il sera présent à la communauté chrétienne, plus il sera un membre essentiel et nécessaire de cette communauté. Si, extérieurement, l'ermite, le solitaire, doit vivre loin des autres, comprenons qu'il vit loin du monde, mais en communion intime avec ses frères, les portant tous dans son amour et les enveloppant tous, en quelque sorte, de sa prière.

Si donc, dans la communauté chrétienne, ces deux éléments, communauté et solitude, existent, ils sont totalement transposés et transformés. Cette transformation, loin de supprimer leurs natures propres pour en faire comme une mixture, permet au contraire à la communauté d'être beaucoup plus elle-même et à la solitude d'être également beaucoup plus elle-même. Il n'y a pas de solitude plus grande que celle du contemplatif chrétien, puisqu'il vit du mystère même de la solitude divine, et il n'y a pas d'homme qui soit autant que lui membre d'une communauté, puisque c'est le même amour qui le reclut en Dieu et qui le donne à son frère. La communauté chrétienne réalise l'unité de vie de ses membres, unité analogue à celle de la Trinité : « qu'ils soient un comme nous ».

La vie de Nazareth nous présente le prototype de cette communauté chrétienne, et le mystère du Recouvrement nous en livre le secret divin. La liturgie de l'Église, en effet, le jour de la fête de la Sainte Famille, prend comme Évangile le passage de saint Luc relatant le mystère du Recouvrement. Le choix de ce passage, à première vue, peut nous étonner. Une mère de famille qui aurait vécu un épisode analogue avec l'un ou l'autre de ses fils ne rappellerait pas ce fait comme un événement capable de nous faire saisir la perfection et la sainteté de sa famille. Jésus, en effet, n'a pas demandé de permission à ses parents. Apparemment il a désobéi. On peut même dire qu'humainement parlant c'est une sorte de fugue que ces trois jours passés loin de ses parents sans permission aucune. Il est vrai qu'il redevient ensuite l'Enfant parfaitement obéissant, mais cet événement ne semble pas nous dévoiler la conduite modèle d'un fils à l'égard de ses parents. Selon les coutumes de nos familles de la terre, on aurait bien soin d'oublier une telle fugue, d'autant plus qu'ensuite tout est rentré dans l'ordre.

L'Église, et avant elle Marie, toutes deux sous l'inspiration du Saint-Esprit, pensent autrement. Elles nous rappellent cet épisode de la vie d'enfance de Jésus et elles le gardent comme un événement extraordinaire, mystérieux, qui brille d'un éclat unique au milieu du silence qui enveloppe tout le reste de la vie cachée de l'enfance de Jésus. Nous devons donc être très attentifs à ce que l'Esprit Saint veut nous enseigner par là.

Tout d'abord il nous montre que Jésus ne devait obéissance, au sens tout à fait strict, qu'à son Père ; à sa mère et à Joseph, dans la mesure exacte où son Père l'agréait. En agissant comme il a agi, Jésus a bien agi. Il n'a pas désobéi, puisqu'au contraire il a obéi à son Père. Jésus, étant le consacré par excellence — par le mystère de l'union hypostatique il est l'Oint du Père — n'est essentiellement relatif qu'à son Père qui, seul, a autorité sur lui. Aucun homme ne peut avoir une autorité naturelle sur lui, aucune créature, pas même sa mère. Jésus a la liberté souveraine du Fils unique du Père à l'égard de tout ce qui est créé, puisqu'aucune créature ne peut avoir un droit naturel de propriété quelconque sur une personne divine. Mais il se soumet librement, par amour pour son Père, à ceux que le Père lui propose.

Marie acceptait dans son cœur cette très grande pauvreté à être mère sans avoir aucun droit sur son Fils. Quand l'ange lui a demandé d'être la mère de Dieu, elle s'est déclarée spontanément la servante du Seigneur ; c'est pourquoi elle ne fait pas de reproche à son Fils quand elle le retrouve au Temple ; elle ne lui exprime que son étonnement, son angoisse et sa souffrance.

Cette fugue de l'Enfant Jésus était donc un mystère d'obéissance au Père, comme lui-même l'explique à sa mère, c'était pour être tout entier aux « affaires du Père », pour être « témoin de la vérité » auprès des docteurs, auprès de ceux qui avaient, comme fonction propre, la recherche de la vérité et qui, par le fait même, avaient un certain droit à la recevoir en premier lieu.

Cette attitude de l'Enfant Jésus nous montre donc d'une manière concrète, dans des circonstances particulièrement révélatrices, à la fois sa docilité foncière à l'égard du Père et sa liberté, son autonomie farouche à l'égard des créatures, même à l'égard de sa mère. Lui, qui s'est soumis à la loi, est au-dessus de la loi, car il est Dieu, Fils unique du Père. S'il respecte la loi de Moïse, c'est parce qu'il veut nous apprendre à la respecter. Cette loi vient de son Père et, si quelquefois, apparemment, il s'en libère, c'est pour nous montrer le caractère relatif de la loi par rapport à sa fin qui est la volonté du Père, l'amour du père[1]. Le but de la loi c'est de permettre d'être tout entier « aux affaires du Père », d'agir avec lui et conformément à sa volonté. Nous avons toujours tendance à matérialiser la loi, à en faire un but, une fin, ce qui est toujours contraire à l'amour. Jésus, dans son premier enseignement à Marie, lui montre le primat de l'amour.

Jésus, comme Fils unique du Père, comme son Envoyé, non seulement enseigne sa mère dans ce mystère, mais il l'éduque, et en elle il éduque très spécialement la pauvreté divine. Il lui demande, en effet, d'exercer d'une manière toute divine la pauvreté de son cœur maternel. Il la veut toujours plus pauvre dans sa maternité divine ; aussi faut-il que cette pauvreté lui appartienne même comme éducatrice. Extérieurement elle doit agir envers lui comme toutes les autres mères qui, après avoir donné la vie à leurs enfants, doivent les éduquer, leur communiquer un peu de leur cœur et de leur intelligence. Mais intérieurement, Marie doit être une mère tout à fait pauvre dans son activité éducatrice. Jésus possède toutes les vertus que Marie pourrait lui communiquer. Dans son cœur il possède tous les trésors d'amour qu'elle pourrait lui transmettre. Il les possède même d'une manière plus parfaite. Cependant, le Père veut qu'elle tienne sa place auprès de son Fils bien-aimé, qu'elle soit là, exerçant sa maternité éducatrice auprès de son enfant, comme mandatée par lui. Il veut qu'elle l'exerce pleinement et plus parfaitement qu'aucune autre mère, sachant dans son cœur qu'elle n'est qu'un instrument, que par elle-même elle ne peut rien faire.

Si la pauvreté dans la maternité est libératrice et joyeuse, dans l'éducation maternelle, tout en demeurant libératrice et joyeuse, elle implique déjà certaines sépara-

1. Devant le scandale des Juifs lors de la guérison du paralytique un jour de sabbat, Jésus affirme : « Mon Père travaille toujours et moi aussi je travaille » (Jn 5, 1-18).

tions douloureuses et pénibles. Ce mystère nous le montre bien : Marie accepte sans comprendre, comme une véritable servante pauvre. Elle accepte dans l'angoisse d'abord, puis dans la joie, mais toujours sans comprendre. La pauvreté divine, quand elle s'empare de nos œuvres de miséricorde spirituelle, comme c'est le cas ici pour l'éducation maternelle, réclame la sainte ignorance. Elle demande qu'on exerce la miséricorde comme une servante inutile, sans considérer les résultats qu'on peut obtenir, ne regardant que la volonté du Père. C'est ce que Jésus enseigne à sa mère et il veut qu'elle vive de la béatitude des « pauvres en esprit ».

Si Jésus, en ce mystère, agit de cette manière, c'est poussé par l'Esprit Saint, en vue d'accomplir ce pourquoi il est envoyé : être témoin de la vérité, être « aux affaires du Père ».

Il est témoin de la vérité auprès des docteurs, des maîtres, en Israël d'abord, pour leur expliquer divinement l'Écriture, ensuite auprès de Marie et de Joseph, en leur expliquant sa mission. C'est la première fois que Marie se trouve en face de Jésus-Prêtre. C'est la première fois que Notre Seigneur adresse à sa mère la parole avec autorité, parole divine qui, pour son cœur de mère, est comme un glaive. C'est la première réalisation intime dans le cœur de Marie, de la prophétie de Siméon.

Comprenons comment Dieu, dans sa sagesse, a voulu que cet enseignement porte tous ses fruits. Il a préparé le cœur de Marie d'une manière très spéciale, par trois jours de séparation et d'angoisse. Ces trois jours ont comme labouré le cœur de Marie, l'ont rendu extrêmement sensible. L'angoisse, la tristesse, puis la très grande joie de le revoir, mettent le cœur si aimant de Marie dans une disposition unique qui le rend singulièrement vulnérable. C'est à ce moment précis que Jésus lui adresse cette première parole si mystérieuse et si forte, qui blesse son cœur de mère aspirant à un geste de tendresse ou de compréhension. Cette parole a dû prendre possession du cœur de Marie d'une manière totale, le meurtrissant et le dilatant, l'orientant vers le Père, lui faisant abandonner en un instant toutes les angoisses et toutes les inquiétudes pour ne plus regarder que les intérêts du Père, sa volonté paternelle.

Il y a là quelque chose d'extraordinaire qui nous montre combien Jésus pouvait compter sur la fidélité de sa mère, combien il pouvait avoir confiance en elle, sachant qu'elle serait assez forte pour tout accepter avec amour.

Par cet enseignement, le cœur de Marie connaît de nouvelles exigences divines. C'est pourquoi ce mystère nous fait pénétrer plus profondément dans le mystère de la Sainte Famille. Il nous livre même la grande lumière qui doit nous le faire comprendre. Cette famille est divine ; tous ses membres doivent être reliés immédiatement à Dieu, et ce rattachement se fait par le Christ, par le sacerdoce du Christ, par son action sacerdotale. C'est en lui et par lui que Marie est toute au Père.

C'est pourquoi cette véritable communauté familiale implique une solitude chrétienne. Le Christ est plus donné à Marie que précédemment, car il lui est donné non seulement comme Fils, mais aussi comme Prêtre, avec son secret intime et divin, ses relations avec le Père. Du fait même que Marie est plus pauvre, elle peut recevoir Jésus d'une manière plus divine, plus absolue. La présence est donc plus grande et la joie également. Cette présence, du reste, est vécue d'une manière plus divine, plus consciente et plus pauvre. Car la séparation momentanée de Jésus a donné à Marie une notion plus exacte de la valeur de cette présence divine ; elle a mesuré combien elle est la nourriture et le sens de sa vie. Cette séparation lui a fait mieux saisir combien cette présence était un don gratuit, une pure grâce, que Dieu pouvait suspendre et supprimer quand il voulait et comme il voulait. Marie en vit dès lors avec une acuité beaucoup plus grande, avec une attention encore plus aimante. Dieu a voulu cette épreuve momentanée pour que Marie vive plus profondément encore du don merveilleux qu'il lui faisait, pour qu'elle en prenne une conscience plus aiguë. C'est bien souvent ce que Dieu fait dans nos vies : il nous supprime momentanément telle ou telle faveur, tel ou tel privilège, pour que nous en comprenions plus profondément la valeur et que notre reconnaissance soit plus manifestée lorsqu'il nous rend cette même faveur.

Dieu a voulu aussi cette épreuve pour que les docteurs reçoivent la visite du Christ et profitent de son enseignement. C'est encore là une loi générale de son gouvernement. Il demande aux âmes qu'il aime certaines mortifications, certaines tristesses divines, certaines sécheresses d'oraison, pour mériter pour d'autres certaines visites du Christ, certains de ses passages. C'est pourquoi, quand de telles séparations nous arrivent, si notre conscience ne nous reproche aucune infidélité, aucun manque de ferveur, aucune tiédeur, nous ne devons pas nous inquiéter, mais tout mettre en cause pour le retrouver. Il ne faut pas penser immédiatement que c'est pour nous punir, pour nous châtier que Dieu opère de cette façon. C'est quelquefois uniquement pour nous purifier et nous entraîner plus loin dans son amour et son intimité ; c'est quelquefois pour nous préparer à un enseignement plus divin ; c'est quelquefois aussi pour nous faire mériter pour les autres des grâces d'intimité.

Ces séparations douloureuses ne doivent pas nous enlever notre attitude objective. Comme Marie, il faut continuer à ne regarder que lui. Il faut surtout ne pas s'enfermer sur sa tristesse, la considérer sous tous ses aspects et la savourer.

Comme le dit le bienheureux Louis de Grenade : « Après la douleur de la Sainte Vierge, considérez la diligence avec laquelle cette tendre mère se mit à chercher le joyau qu'elle avait perdu et à demander de tous les côtés. L'Évangéliste raconte qu'elle le chercha en particulier parmi ses parents et ses amis, et qu'elle ne l'y trouva pas. De même vous ne trouverez pas vous non plus le Christ dans les affections et les plaisirs de la chair et du sang, mais dans la mortification et le renoncement à toutes ces douceurs. À qui le Seigneur découvrira-t-il sa science ? s'écrie le prophète Isaïe ; à qui donnera-t-il l'intelligence de ses paroles ? À ceux qui sont sevrés du lait, à ceux qui sont éloignés du sein de leurs nourrices[1] » (Is 28, 9) !

La tristesse divinement acceptée doit enraciner la charité en notre âme et par le fait même l'approfondir, la viriliser. Mais cette virilité divine, qui exclut tout enfantillage, toute gâterie humaine, tout infantilisme psychologique empêchant d'acquérir la véritable autonomie, ne doit pas se confondre pour autant avec la virilité psychologique. Cette virilité divine implique une petitesse divine, une pauvreté divine, un esprit de dépendance radicale à l'égard de la volonté du Père. Être adulte dans la vie divine implique une petitesse divine parfaitement acceptée et vécue, tandis qu'être adulte du point de vue psychologique implique d'être sevré du lait maternel et de tout ce qui s'y rattache. Il est essentiel de bien distinguer, sinon, comme Nicodème, nous ne pourrions plus saisir le sens divin de cette naissance divine selon « l'eau et l'Esprit », naissance qui se répète de plus en plus profondément. Nous n'accepterions plus de retourner dans le sein maternel, celui de Marie et celui de l'Église. Sous prétexte de virilité et de conscience plénière de nos droits, nous refuserions cette nouvelle naissance, cet état de petitesse évangélique, cette dépendance à l'égard de la mère qui nous est donnée.

1. Louis de Grenade, *op. cit.*, p. 311.

Chapitre IV

VIE À NAZARETH : LA CHARITÉ ET LE TRAVAIL

Saint Luc nous avertit : « Lorsqu'ils eurent accompli tout ce qui était conforme à la Loi du Seigneur, ils retournèrent en Galilée, à Nazareth, leur ville [1]. »

Et saint Matthieu, de son côté, nous affirme : « Sur un avis reçu en songe, il (Joseph) se retira dans la région de Galilée et vint s'établir dans une ville appelée Nazareth. Ainsi devait s'accomplir l'oracle des prophètes : *On l'appellera Nazaréen* [2]. »

Sans considérer les divergences du récit d'un saint Luc et d'un saint Matthieu et sans nous demander les raisons de ces divergences, retenons seulement ici le fait affirmé par les deux évangélistes : cette vie commune, vécue par Jésus, Marie et Joseph à Nazareth, dans la maison de famille.

Voilà la première partie de la vie dite « cachée » de Jésus. Cette vie simple, laborieuse, ne comporte rien d'extraordinaire aux yeux des hommes, mais elle est si riche et si pleine aux yeux de Dieu, parce que tout est ordonné à l'accomplissement de la volonté divine, jusqu'aux moindres détails de la vie quotidienne. Nous sommes là en présence du modèle de la vie chrétienne laborieuse, généreuse, simple et aimante, dans le cadre le plus intime qui soit, le cadre familial. La grâce et la cha-

1. Lc 2, 39.
2. Mt 2, 22-23.

rité chrétiennes nous sont alors manifestées comme capables d'assumer toutes les exigences de cette vie commune familiale, de les transformer de l'intérieur, de leur donner une valeur divine, une valeur méritoire et de leur permettre, par le fait même, de devenir un aliment à la croissance de l'amour.

Ce n'est pas la valeur intrinsèque de nos activités qui leur donne leur valeur divine, mais l'amour surnaturel avec lequel nous les faisons. Voilà la différence de jugement de valeur que portent sur nos activités humaines le philosophe et le chrétien : le premier juge de nos activités d'après leur noblesse intrinsèque et objective. Il a son échelle de valeurs des activités humaines d'après la conception qu'il se fait de la nature humaine. Le chrétien, le fils de Dieu, mû par l'Esprit Saint, juge de la valeur de ses activités humaines d'après leur conformité à la volonté divine et d'après le degré d'amour qui l'anime. Le mérite d'une action ne provient pas immédiatement de la difficulté que nous avons eue à la faire, ni de la valeur plus ou moins grande de cette action, mais de l'amour et de l'intensité de l'amour que nous y mettons.

Cette première période de la vie cachée de Marie avec Jésus, nous met en face de ce mystère de l'amour divin qui semble parfois — et même souvent dans les longues périodes de formation — préférer se traduire dans de tout petits gestes, dans des activités humaines très communes, très banales même ; rien de plus ordinaire que l'activité d'une bonne mère de famille qui garde et éduque son fils, fait la cuisine pour tous les membres du foyer et met toute son attention à rendre ce foyer joyeux, attirant, agréable. L'amour divin, en effet, et surtout l'amour chrétien, aime à se cacher pour être plus pur et pour régner plus pleinement. Quand l'amour inspire des actions humaines héroïques, des actions très belles, très grandes, il ne peut que rarement tout prendre, tout assumer. Il doit souvent accepter des compromis avec la gloire et l'honneur humains ; tandis qu'il peut être tout à fait pur lorsqu'il inspire des gestes humains très humbles, très cachés.

L'activité humaine peut très bien alors ne plus être qu'un « signe », qu'un témoignage de l'amour, puisant dans l'amour divin tout son sens, toute sa valeur propre. Il peut alors se revêtir uniquement d'un amour intense pour Dieu.

Voilà pourquoi la sagesse divine, après les grands événements de la Nativité, de l'adoration des bergers et des mages, de la Purification, de l'exode et de la vie en Égypte, a-t-elle réservé à Marie cette période de vie plus calme, plus simple, plus cachée. Ce n'était pas parce que Marie avait besoin de repos et de détente, mais pour lui permettre d'aimer d'une manière plus pure, plus intense et faire que tout en elle soit vraiment mû intérieurement par l'amour.

C'est dans cette lumière-là qu'il faut comprendre comment la charité chrétienne demande ici-bas non seulement de s'épanouir en abandon, en vie contemplative, en vie de charité fraternelle et de miséricorde, en vie liturgique, mais encore de transfigurer le travail, la vie très simple de celui qui doit travailler à la sueur de son front pour gagner son pain quotidien. La charité alors s'empare de cet état propre de l'homme, animal social, engagé dans une communauté, exerçant son intelligence pratique et toute son énergie pour conserver et développer sa vie et celle de ceux que la providence lui a confiés. Dans ce cas, la charité est plus que jamais le levain qui fait lever la pâte. Car sans elle, le travail humain qui, à cause du péché, est devenu pénible, humiliant, une véritable peine, risque toujours d'être rejeté comme un mal qu'on ne peut accepter, comme un fardeau trop lourd qu'on ne peut porter qu'en maugréant, et avec un désir d'en être délivré le plus vite possible, par tous les moyens et de toutes les manières. Le travail alors ne fait plus partie de notre vie humaine authentique et l'on arrive à le considérer comme un ennemi qui nous brutalise et nous violente, qui nous meurtrit et nous étouffe, et dont on a le droit de s'écarter et de se libérer le plus totalement possible.

Voilà un des excès où nous sommes conduits presque

fatalement lorsque le travail humain n'est plus considéré que comme une peine due au péché.

Mais il faut signaler un autre excès, diamétralement opposé, mais ayant pratiquement les mêmes résultats. Cet excès provient non plus du caractère pénible et austère du travail, mais de sa profonde connaturalité avec notre nature humaine. Considéré en lui-même, comme pur moyen de nous enrichir, comme pure marque de domination sociale et politique, le travail, avec ses techniques, risque toujours d'accaparer toutes nos forces humaines, nos facultés, notre horizon, de telle façon que nous en devenions l'esclave. Au lieu de se servir du travail pour gagner son pain, l'homme est dominé par son travail et celui-ci le tyrannise. Après s'être laissé prendre à cette tyrannie brutale et inhumaine, pour y échapper et en être délivré, il sera souvent prêt à tout accepter.

La seule manière d'humaniser le travail, c'est de le transformer par la charité en une peine qui châtie l'homme, certes, mais qui le purifie aussi, en devenant un moyen d'être à la fois plus homme — car tout travail exige une lutte et un effort continuel — et plus fils de Dieu — en réclamant de lui un amour plus pur, plus généreux, capable de supporter une peine avec joie et de l'offrir.

Lorsque nous disons que le travail peut être transformé par la charité, notons bien qu'il faut l'entendre d'une façon toute différente de la transformation opérée dans la vertu de religion. Songeons, en effet, que l'exercice de la vertu de religion demeure dans le ciel, tandis que celui du travail ne demeure pas, étant essentiellement terrestre. La religion n'est pas une peine, mais se fonde sur les exigences de la nature humaine comme telle ; le travail avec son caractère de labeur pénible, est une peine, conséquence de la faute originelle qui se fonde sur la nature humaine dans les conditions spéciales où celle-ci se trouve ici-bas après la première chute. L'activité de la vertu de religion est totalement et intrinsèquement transformée par la charité, de telle sorte que cette activité possède vraiment une forme et une structure nouvelles. Le travail ne peut recevoir de la charité qu'un motif nouveau et extrinsèque : on le fait par amour pour Dieu, pour lui manifester la dépendance dans laquelle on se trouve vis-à-vis de lui, et pour se corriger de son orgueil. Mais, dans sa nature essentielle, le travail ne peut être changé. Il demeure ce qu'il est. Il garde ses exigences propres, pouvant se perfectionner grâce à des techniques spéciales. Car le travail, s'il est du domaine moral quant à l'usage, est en lui-même du domaine du *factibile*, de ce que l'homme « fabrique ». Or, le *factibile* ne peut pas être immédiatement transformé par la charité, car il ne regarde qu'une fin particulière, le bien utile ou le beau de l'œuvre, qui est du domaine de la cause exemplaire. Le *factibile* n'a donc aucune connexion immédiate avec la fin ultime. Ce n'est que dans son exercice, son usage, qu'il pourra être mis en relation avec la fin ultime, et en raison non de la fin de l'œuvre, mais de celui qui opère.

Ce mystère de la vie cachée — du retour d'Égypte au Recouvrement — nous présente le modèle de la sanctification très humble, très simple, du travail manuel de Marie comme maîtresse de son foyer à Nazareth.

Sur toute cette période, dont le caractère dominant est d'être cachée et de se réaliser selon la loi commune de l'humanité, l'Écriture ne nous donne aucun détail ; elle affirme seulement : « Cependant l'enfant grandissait, se développait et se remplissait de sagesse. Et la grâce de Dieu reposait sur lui. Chaque année ses parents se rendaient à Jérusalem pour la fête de la Pâque [1]. »

C'est uniquement ce progrès de l'Enfant-Dieu — progrès physique : « il grandissait et se développait », progrès moral et spirituel, du point de vue de l'expérience et de la manifestation — que l'Esprit Saint a voulu nous signaler pour le mettre en pleine lumière. Au progrès physique et expérimental de Jésus correspond, dans le cœur de Marie, une ascension merveilleuse dans l'amour. Ce tra-

1. Lc 2, 40-41.

vail très obscur dont nous avons parlé, tout orienté vers Dieu et tout au service de la charité fraternelle, est comme l'aliment quotidien qui permet à l'ascension de la charité de se réaliser de cette manière si divine, si simple, mais en même temps si sûre. Si la charité transforme le travail en l'ordonnant à Dieu et au prochain, en lui donnant un sens nouveau, le travail accepté par amour est en même temps comme un combustible qui entretient ce feu divin de l'amour, qui lui offre une matière humaine pénale à brûler, pour lui permettre d'être de plus en plus pur et éclatant aux yeux de Dieu, mais de plus en plus caché, comme couvert de cendre, aux yeux des hommes.

C'est sous cette lumière qu'il faudrait comprendre comment la charité transforme tout le labeur pénible, qui fait partie de notre devoir d'état, et comment ce labeur permet à notre vie divine de demeurer plus cachée et plus pure, la revêtant des « cendres » des peines dues au péché. Dieu se plaît à plonger longuement les âmes qu'il aime dans le devoir commun et banal de l'humanité pour qu'elles progressent et se fortifient dans leur amour humble, pour que la grâce de Dieu les pénètre de plus en plus profondément.

Toute cette période demeure un mystère de joie. Jésus est présent. Si pénible et si dur que soit le labeur, si Jésus est là et qu'on le fait pour lui, ce labeur devient joyeux et source de joie. Car le labeur humain tient très unie la communauté familiale et lui permet de connaître une intimité nouvelle, celle de l'œuvre commune réalisée ensemble en vue du but identique à atteindre. Et par là il est vraiment source de joie et d'épanouissement dans la charité fraternelle.

Après le mystère du recouvrement au Temple, l'Évangile nous affirme : « Il redescendit alors avec eux et revint à Nazareth ; et il leur était soumis. Et sa mère gardait fidèlement tous ces souvenirs en son cœur. Quant à Jésus, il croissait en sagesse, en taille et en grâce devant Dieu et devant les hommes [1]. »

1. Lc 2, 51-52.

Apparemment rien n'est changé. Cette seconde période de la vie à Nazareth continue la première. Le progrès dans la croissance physique et spirituelle du Christ demeure. Le progrès dans la vie de charité et de travail de Marie demeure également. Cependant, n'oublions pas ce que nous avons signalé à propos du mystère du Recouvrement. Si extérieurement Marie reprend la même vie après ce mystère du Recouvrement, intérieurement et profondément il y a quelque chose de nouveau. La parole du Christ est pour elle une lumière aimante qui lui montre comment mener cette vie commune d'une manière de plus en plus contemplative. Elle doit être de plus en plus pauvre, de plus en plus uniquement remise à la volonté du Père. Dans son unique souci d'accomplir la volonté de Dieu, Jésus lui enseigne la manière de se livrer de plus en plus à cette sainte volonté, la manière divine d'apaiser de plus en plus profondément son cœur. Ayant déjà expérimenté dans son cœur combien le glaive de la parole divine était pénétrant et aiguisé, combien il pouvait réaliser une cruelle et divine séparation, Marie, en cette expérience qui demeure actuelle, réalise encore mieux en sa foi l'exigence absolue de la volonté du Père. Rien, absolument rien n'est stable, n'est fixe, n'est assuré pour elle en dehors de la conformité de chaque instant à cette unique volonté, puisque tout peut lui être retiré d'un instant à l'autre, selon le bon plaisir du Père. Dans cet abandon si pauvre, si dépouillant pour son cœur de mère, elle doit continuer de tout faire comme si tout était stable, assuré. Elle doit le faire avec une attention, une générosité d'autant plus grande, que tout est fait comme si c'était la dernière fois, et que Jésus devait de nouveau disparaître, lui être enlevé. Voilà ce qui caractérise cette seconde période de Nazareth, très semblable à la première, et qui pourtant réclame un abandon plus pauvre encore, une charité fraternelle encore plus désintéressée, un travail de servante inutile encore plus dépouillé, une solitude contemplative encore plus exigeante. Plus Jésus grandit, plus Marie disparaît dans ce dépouillement d'elle-même, dans cet abandon très pauvre, pour laisser toute la place à Jésus. L'attitude de Jean-Baptiste en face de Jésus est encore beaucoup plus vraie de Marie : « Il faut que lui grandisse et que moi, je décroisse [1]. » La mort même de Joseph permet à Jésus d'être encore plus totalement l'unique soutien pour Marie, l'unique autorité que le Père lui donne. Aussi, après la mort de Joseph, Nazareth est de plus en plus la maison du Père, la maison du silence et de la solitude, de la vie contemplative toute réservée au Père, cachée par le travail quotidien très humble des pauvres serviteurs. Dans ce milieu familial si pauvre et si consacré au Père, tous les gestes, toutes les actions, toutes les paroles, tout le silence de Jésus sont réservés à Marie et lui appartiennent. C'est vraiment l'unique nourriture que le Père lui donne. Plus elle accepte de n'être rien, reconnaissant les droits souverains du Père sur son Jésus et sur elle, plus Jésus lui est donné, plus Jésus est présent.

---

1. Jn 3, 30.

Quatrième partie

ÉTAPES DOULOUREUSES : LES ENRACINEMENTS DE LA CHARITÉ, LA PATIENCE DES SAINTS

Chapitre premier

LE MYSTÈRE DE CANA : COOPÉRATION CACHÉE DE MARIE À LA VIE APOSTOLIQUE DE JÉSUS

L'Écriture ne nous dit rien sur la mort de Joseph. Nous ne savons pas quand ni comment il est mort. Mais il est sûrement mort avant Jésus et Marie. Marie est seule invitée à Cana. Elle sera seule à la croix.

À la mort de Joseph, c'est Jésus qui devient normalement le chef de famille ; c'est lui qui travaille pour le gagne-pain ; c'est lui qui a autorité, tant du point de vue for externe que du point de vue for interne, comme prêtre.

L'intimité de Nazareth entre Marie et Jésus s'intensifie encore ; elle devient très simple et très divine, puisque Jésus possède toute l'autorité sur Marie. Marie n'a plus qu'à obéir filialement et à aimer. La communauté chrétienne est alors une communauté contemplative, très silencieuse et très cachée par l'humble travail du gagne-pain. Cette vie contemplative — où Marie est à l'école de Jésus — se réalise dans le cadre d'une communauté humaine très unie et dont les liens sont ceux d'une mère bien-aimée et de son fils bien-aimé.

Pour recevoir pleinement l'enseignement de son Fils, Marie devait vivre seule à seul avec lui, en mère, en disciple, en « tout-petit ». Il fallait cette longue préparation silencieuse et recueillie, joyeuse et paisible, pour permettre aux mystères douloureux de se réaliser dans toute leur brutalité sanglante. C'est comme un long avent qui prépare au don suprême et douloureux.

De fait, les noces de Cana où Marie est invitée, sont comme la transition des mystères joyeux aux mystères douloureux.

« Le troisième jour, il y eut des noces à Cana de Galilée. La mère de Jésus y était. Jésus aussi fut invité à ces noces, ainsi que ses disciples. Or, il n'y avait plus de vin, car le vin des noces était épuisé. La mère de Jésus lui dit : "Ils n'ont plus de vin." Jésus lui répond : "Que me veux-tu, femme ? Mon heure n'est pas encore venue." Sa mère dit aux servants : "Tout ce qu'il vous dira, faites-le !"

« Il y avait là six jarres de pierre, destinées aux rites de purification des Juifs ; elles contenaient chacune deux ou trois mesures. Jésus dit aux servants : "Remplissez d'eau ces jarres." Ils les remplirent jusqu'au bord. "Puisez maintenant, leur dit-il, et portez-en au maître du repas." Ils lui en portèrent. Le maître du repas goûta l'eau changée en vin ; comme il en ignorait la provenance, tandis que les servants la connaissaient, eux qui avaient puisé l'eau, le maître du repas appelle le marié et lui dit : "Tout le monde sert d'abord le bon vin et, quand les gens sont gais, le moins bon. Toi, tu as gardé le bon vin jusqu'à maintenant." Tel fut le premier des signes de Jésus. Il l'accomplit à Cana de Galilée. Il manifesta sa gloire et ses disciples crurent en lui[1]. »

La vie apostolique du Christ, inaugurée par le baptême dans le Jourdain, le témoignage officiel du précurseur et par le choix de ses disciples, va commencer. Les noces à Cana, où le Christ est invité avec ses disciples et sa mère, vont être l'occasion de son premier signe miraculeux, donc de la première manifestation publique de son pouvoir divin. En effet, la quantité de vin qu'on avait prévue pour le banquet n'était pas suffisante. Marie, dans la miséricorde maternelle de son cœur, s'aperçoit de l'embarras du chef de maison. Elle s'adresse alors à son Fils :

1. Jn 2, 1-11.

« Ils n'ont plus de vin. » Elle s'adresse à lui avec une certaine supplication maternelle, pour lui exposer la difficulté de ces braves gens et le décider à intervenir en leur faveur, si tel est son bon plaisir et celui du Père.

Selon l'Évangile de saint Jean, nous sommes ici en présence de la première demande de Marie à son Fils que l'Esprit Saint a voulu nous communiquer. Si l'on unit Jean et Luc, il faut comprendre cette demande de Marie à Jésus comme la seconde fois où Marie intervient auprès de son Fils.

Jésus répond, non plus en fils soumis et docile, mais d'une façon mystérieuse : « Que me veux-tu, femme ? Mon heure n'est pas encore venue[1]. »

Le Père Braun, dans son article *La Mère de Jésus selon saint Jean*, note : « La tentation du commentateur pieux a toujours été d'émousser les aspérités de ces paroles. À les entendre, il ne saurait être question d'un refus. Le

---

1. *Cf.* SAINT AUGUSTIN, *Tract. in Io.*, VIII : « Dans un dessein évidemment plein de mystère, il paraît méconnaître la mère du sein de laquelle il est sorti comme son époux, lorsqu'il lui dit : "Femme, qu'y a-t-il de commun entre toi et moi ? Mon heure n'est pas encore venue ?" Que signifient ces paroles ? Jésus aurait-il voulu assister à ces noces pour apprendre aux enfants à mépriser leurs mères ?... Il y a ici quelque mystère caché... Notre Seigneur Jésus-Christ était à la fois Dieu et homme : comme Dieu, il n'avait pas de mère ; comme homme, il en avait une. Elle était donc la mère de sa chair, la mère de son humanité, la mère de cette nature sujette aux infirmités qu'il a prise pour notre salut. Or, le miracle qu'il allait opérer était une œuvre de sa divinité et non de son humanité ; il devait le faire comme Dieu qui a toujours existé, et non comme homme faible, né dans le temps... Sa mère lui demandait un miracle ; Jésus, au moment de faire une œuvre toute divine, semble méconnaître le sein de sa mère et lui dire : Vous n'avez pas engendré le principe qui doit en moi opérer des miracles, vous n'avez pas engendré ma divinité ; mais comme vous avez engendré ma nature faible et mortelle, je vous reconnaîtrai lorsque cette nature sera attachée à la croix. Voici ce que signifient ces paroles... Comme Marie n'était pas la mère de sa divinité et que le miracle qu'elle demandait était une œuvre de sa nature divine, il lui répond : "Femme, qu'y a-t-il de commun entre vous et moi ?" Ne croyez pas cependant que je vous renie pour mère : "Mon heure n'est pas encore venue." Je vous reconnaîtrai lorsque cette nature sujette aux infirmités et dont vous êtes la mère sera attachée à la croix... » (P. L. 35, c. 1455). (*Cf.* F.-M. BRAUN, *La Mère des fidèles*, Casterman, 1953, p. 53 sq.)

mot “femme” serait sans doute un peu solennel, mais non point tel qu’il eût été interdit à un jeune Israélite de l’employer en s’adressant à sa mère. Ce qui le prouve, c’est que Jésus, avant de mourir, ne parlera pas autrement à sa mère présente au pied de la croix. L’expression τί ἐμοί χαὶ σοί devrait se traduire par *laisse-moi faire* ou quelque chose d’approchant. Quant à l’heure de Jésus, ce serait celle de faire des miracles. Exposées avec des nuances variées [1]... »

Sans nous attarder ici sur toutes les discussions d’exégèse scientifique, rappelons seulement la conclusion du Père Braun, qui nous fait entrer plus profondément dans la signification de ce mystère :

« La réponse de Jésus sonne clair. Elle ne saurait présenter d’autre sens que celui-ci : “Qu’y a-t-il de commun entre nous, en cette affaire où tu me demandes d’intervenir ?” Aussi tempérée qu’on la suppose par le ton de la voix, cette remarque était une fin de non recevoir...

« Jésus répond à sa mère en lui donnant à entendre qu’il ne lui appartient pas de changer le cours de sa vie publique. Celle-ci est le domaine réservé où il se doit tout entier aux ordres de son Père. Tant qu’elle ne sera pas achevée, aussi longtemps, par conséquent, que “son heure ne sera pas venue”, il ne tiendra compte d’aucun désir et d’aucune demande qui seraient comme extrinsèques aux “affaires du Père”, même si ces désirs et ces demandes viennent de personnes très aimées. Sa mère elle-même devra se tenir à l’écart. Elle devra comprendre que son fils est entré dans une nouvelle phase de sa vie, pendant laquelle les liens du sang seront comme suspendus [2]. »

Cette attitude de Jésus à l’égard de sa mère est donc toute semblable à celle du recouvrement au Temple, mais les circonstances extérieures sont différentes. On est en Galilée, dans un repas de noces. Jésus n’est plus l’Enfant

1. F.-M. Braun, *Revue théologique*, n° 3, 1950, p. 446.
2. F.-M. Braun, *op. cit.*, p. 450.

de douze ans, mais l'Apôtre qui commence sa mission. L'objet de la demande de Marie ne concerne plus la conduite personnelle de Jésus à son égard, mais veut tout simplement rendre Jésus attentif à une situation humainement délicate et pénible. C'est une supplique de Marie en faveur de ceux qui sont dans l'embarras, et un embarras très humain !

Après la parole du Christ au Recouvrement, Jésus lui est rendu. Il retourne avec elle à Nazareth et il lui est soumis. Tandis qu'après cet épisode, après ce mot d'ordre du Christ, Marie va comme disparaître, elle va se cacher dans une nouvelle solitude, on ne parlera plus d'elle, si ce n'est pour affirmer combien les liens qui l'unissent au Christ sont avant tout des liens divins. Les synoptiques, en effet, nous rapportent ce fait, qui se situe encore au début de la vie apostolique du Christ. À peine de retour à Nazareth, la foule pressée autour de lui, lui annonce : « Voilà que ta mère et tes frères et tes sœurs sont là dehors qui te cherchent. » Jésus répond immédiatement : « Qui est ma mère ? et mes frères ? Et, promenant son regard sur ceux qui étaient assis en rond autour de lui, il dit : "Voici ma mère et mes frères. Quiconque fait la volonté de Dieu, celui-là est mon frère et ma sœur et ma mère !" [1] » Et cet autre passage de saint Luc : « Une femme éleva la voix du milieu de la foule et lui dit : "Heureuses les entrailles qui t'ont porté et les seins que tu as sucés !" Jésus répond encore : "Heureux plutôt ceux qui écoutent la parole de Dieu et la gardent !" [2] » Il proclame la supériorité absolue du lien spirituel contracté par la foi à la parole de Dieu et par la fidélité à lui obéir.

Le Recouvrement n'était qu'une épreuve pour que Marie vive dans une pauvreté plus grande et qu'elle jouisse plus divinement de la présence physique de Jésus qui lui était donnée, tandis qu'à Cana, ce n'est plus seule-

1. Mc 3, 31-35. Voir aussi Mt 12, 46-50 ; Lc 8, 19-21.
2. Lc 11, 27-28. Voir le *Commentaire* de CAJETAN : « Il ne nie pas vraiment ce qui a été dit... mais affirmant cela, il ajoute la raison formelle commune de la béatitude. »

ment une épreuve passagère, c'est un état nouveau dans lequel Jésus lui demande d'entrer, état de séparation qui va se terminer à la croix et au sépulcre.

Cet état va durer tout le temps de la vie apostolique du Christ, jusqu'au moment de son heure. « Mon heure n'est pas encore venue » : cette référence à la passion manifeste à la fois le terme de la séparation et de la vie apostolique du Christ, et indique également que lorsque l'heure sera venue, Marie devra de nouveau être présente. Ceci précise encore la prophétie de Siméon. L'heure du Fils sera celle de la Mère. Tous deux seront unis d'une manière toute spéciale à ce moment. Leur intimité connaîtra quelque chose de tout à fait nouveau, et Marie aura alors tous les droits pour lui demander tout ce qu'elle veut et donc pour lui exposer tous les manques des hommes, toutes leurs misères.

Comme au Recouvrement et plus profondément encore qu'au Recouvrement, il faut que Marie accepte d'être séparée de lui, pour que lui puisse, en bon Pasteur, poursuivre les brebis égarées. Il faut qu'elle accepte l'absence physique pour que Jésus puisse enseigner, non plus les docteurs mais les Apôtres, les Douze, et discuter avec les docteurs.

Toutes les souffrances de cette séparation sont acceptées pour l'œuvre apostolique du Christ. Comme Vierge, elle suit l'Agneau partout où il va, spirituellement, divinement, mais elle accepte toutes les séparations qu'il veut et comme il les veut.

C'est pourquoi l'acceptation silencieuse et aimante de ces séparations est méritoire et efficace pour nous. Elle permet à Marie de jouer déjà d'une certaine façon son rôle d'avocate, de médiatrice. En renonçant dans la pauvreté la plus pure, la plus absolue, à intercéder pour ces braves gens, Marie mérite pour eux l'action miraculeuse du Christ.

En effet, dans le mystère du Recouvrement, Marie, après la parole du Christ, sans comprendre, sans demander d'explication, garde le silence, parce qu'elle était seule en cause avec Joseph. Il était alors plus parfait de se taire et de croire. Ici, elle n'est plus seule en cause. Aussi, acceptant dans son cœur la parole qui la sépare du Christ, l'acceptant avec amour, elle veut vivre pleinement de cet ordre nouveau, se cacher et rester silencieuse. Mais comme ce silence est un silence d'amour, plein de confiance en l'amour et la miséricorde infinie de son Jésus, au lieu de se retourner humainement vers les serviteurs et leur dire avec un peu de tristesse et d'amertume, comme lorsqu'on n'a pas obtenu ce que l'on demandait : « Je suis désolée, mais il ne veut pas agir : son heure n'est pas encore arrivée, je ne puis donc rien faire pour vous », Marie leur dit : « Tout ce qu'il vous dira, faites-le. » Elle obéit immédiatement à son Jésus ; elle abdique tous ses désirs d'intervenir, de modifier les desseins de son Fils. Mais cette abdication est le fruit d'un amour, elle est donc féconde. Elle veut leur faire comprendre combien il est bon de se soumettre totalement à lui ; ce qu'elle vit à cet instant, elle le leur communique. Cette soumission totale à sa volonté qui est son vrai bonheur, elle veut que ce soit aussi leur bonheur. C'est la meilleure chose qu'elle puisse leur donner. Elle a commencé par intercéder pour des biens matériels, le vin qu'elle ne pouvait leur donner. Le refus de Jésus l'oblige à leur communiquer la seule chose qu'elle possède et qui, pour elle, est plus que tout le reste : cette docilité sans limite à son bon plaisir. Par là, elle met ces braves gens directement en relation avec Jésus. En se retirant, en s'écartant, elle va les pousser de l'avant pour qu'eux aussi obéissent à tout ce qu'il leur dira de faire.

Marie nous apprend là l'attitude toute divine qu'il faut avoir dans la prière de demande. Elle nous montre l'audace toute divine qu'il faut avoir pour « frapper à la porte », audace redoublée du fait que la prière est une forme de miséricorde, la première et la plus efficace que nous devons exercer à l'égard du prochain quand il en a besoin. Marie prend en mains les intérêts de ces braves gens, elle considère subitement comme siens leurs ennuis. Dans son cœur, elle adopte avec une miséricorde maternelle leur gêne sans vouloir la juger. Marie aurait pu leur faire comprendre que ce manque de vin n'avait pas d'importance. Ne s'agissait-il pas, en effet, d'un superflu de biens temporels ? Ces biens n'étaient rien comparativement au bien divin, infiniment supérieur, qu'ils possédaient en la présence de Jésus. En mère, Marie s'adapte merveilleusement aux sentiments de ceux qu'elle aime et qu'elle désire conduire à son Fils. Vivant leur embarras, et le vivant plus qu'eux, elle n'hésite plus et l'expose à son Jésus avec une confiance totale, si extraordinaire que puisse paraître sa demande. Sa confiance n'est en rien diminuée par la réponse si inattendue qu'elle reçoit.

On saisit ici la transformation divine, par la charité, de la vertu de religion et le mode divin de son exercice sous l'influence du don de piété. La demande prend une note de familiarité, de confiance, de simplicité toute divine, et par le fait même elle peut s'étendre à des réalités très humaines, qui intéressent tous ceux que le Seigneur met sur notre chemin comme notre prochain. Le don de piété doit nous permettre d'agir envers Jésus, comme Marie. On peut tout demander si vraiment on demeure dans une confiance et un abandon tout à fait filial, en ce sens précis que, si le Christ ne répond pas à notre appel, s'il semble même se désintéresser, s'il semble s'écarter et se détourner, malgré cela il faut avoir confiance, accepter avec amour ces silences, ces rejets, cette séparation, et ne pas les interpréter humainement ni perdre confiance. Le Christ est Amour, tout ce qu'on lui demande l'intéresse : « Pas un cheveu de votre tête ne tombe... » Il faut avoir cette confiance totale et tout faire comme il le voudra, il faut demeurer attentif à tout ce qu'il voudra.

La confiance de Marie et son obéissance aimante touchent le cœur de Jésus à tel point qu'il exauce au-delà de ce qu'elle a demandé. Pour elle, Jésus anticipe, devance son action divine ; à cause d'elle, il opère son premier miracle.

On s'est demandé, en effet, s'il eût été possible, à

Cana, de procurer le vin nécessaire à la noce d'une manière naturelle. Il semble que c'eût été possible. De toute façon, ce qui est très net, c'est la disproportion de la grandeur du miracle et de la demande initiale de Marie. Non seulement le vin ne manque plus, mais on est encore étonné de sa qualité, ce qui est normal, puisque ce vin miraculeux est le fruit immédiat de la toute-puissance de Dieu : ce que Dieu opère immédiatement par lui-même ne doit pas être inférieur à ce que la nature opère, note saint Augustin, Dieu étant l'auteur de cette nature. La grandeur éclatante du miracle était intentionnelle. Elle manifestait la gloire de Jésus, c'est son premier miracle. Siméon avait prédit à Marie que Jésus serait la « gloire » de son peuple. Il était normal que Marie ait les prémices de cette gloire, puisqu'elle devait être si unie à sa Passion.

Par ce miracle, réalisé pour elle et à cause d'elle, Jésus, en lui manifestant sa gloire, la glorifiait aussi : il était vraiment la gloire d'Israël, donc celle de Marie. Marie comprenait mieux, par ce miracle, toute la grandeur de son Fils, et combien la toute-puissance de Dieu habitait en lui. Elle y avait cru depuis la parole de l'ange, mais maintenant elle-même était témoin de cette vertu toute-puissante. C'est son Thabor, la manifestation de la gloire de son Jésus. Elle ne comprenait qu'une étape de la vie de Jésus, l'étape qui lui était réservée, l'étape où il avait voulu mener pleinement la vie quotidienne de l'humanité et durant laquelle elle avait dû exercer pleinement sa maternité en demeurant si proche, si intimement unie à son Fils bien-aimé ; et cette étape se terminait. Maintenant une nouvelle phase de sa vie allait commencer, celle où il devra être le témoin fidèle de l'amour du Père, où il devra manifester sa gloire, où il devra enseigner et former ses disciples, où il devra lutter contre tous ceux qui ne veulent pas le suivre. Il sera « un signe en butte à la contradiction ». La prophétie se réalisera pleinement. Marie doit, durant ce temps, se taire, demeurer cachée et porter dans son cœur toutes ces luttes et toute cette gloire ; accepter d'être la mère cachée de celui qu'on traite de fou et de celui qu'on exalte ; accepter d'être séparée de lui et de le laisser agir selon les exigences mêmes de sa mission, parce que cette acceptation plénière et aimante est féconde, plus féconde que toute activité extérieure. Jésus demande à Marie, avec ce mystère des noces de Cana, d'abdiquer toute activité humaine, si noble et si grande qu'elle soit, d'abdiquer tout son rôle de mère auprès de lui, pour ne vivre qu'une vie cachée contemplative, la vie de la mère de l'Apôtre et du bon Pasteur. Jésus lui demande de croire que cette vie cachée de contemplative sera plus féconde encore que l'exercice même de sa maternité physique auprès de lui, et plus aimante encore que cette vie commune si sainte et si parfaite qu'elle a connue avec lui. Dans sa foi et son amour, Marie doit recevoir ce nouvel enseignement divin lui montrant que l'acceptation aimante de ces séparations lui permet de coopérer divinement à l'œuvre apostolique de son Jésus et par le fait même de connaître une intimité encore plus profonde et plus plénière avec lui. Coopérer à l'œuvre profonde de l'ami, c'est épouser son vouloir, c'est vivre à l'unisson de son cœur. Plus cette coopération est parfaite, c'est-à-dire plus elle est de l'ordre de la complémentarité spirituelle, plus elle réclame une attitude fidèle ; ainsi l'unité qu'elle réalise peut être parfaite. Rien n'est plus complémentaire à la vie apostolique du Christ que ce silence solitaire contemplatif de Marie. Le symbolisme même de ce miracle nous l'indique. Car, ne l'oublions pas, comme presque tous les miracles relatés par saint Jean, il a une portée spirituelle ; c'est un signe divin. La première activité de Marie, son activité de Mère auprès de Jésus, devait se transformer en cette nouvelle activité divine de Mère des âmes que le Christ venait sauver. C'est le changement de l'eau en vin[1].

1. SAINT AUGUSTIN, parlant de l'eau de la première urne, c'est-à-dire celle qui symbolise pour lui le premier âge, celui d'Adam et d'Ève, rappelle le symbolisme de l'Apôtre (Ép 5, 31) : « Ils ne feront tous deux qu'une même chair. C'est pourquoi l'homme quittera son père et sa mère et s'attachera à son épouse et ils ne feront tous deux qu'une même chair » (Gn 2, 4). Si donc Jésus-Christ s'est attaché à l'Église de

Cette œuvre de transformation divine, de transsubstantiation, Marie non seulement en est la première bénéficiaire, mais elle y coopère d'une manière tout à fait

---

manière à ne former tous deux qu'une même chair, dans quel sens peut-on dire qu'il a quitté son père, qu'il a quitté sa mère ? Il a quitté son père lorsque, ayant la nature de Dieu, il n'a point cru que ce fût pour lui une usurpation de s'égaler à Dieu, et que cependant il s'est anéanti lui-même en prenant la forme d'esclave (Ph 2, 6), c'est-à-dire qu'il a quitté son père, sans se séparer, sans s'éloigner de lui, et parce qu'il a paru parmi les hommes sous une forme différente de celle qui le rend égal à son Père. Comment a-t-il quitté sa mère ? En abandonnant la synagogue des Juifs qui sont sa mère selon la chair et en s'attachant à l'Église qu'il a réunie de toutes les nations. La première urne contenait donc une prophétie qui avait pour objet Jésus-Christ... On pourrait, à la place de la synagogue, parler de Marie, et la séparation des noces de Cana ne serait que plus claire, plus nette. Ce symbolisme qui regarde d'abord Marie, regarde aussi toute l'Église. L'eau contenue dans les urnes de pierre, disposées pour les ablutions des Juifs, signifierait l'ancien régime de la loi. Ce régime légal est terminé ; il doit être transformé en un régime plus divin : le vin nouveau de l'Évangile, celui de l'amour et de l'Esprit.

C'est l'explication des mystères cachés dans ce miracle que nous donne saint Augustin et il continue : « La prophétie a commencé dès les temps les plus anciens et par un dessein providentiel chaque siècle a été marqué par de nouveaux oracles. Mais ces prophéties, tant qu'on n'y voyait pas Jésus-Christ, n'étaient que de l'eau ; car le vin est en quelque sorte caché dans l'eau. Or l'Apôtre nous apprend la vérité cachée qu'il nous faut comprendre dans cette eau : « Jusqu'à ce jour, lorsqu'ils disent Moïse, ils ont un voile sur le cœur qui ne peut être levé que par Jésus-Christ. Lorsque vous allez jusqu'au Seigneur, le voile sera levé » (2 Co 3, 15). Le voile, ici, c'est l'obscurité qui rend impossible l'intelligence de la prophétie. Le voile est ôté lorsque vous allez jusqu'au Seigneur, alors l'eau se change pour vous en vin. Lisez tous les écrits des prophètes sans y voir Jésus-Christ : quoi de plus insipide, quoi de plus dénué de sens ? Mais si vous y découvrez Jésus-Christ, ce que vous lisez non seulement est plein de goût pour vous, mais vous enivre, élève votre âme au-dessus du corps, vous fait oublier ce qui est derrière vous, et avancer vers ce qui est devant (Ph 3, 13).

Parlant des disciples d'Emmaüs : « Il les appelle insensés, parce qu'ils avaient encore du goût pour l'eau, plutôt que pour le vin. Comment a-t-il changé l'eau en vin ? En leur ouvrant l'esprit et en leur expliquant les Écritures, en parcourant tous les prophètes, depuis Moïse. Aussi s'écrient-ils dans une sainte ivresse : « N'est-il pas vrai que notre cœur était tout brûlant au dedans de nous lorsqu'il nous parlait dans le chemin et nous expliquait les Écritures ? » (Lc 24, 32).

« Notre-Seigneur Jésus-Christ a donc changé l'eau en vin, et il donne une saveur toute divine à ce qui était sans goût, et une vertu enivrante à ce qui n'avait aucune force » (*Tract. in Joan*, IX, § 3).

spéciale, en intercédant d'une manière très pauvre, c'est-à-dire en acceptant que son intercession soit rejetée, qu'elle ne fasse rien et que toute la gloire soit pour son Jésus. Elle intercède en servante inutile, avec d'autant plus de confiance et d'audace qu'elle accepte avec amour cette inutilité pour laisser à Jésus toute la place. Cette intercession a une efficacité divine : Jésus agit tout de suite avec la toute-puissance divine pour réaliser plus que Marie, malgré son audace de pauvre, n'aurait osé lui proposer.

Ce premier miracle, auquel Marie coopère d'une manière si effacée, et qui manifeste la gloire du Christ en face de ses disciples, a comme fruit propre et intime la foi des disciples dans le Christ. Les disciples croyaient déjà, certes, autrement ils n'auraient pas été « disciples », mais ils avaient besoin de croire plus divinement en lui.

Le miracle, dans l'intention de Dieu, est donc ordonné à manifester la gloire du Christ en exauçant divinement sa Mère, en raison de son obéissance parfaite à sa volonté et à cause de sa prière très humble de servante inutile. Il est également ordonné à augmenter la foi dans le cœur des disciples. C'est en quelque sorte la seconde épiphanie de Jésus. Celle du baptême, par la colombe et par la voix mystérieuse, manifestait sa filiation divine : « Tu es mon Fils bien-aimé ; tu as toute ma faveur[1]. » Celle de Cana manifeste à la fois sa mission divine, sa toute-puissance et le lien mystérieux qui l'unit à Marie, ou plutôt qui unit Marie à sa mission. Lorsqu'il s'agit de la manifestation de sa qualité de Fils de Dieu, Marie n'intervient pas ; lorsqu'il s'agit de la manifestation de sa mission douloureuse, de son heure, Marie y coopère, à sa façon.

Notons encore, avec saint Thomas, cette interprétation mystique des noces de Cana, qui signifient les noces spirituelles et divines de nos âmes avec le Christ. À ces noces Marie est invitée, elle est présente, elle a un rôle à jouer comme *conciliatrix nuptiarum* parce que c'est par son

---

1. Mc 1, 11.

intercession que nos âmes sont unies au Christ par la grâce.

Avec les noces de Cana, on entre donc dans tout un aspect plus mystérieux et plus divin encore de la vie de Marie. C'est vraiment comme l'annonciation des mystères douloureux, annonciation faite directement par Jésus, qui lui parle de sa mort, du rôle qu'elle devra accomplir à ce moment et enfin de ce que Dieu attend d'elle d'ici là. Cette annonciation la plonge dans un nouvel avent, avent de séparation, d'abandon, de prières et de larmes, tout différent du premier avent de joie. Durant ces trois ans qui la préparent aux grands mystères de douleur, Marie doit garder la parole de son Jésus, comme une bonne terre, pour la faire divinement fructifier. Elle accepte en silence et avec amour que d'autres vivent apparemment plus proches de son Jésus, reçoivent plus immédiatement son enseignement ; elle accepte que d'autres saintes femmes se dévouent à lui et lui rendent les services matériels et temporels dont il peut avoir besoin. Elle accepte que parmi les enfants d'Israël certains, par orgueil, s'opposent à sa doctrine et la rejettent comme trop dure ou erronée, le considérant, lui, comme un blasphémateur, un usurpateur, un traître à l'égard de la tradition judaïque et mosaïque et à l'égard des autorités politiques. Ne se considère-t-il pas comme roi de son peuple et Fils de Dieu ? Sa miséricorde est excessive et ne respecte plus la justice de la loi. Marie porte dans son cœur aimant et fidèle toutes ces oppositions croissantes et perfides à l'égard de celui qui est son Fils et son Dieu.

Cet avent, que la sagesse divine lui demande, sera tout à fait silencieux et caché. Il faut que le grain de blé s'enfouisse dans la terre pour fructifier. Il faut que la terre soit bien labourée pour que la semence divine soit divinement reçue. C'est l'avent qui prépare le grand héroïsme dans l'amour et pour cela il faut se recueillir dans l'amour.

Chapitre II

LE MYSTÈRE DE L'AGONIE : MYSTÈRE DE TRISTESSE DANS LA LUTTE ET LA SOLITUDE

La passion du Christ — son heure — commence avec le mystère de l'Agonie. Dans sa prière sacerdotale qui suit l'institution de la sainte Eucharistie, Jésus, en priant le Père, affirme : « Père, l'heure est venue : glorifie ton Fils pour que ton Fils te glorifie [1]... »

Tâchons de pénétrer dans le mystère de l'Agonie du Christ et de voir comment Marie en a vécu, comment l'Esprit a voulu qu'elle en vive, et ce que ce mystère apporte de spécial et d'unique à sa vie divine ; comment enfin, par elle, nous devons en vivre.

L'Ecriture souligne que, arrivé à Gethsémani, Jésus s'écarte de ses disciples d'un jet de pierre pour prier dans la solitude. Il leur avait recommandé auparavant de prier : « Priez, pour ne pas entrer en tentation [2]. »

Mais les disciples, fatigués, s'endorment « de tristesse ». Jésus est obligé de les réveiller. « Pourquoi dormez-vous ? Levez-vous et priez, pour ne pas entrer en tentation [3]. »

Jésus est donc seul dans son agonie, les disciples n'y pénètrent pas, malgré les exhortations et les supplications du Christ. Ils sont appesantis par le poids de la tristesse.

Mais saint Luc, l'évangéliste des mystères joyeux de la

1. Jn 17, 1.
2. Lc 22, 40.
3. Lc 22, 46.

Vierge, non seulement, comme Marc et Matthieu, nous expose la prière du Christ durant son agonie : « Père, si tu le veux, éloigne de moi cette coupe ! Cependant, que ce ne soit pas ma volonté qui se fasse, mais la tienne », mais il nous révèle aussi la présence mystérieuse d'un ange et la sueur de sang. « Alors lui apparut, venant du ciel, un ange qui le réconfortait. En proie à la détresse, il priait de façon plus instante, et sa sueur devint comme de grosses gouttes de sang qui tombaient à terre[1]. »

Dans cette solitude terrible de l'agonie, il y a un ange qui est témoin, qui veille avec Jésus, qui pénètre dans son agonie et qui le réconforte, *confortans eum*. L'Écriture ne nous dit rien de Marie. Elle n'en parle pas. Apparemment Marie n'est pas là, sa présence physique ne sera signalée que lors de la crucifixion. Cependant, la très Sainte Vierge a sûrement vécu divinement ce mystère de l'Agonie, puisque c'était l'heure du Christ qui commençait et donc le moment où elle-même, comme mère, devait demeurer toute proche de lui. Comme vierge du reste, n'a-t-elle pas le droit et le devoir de le suivre, même dans sa retraite la plus solitaire et la plus périlleuse ? « La Vierge suit l'Agneau partout où il va. » Rien n'est exclu. Là où les Apôtres ne pénètrent pas, par manque d'amour et de générosité, la Vierge sage doit pénétrer seule. Celle qui attend la nuit durant l'arrivée de l'Époux est seule à pouvoir vivre de ce mystère de la dernière nuit, de la nuit de l'agonie de son Jésus, nuit qui lui est comme réservée. Marie, la Vierge par excellence, la Vierge des vierges, a pénétré divinement dans ce mystère. Si nous en doutions encore, songeons que la pratique de l'Église nous l'atteste. Parmi les mystères du Rosaire qui nous montrent les divers mystères de Marie et de Jésus, il y a le mystère de l'Agonie, le premier des mystères douloureux. De plus, on ne comprendrait pas très bien comment seul ce mystère de la vie terrestre du Christ lui aurait échappé, alors qu'il nous est révélé à nous et que nous devons

1. Lc 22, 43-44.

tâcher d'en vivre. C'est pourquoi nous pouvons dire que ce mystère, qui nous a été révélé et communiqué par saint Luc, nous est révélé et communiqué en réalité par Marie elle-même ; seule en effet parmi les créatures, elle avait pénétré divinement au plus intime de ce mystère.

Un fait nous frappe immédiatement : c'est l'absence physique de Marie et la présence de l'ange. À la crucifixion, au contraire, Marie sera physiquement présente, et l'on ne parlera plus de l'ange.

L'Agonie est en effet un mystère de tristesse : « Mon âme est triste jusqu'à la mort », dit Jésus. C'est son âme qui est triste, qui n'en peut plus. Cette tristesse est mortelle, elle est excessive. Elle fait agoniser l'âme du Christ et tout son corps en est secoué. Cette tristesse est vécue dans la lutte et dans une lutte qui va jusqu'au paroxysme. C'est le propre de l'agonie d'être une lutte qui conduit normalement à la mort, une lutte extrême, la lutte ultime, dernière. Cette lutte fait partie de la tristesse divine de son âme et lui donne un caractère aigu et violent. Mais, pour que l'agonie se réalise parfaitement comme agonie, comme lutte à son paroxysme dans la tristesse, il était nécessaire que Jésus soit seul, séparé physiquement de tous ses amis, de ses disciples et de sa mère ; qu'il soit seul en face de Dieu, en face de son Père, et qu'il soit même comme rejeté et abandonné de son Père. « Mon Dieu, mon Dieu, pourquoi m'as-tu abandonné ? » Grâce à cette solitude totale, même divine — sorte de duel divin, pourrait-on dire, figuré par la lutte de Jacob avec l'ange — l'agonie pouvait se réaliser jusqu'au bout. Si Marie avait été présente physiquement, l'agonie n'aurait plus connu ce paroxysme aigu, atteint seulement dans l'isolement. La présence de l'ange consolateur ne supprime pas la solitude de Jésus, car c'est un ange qui pénètre en ce mystère, il y pénètre en pur contemplatif. Il est là comme l'envoyé de Dieu, l'envoyé du Père, non pour supprimer la lutte et le poids de la tristesse, mais pour « réconforter » l'âme de Jésus, la soutenir en lui redonnant de la force, lui permettant d'aller jusqu'au bout. Marie a pénétré dans ce mystère plus que l'ange, car elle est la Reine des anges ; elle a vécu de ce mystère, à l'unisson du cœur de Jésus, comme sa mère et son aide ; elle a connu la tristesse spéciale de son cœur agonisant, et cette lutte divine du jardin de Gethsémani s'est comme prolongée et achevée dans son âme. Elle aussi, pour être plus proche de l'agonie de son Fils, a dû vivre le mystère de tristesse et de lutte dans la solitude la plus complète de la nuit. Il était nécessaire que Jésus soit seul en face de l'amour miséricordieux de son Père, ainsi que de sa colère et de sa justice. Il était nécessaire que Marie soit elle-même seule en face de ce même mystère vécu en l'âme de son Jésus. La solitude du Christ engendrait en l'âme de Marie une solitude toute semblable et faisant immédiatement écho à la sienne.

Si Marie avait été là, auprès de Jésus, présente physiquement, elle n'aurait pas vécu avec autant d'intensité et de force le mystère de l'Agonie ; elle serait sortie de ce mystère de tristesse absolue, de ce terrassement complet, de cette sorte de prostration dans laquelle l'agonie de son Fils la plonge. Pour vivre vraiment à l'unisson du cœur de son Fils agonisant, pour connaître les exigences ultimes de l'amour du Père, dans cette tristesse mortelle, loin des regards humains, seule à seul avec lui, et d'une certaine façon même sans lui, il fallait que Marie, non seulement, respecte la solitude de Jésus, mais qu'elle s'y cache elle-même et soit, comme lui, toute recluse en cet excès d'amour.

Tous deux sont comme reclus et unis dans le même mystère. Évidemment, ils le vivent dans des cadres extérieurs tout différents et psychologiquement avec des lumières et des connaissances diverses. Jésus demeure dans sa vision béatifique. Mais Dieu permet que cette vision béatifique n'empêche pas sa nature humaine, dans ce qu'elle a de plus naturel, de sentir toute l'horreur de la proximité de la mort, de cette mort violente qu'elle ne peut admettre en son amour naturel et instinctif. Jésus frémit dans toutes les fibres de son être humain devant cette mort imminente dont il sait les circonstances infamantes. Son honneur humain, dans son enracinement naturel, ne peut souffrir ces dérisions, ces injures, cette dégradation ; son cœur humain, dans son amour naturel pour les hommes, ne peut tolérer cette trahison, la trahison d'un ami. Plus profondément encore, son cœur humain, dans son amour spontané pour les hommes, ne peut pas davantage accepter que sa mort soit cause de souffrances terribles pour sa mère, soit cause des souffrances de Jean, du disciple bien-aimé, des saintes femmes, de tous ses disciples. Du point de vue de la nature pure, il y a là quelque chose de révoltant pour cet homme — qui est homme plus que tout autre, qui est nouvel Adam, nouveau chef de l'humanité — d'être celui qui va entraîner par sa mort tous ses disciples dans un mystère de mort crucifiant. La générosité naturelle de sa volonté accepterait encore la mort violente avec toutes ses infamies, si du moins ses frères, ceux qui sont de la race humaine, ceux pour qui il est venu, étaient tous sauvés et délivrés immédiatement de la souffrance. Le messianisme de son peuple, dans ce qu'il a de plus profond, de plus radicalement naturel, il l'a vécu dans l'agonie. Il faut aller encore plus loin : son cœur infiniment pur, immaculé, ne peut souffrir l'horreur du péché, du mal en tant que mal, en tant qu'offense et outrage à l'honneur de son Dieu ; son cœur humain, dans ce qu'il a de plus pur, de plus profond et de plus aimant — son amour naturel à l'égard de Dieu — ne peut accepter cette masse d'iniquités depuis le premier péché jusqu'au dernier qui va s'abattre sur son cœur et va l'en revêtir. En réalité, c'est ce poids terrible des péchés de l'humanité qui provoque cette sueur de sang, cette tristesse infinie, insondable, qui est un poids insupportable faisant gémir son âme jusqu'à trois fois.

Si Dieu, en sa sagesse, a permis que Jésus, malgré la vision béatifique, expérimente toutes ces exigences naturellement bonnes et intimes de son cœur d'homme, c'est pour qu'en pleine conscience Jésus les immole et les offre au Père ; pour qu'avant l'holocauste sanglant et visible, il y ait cet autre holocauste non sanglant et invisible, mais d'autant plus profond, qu'il s'empare de toute l'âme humaine du Christ dans ce qu'elle a de plus humain, de plus radicalement naturel. Jésus accepte de porter sur lui la masse entière des iniquités du monde. Il accepte de paraître en face de la justice de son Père comme le responsable de toutes ces fautes, comme le bouc émissaire qui se charge de tous ces maux. La prière de Jésus que l'Écriture nous communique nous révèle ces abîmes de lutte, de séparation, d'holocauste qui sont acceptés par amour pour le Père : « Non ma volonté, mais la tienne. »

Marie vit ce même mystère dans sa foi, son espérance et son amour. C'est dans les ténèbres de la foi qu'elle accepte cette lutte mystérieuse, cette tristesse, ce déchirement de son Fils. Et sa foi connaît alors une obscurité toute nouvelle, celle qui caractérise les mystères douloureux. Cette obscurité vient du fait de la quasi-contradiction qu'il y a dans l'agonie, dans cette tristesse infinie qui s'abat sur le Fils de Dieu et le réduit à rien. Lui, le Dieu fort, le Dieu pacifique, le Fils bien-aimé du Père, lutte en face de son Père, il lutte dans une faiblesse apparente extrême, et dans une sorte de duel où toute sa vie est engagée et où il ne peut y avoir de compromis possible. Cette lutte qui tend à séparer et à opposer, dans le cœur de Jésus, dans la racine même de sa volonté, les exigences les plus foncières de sa nature humaine et celles de sa vie divine est, pour l'intelligence et le cœur de l'homme, comme un scandale et une folie. N'est-il pas contradictoire que le Fils bien-aimé puisse lutter contre son Père ? Que le Dieu fort apparaisse comme épuisé et terrassé ? Que le Dieu pacifique soit engagé dans un duel terrible ? Pour la foi de Marie, qui adhère pleinement au mystère de son Fils et au but de sa mission rédemptrice, cette agonie est une terrible épreuve. Cette quasi-contradiction ne la fait pourtant pas douter un seul instant. Marie demeure ferme, stable en sa foi ; la certitude de sa foi ne fait qu'augmenter en son cœur, malgré l'opacité des ténèbres de la nuit.

Mais cette foi meurtrit son cœur, car c'est une foi vivante, tout informée par l'amour. Cette adhésion de foi implique donc un engagement total ; l'acceptation de vivre en son cœur de mère d'une manière mystique tout ce que son Fils vit, et de considérer le mystère de son agonie comme sien. Il faut qu'elle adhère à cette mort psychologique de son Fils, à cette mort dans la tristesse et la solitude, à cette offrande intime de son « moi psychologique » en face de l'exigence de la volonté impérative du Père. Il faut que l'agonie de son Fils, elle la vive en son cœur de mère et de vierge. Voilà le glaive qui commence à transpercer son âme.

L'amour exige toujours que l'aimé soit dans l'aimant, et y soit comme l'aimé, avec toutes ses modalités propres. La plénitude d'amour du cœur de Marie pour son Fils exige que son cœur soit de plus en plus harmonisé avec celui-ci, qu'elle vive à l'unisson de son cœur agonisant, en portant dans son cœur le même poids de tristesse, d'anéantissement, de lutte. Elle doit accepter de porter avec lui la masse des iniquités du monde, de se revêtir avec lui et par lui des fautes de toute l'humanité, d'être par lui une mère miséricordieuse à l'égard de tous les pécheurs, de tous les criminels, de tous les maudits qui font agoniser son Fils, d'être par lui celle qui accepte pleinement la volonté du Père sur son Fils et sur elle-même. Marie n'a pas d'autre prière que celle de son Jésus durant cette nuit solitaire. N'ayant pas d'autre tristesse dans son cœur que celle de son Jésus, Marie peut être tout accueillante, tout attentive à cette tristesse divine. Elle peut la recevoir dans une très grande pureté sans l'altérer en rien. Marie n'a pas d'agonie propre, elle ne vit que de l'agonie de Jésus.

Nous touchons là à l'une des conséquences de son privilège d'Immaculée. Du fait qu'elle est sans faute, il y a en elle une très grande objectivité vis-à-vis de la tristesse.

Elle peut en vivre dans un amour tout à fait pur et, par le fait même, vivre vraiment le même mystère que Jésus.

Pour nous, à cause des conséquences du péché originel, nous portons dans notre cœur humain de multiples et diverses tristesses, nous avons nos petites agonies personnelles. Certes, nous pouvons et nous devons les diviniser en les unissant à celles de Jésus, mais c'est très rare que nos tristesses soient totalement transformées par l'amour en raison de leur caractère souvent si profondément personnel. C'est en vivant ce mystère dans cette plénitude d'amour si pur que Marie réconforte mystiquement, divinement, le cœur de Jésus agonisant. Voilà qui peut nous faire comprendre une des propriétés tout à fait caractéristiques de l'espérance chrétienne, dont Marie est le modèle.

Quand on est dans la tristesse, le seul fait de savoir que quelqu'un vit la même tristesse que nous, qu'il l'accepte dans son cœur par amour pour nous, qu'il veut la porter avec nous pour être plus proche de nous, se servant de cette tristesse comme d'un moyen pour être plus uni à notre cœur, cela seul nous console et allège un peu le poids terrible de cette tristesse. Consoler les affligés, c'est une œuvre de miséricorde, car la tristesse en soi est un mal, c'est une misère intérieure qui peut arriver à nous étouffer intérieurement, arrêtant complètement les élans les plus intimes de notre cœur.

Le Christ, dans son agonie, est certes le plus misérable des hommes, celui qui a connu la plus angoissante des tristesses et qui en vit de la façon la plus consciente, la plus lucide, et avec le plus d'acuité psychologique. Mais il n'a pas besoin de réconfort, car son amour pour le Père et pour nos âmes est si grand qu'il lui donne une force divine lui permettant de supporter tout avec une grandeur d'âme infinie. De plus, le Christ, parce que telle est la volonté du Père, veut que sa Mère pénètre dans son mystère de tristesse, dans son cœur agonisant. Il veut que Marie vive ce qu'il vit, et par là même il accepte d'être réconforté par elle. L'ange exprime et symbolise divinement à la fois cette solitude efficace et mutuelle. Jésus entraîne Marie dans la solitude de son agonie. Elle le suit, elle se laisse attirer par ces abîmes de tristesse, et en même temps elle réconforte le cœur de son Fils bien-aimé. Marie, par son espérance chrétienne, s'appuie sur le cœur de son Fils, elle s'appuie sur celui qui agonise pour elle, et elle puise là la force de porter le poids terrible de ses tristesses, et cette force divine de l'amour lui permet de soutenir, d'aider celui qui n'en peut plus, et qui mendie par là sa force divine de mère et de vierge.

Jésus, en acceptant d'être réconforté par Marie, nous montre combien il a soif de lui communiquer le plus possible son amour, et combien il a soif de recevoir son amour. Marie, en acceptant de vivre ce même mystère, nous montre le désir de son cœur d'être de plus en plus proche de lui : un avec lui dans son mystère de Rédemption.

Nous voyons par là comment, dans ces mystères douloureux, l'union entre Jésus et Marie va s'intensifier et connaître un mode nouveau de coopération encore plus profonde. Marie n'est pas seulement celle qui, par sa foi, peut donner au Verbe de Dieu un corps humain ; elle n'est pas seulement la servante qui donne à Dieu sa chair et son sang : elle est aussi celle qui, par sa foi, son espérance et son amour, peut coopérer efficacement à sa mission de Sauveur des hommes. Elle devient l'aide, *adjutrix*, la nouvelle Ève de ce nouvel Adam, lui permettant d'accomplir parfaitement son œuvre propre, l'œuvre pour laquelle il est venu [1]. Elle lui permet d'aller jusqu'au bout de ce mystère de tristesse, de s'y enfoncer plus profondément que s'il avait été seul à le vivre, puisque grâce à sa foi, son espérance et son amour, ce mystère de tristesse peut comme surabonder dans son cœur et l'envahir totalement.

Nous ne pourrons, à notre tour, pénétrer dans le mys-

1. *Cf.* PSEUDO-ALBERT, *Mariale*, Q. 42 : « À la Croix, Marie n'est pas vicaire du Christ, mais elle est sa coadjutrice et son associée — *non vicaria sed coadjutrix et socia.* »

tère de l'Agonie du Christ, dans celui de ses membres — l'agonie actuelle de l'Église persécutée et trahie — que dans la mesure où Marie nous y fera pénétrer. Sans elle, même si nous sommes de très bons apôtres, nous dormirons appesantis par la fatigue et la tristesse humaines, nous ne pénétrerons pas. Marie, en mère, peut nous faire participer à ce mystère solitaire et si réservé, qui est pour nous un des grands moyens de connaître la miséricorde du cœur de Jésus, de connaître les abîmes insondables de la tristesse de son cœur, de comprendre combien il a porté sur lui toutes les tristesses des hommes, combien il les a vécues ; il les a faites siennes jusqu'à en mourir intérieurement, psychologiquement. Son cœur agonisant est vraiment la patrie de toutes les tristesses.

Par là nous connaîtrons aussi combien Marie est notre Mère, celle qui a pris toute notre tristesse en prenant celle de Jésus et en vivant ce mystère de l'Agonie avec lui et par lui.

Chapitre III

LE MYSTÈRE DE LA CRUCIFIXION : MYSTÈRE DE SOUFFRANCES

« Près de la croix de Jésus se tenaient sa mère, la sœur de sa mère, Marie, femme de Clopas, et Marie de Magdala. Voyant sa mère et près d'elle le disciple qu'il aimait, Jésus dit à sa mère : "Femme, voici ton fils !" Puis il dit au disciple : "Voici ta mère." À partir de cette heure, le disciple la prit chez lui [1]. »

Relevons ce beau texte de saint Ambroise : « Marie, la Mère du Seigneur, était debout devant la croix de son Fils ; nul autre ne me l'a dit que saint Jean l'évangéliste. D'autres ont rapporté comme le monde avait été ébranlé à la Passion du Seigneur, comme le ciel avait été voilé de ténèbres, comme le soleil s'était enfui, comme le larron avait été reçu au paradis après sa pieuse confession. Mais c'est Jean qui m'a appris ce que les autres ne m'ont pas appris, comment Jésus sur sa croix a appelé sa Mère ; il a donné plus de prix à cette marque de piété filiale donnée à sa Mère par le Christ vainqueur des supplices qu'au don du royaume céleste [2]. »

Il y a trois affirmations bien nettes de l'évangéliste : la présence de Marie auprès du Crucifié, les paroles du Christ adressées à sa mère et à Jean, l'attitude nouvelle de Jean.

---

1. Jn 19, 25-27.
2. *Lettre au clergé de Verceil*, P. L. 16 c. 1218.

Présence de Marie auprès du Crucifié. Le Stabat Mater

Durant le mystère de l'Agonie, Marie et Jésus vivaient du même mystère d'Agonie et de solitude en face de la volonté impérative du Père, mais de façons très diverses. Au Calvaire, ils continuèrent de vivre du même mystère encore de façons très diverses, comme nous aurons à le préciser, mais ce qui est propre à ce mystère de crucifixion, c'est la présence physique de Marie : elle est là près du Crucifié.

Quand Marie a-t-elle rejoint son Fils ? Est-ce au Calvaire ou pendant le portement de croix, comme notre dévotion aime à se le représenter ? L'Écriture ne nous dit que le fait de sa présence à la croix, et cela suffit.

Depuis la flagellation jusqu'à la crucifixion, Jésus n'a cessé d'être meurtri dans son corps de mille manières. À la tristesse intérieure de l'âme succèdent les souffrances physiques, violentes ; elles écorchent tout son corps, elles le labourent, sans en respecter aucune partie : aucune place de son corps ne demeure intacte. Il faut que tout devienne signe et instrument d'amour, par et dans le sang. À ces douleurs physiques s'ajoute tout ce climat d'injures, de blasphèmes, de déshonneur. Il faut que toutes les morts viennent prendre possession de sa nature humaine de la manière la plus violente. Jésus n'a rien gardé de sa nature humaine : tout ce qui pouvait être offert a été offert. C'est vraiment l'holocauste parfait, où tout est brûlé, où tout est consumé pour la gloire du Père et le salut des âmes. Maintenons toujours ces deux aspects du même mystère : holocauste d'amour pour glorifier le Père, miséricorde salvatrice pour les âmes. L'amour permet d'unifier ce qui, sans lui, ne pourrait l'être.

Pour que l'holocauste fût surabondant, il fallait que Marie fût là, présente. Dans sa sagesse, Dieu l'a voulu ainsi.

En effet, la présence de Marie auprès du Crucifié augmente à la fois sa souffrance et l'apaise. « Du haut de la croix, note saint Ambroise, Jésus a accueilli l'amour de sa Mère, mais il n'a recherché l'assistance de personne[1]. » Marie est vraiment la joie du Christ crucifié. Elle est sa gloire. Celle qui garde sa parole, celle qui reçoit son sang, celle qui a gardé la parole-glaive, celle qui reçoit la croix. Elle est la réussite plénière de son sacrifice, les prémices de son sacerdoce royal. La présence de Marie met aussi un comble de douleur dans l'âme du Christ. Elle est là, témoin de toutes ses souffrances, dégradations et injures. Et elle est là en mère : elle est la mère du condamné à mort, de celui qu'on rejette comme un esclave méprisé. Pour le cœur de ce Fils bien-aimé, être cause de ce spectacle et de ces souffrances pour sa propre mère, c'est terrible ! Dans son cœur humain, comme Fils bien-aimé, il aurait désiré qu'elle ne fût pas là, afin de lui épargner une telle douleur, une douleur si atroce ! Mais le Père voulait que le calice soit bu jusqu'à la lie. Jésus a tout accepté.

Marie prend dans son âme de mère et de vierge toutes ces souffrances, elle les fait siennes avec amour, comme elle avait fait siennes toutes les tristesses de l'agonie.

Marie compatit à toutes ces souffrances. Elle les souffre avec lui par amour pour le Père et pour nous ; elle les souffre vraiment comme lui. Ce mystère de compassion est divin et tout à fait pur. Car normalement, Marie n'aurait pas dû souffrir, comme elle n'aurait pas dû connaître la tristesse, puisque la souffrance est une conséquence de la faute originelle. Elle souffre vraiment par amour, pour suivre son Jésus partout où il va, pour coopérer à son œuvre propre qui est de rendre témoignage à la vérité et de racheter nos âmes.

Marie, de fait, porte toutes les souffrances du Christ, sans en excepter aucune. Elle les prend toutes dans son âme et dans son cœur, puisque Jésus lui demande de compléter dans son cœur et dans son âme ce qui « manque à sa Passion ». Comprenons bien dans quel sens on peut parler de « compléter » et de « manque ». Il ne

1. *Op. cit.*, p. 84, nº 2.

manque rien à la Passion du Christ, celle-ci est parfaite et donc ne demande pas d'être complétée comme si elle était une œuvre inachevée. Mais, Jésus peut demander à Marie de faire surabonder en elle le mystère de sa Passion. Certes, Jésus ne lui demande pas de verser son sang, d'avoir son corps meurtri. Non, le corps de Marie doit demeurer intact ; c'est le corps de la Vierge. Mais son âme doit accepter de compléter ce que le Christ, lui, ne peut réaliser et réalise par elle. Car Jésus, dans les sommets de son âme, de son intelligence et de sa volonté, échappe à la douleur et à la tristesse, puisque ces sommets sont irradiés de la vision béatifique. Pour que la nature humaine, en toutes ses parties, soit offerte en holocauste et soit consumée pour la gloire du Père et le salut des âmes, Jésus a besoin de sa mère qui, comme nouvelle Ève, comme vierge toute pure, peut vivre de ce mystère de la crucifixion et de la mort de son Fils dans la foi, l'espérance et l'amour, et par là offrir à Dieu l'holocauste des sommets de son intelligence et de sa volonté.

En effet, nous l'avons déjà souligné pour l'agonie, mais ici tout devient encore plus explicite, plus net : dans ce mystère de la Croix, la foi de Marie connaît un mode douloureux qui immole d'une manière violente son intelligence. Cette foi regarde le mystère du Christ crucifié. Dans ce mystère, il y a comme certaines contradictions apparentes pour Marie : Jésus n'est-il pas pour elle le Fils de Dieu qui doit régner éternellement sur la maison de David, comme l'ange Gabriel le lui a dit ? Cette parole de l'Annonciation, elle la garde dans son cœur, et maintenant Jésus se présente à elle comme le Crucifié, le maudit de Dieu et des hommes. N'est-il pas dit dans l'Écriture : « Maudit celui qui est attaché au bois » ? Jésus apparaît donc comme celui qui est rejeté de Dieu et non seulement il apparaît tel, mais lui-même le déclare : « Mon Dieu, mon Dieu, pourquoi m'as-tu abandonné [1] ? » Lui, le Fils bien-aimé, « qui a toute la faveur » du Père [2], est

1. Mt 27, 46.
2. *Cf.* Mt 3, 17.

maintenant celui qui est abandonné et qui doit vivre de cet état d'anathème, de séparé. Il y a là une opposition brutale qui brise jusque dans son fond le plus intime l'intelligence de Marie, puisque cette quasi-contradiction regarde celui qui est à la fois pour elle sa Vérité, sa Voie, sa Vie et son Fils bien-aimé. Si Marie écoutait les exigences de son intelligence humaine, elle écarterait immédiatement une partie de cette contradiction apparente ; ou bien elle s'abandonnerait au désespoir, pensant que l'ange l'a trompée ; ou bien elle refuserait d'accepter la Croix, ne voulant garder et considérer que la parole de l'ange. Dans ces conditions, il y aurait un choix humain, il y aurait une hérésie, divisant humainement ce qui est « uni » dans la sagesse de Dieu. Au nom des exigences de la raison humaine, elle ferait un partage, elle ne garderait plus intégralement le message de Dieu.

Marie, dans un acte de foi héroïque, l'acte de foi de l'épouse, le *sponsabo te mihi in fide* d'Osée[1] Marie adhère à la volonté du Père sur son Fils. Cet acte de foi, sous la motion du don d'intelligence, dépasse les formules, les expressions visibles quasi contradictoires et donc intolérables, pour adhérer à la *res*, la volonté aimante du Père sur son Fils.

Déjà dans le mystère du Recouvrement, sa foi avait dû dépasser toutes les circonstances extérieures, si peu intelligibles pour elle, et avait dû adhérer à la volonté du Père sur son Fils, mais cette adhésion très pure demeurait joyeuse. Jésus lui était rendu par là même. Ici, ce dépassement l'entraîne à la suite de son Fils dans son mystère d'holocauste, de séparation violente et sanglante.

Adhérant dans toute sa pureté à la volonté infiniment aimante du Père sur son Fils et sur elle, Marie pénètre beaucoup plus avant encore dans son intimité. Car l'unité se fait alors dans cette volonté du Père, dans l'Esprit Saint. Marie coopère activement à l'œuvre de son Jésus. La Croix s'empare de son intelligence qui, dans cet acte

1. Os 2, 22.

héroïque de foi, est comme tout offerte, tout immolée. Rappelons-nous l'holocauste d'Élie, préfiguration merveilleuse de celui de la Croix. Le feu du ciel s'empare des victimes, de l'autel et de l'eau ! Il s'agit vraiment de la foi de l'épouse qui croit à l'amour de son Époux pour elle-même, alors que les circonstances extérieures semblent le nier, semblent s'y opposer. Cette foi est tout à fait silencieuse, car elle implique l'holocauste même de l'intelligence. Celle-ci ne peut plus rien dire — elle ne comprend rien — elle ne peut plus rien comprendre. C'est pourquoi il n'y a même plus le *quomodo* de l'Annonciation. Marie doit être toute passive, toute remise, livrée au bon plaisir de l'Époux.

Cette foi est féconde, puisqu'elle permet cette coopération divine avec le Christ dans son mystère de Rédemption. Marie, par cet acte de foi, devient Mère de toutes nos âmes. Elle nous enfante dans sa foi. Cette fécondité, nous pouvons la voir comme préfigurée dans la bénédiction que Dieu fit à Abraham après l'acceptation de l'immolation de son fils. La foi d'Abraham, que Dieu récompense, est bien une figure de la foi de Marie. Nous disons une figure, la réalité c'est Marie qui la vit. Abraham, en effet, n'a pas dû, en réalité, sacrifier Isaac, le fils de la promesse. Marie a dû, elle, sacrifier réellement son Fils. À la place d'Isaac, il y eut le bouc désigné par l'ange. Jésus était à la fois Fils de la promesse et « bouc émissaire », offert pour le salut de son peuple. C'est pourquoi la foi de Marie est beaucoup plus engagée, beaucoup plus réaliste et divine que celle d'Abraham. Elle doit aller plus loin que son ancêtre. Dieu ne lui demande pas seulement d'accepter une épreuve, comme pour Abraham, mais d'accepter un fait irrémédiable, avec tout son absolu : la mort ignominieuse de son Fils unique, le Fils de la promesse. La promesse faite à Abraham ne se réalise pleinement qu'en Marie et par elle[1]. Voilà la fécondité

1. « Je jure par moi-même, parole de Yahvé : parce que tu as fait cela, que tu ne m'as pas refusé ton fils, ton unique, je te comblerai de bénédictions, je rendrai ta postérité aussi nombreuse que les étoiles du

merveilleuse de cette foi héroïque, qui commande un tel holocauste, une telle mort ! C'est vraiment ce qu'il y a de plus vital, de plus intime en Marie, qui est immolé. C'est pourquoi il est normal qu'il y ait à partir de là une merveilleuse fécondité divine. Si la foi de Marie est féconde, cette foi la sépare de tout ce qui n'est pas sa Vérité crucifiée. Déjà à l'Annonciation, par son *fiat*, Marie avait connu une très grande solitude et un très grand silence ; à la Croix, au milieu du tumulte et de l'agitation humaine, par un *fiat* de foi à la volonté du Père, Marie connaît une nouvelle solitude et un nouveau silence. Seule au milieu de tous les autres, elle demeure très ferme dans sa foi, elle adhère toujours à la parole de Dieu, à celui qui est la Parole de Dieu, peu importe si les apparences ont changé, si les hommes ont totalement transformé leur attitude à son égard.

Ce que nous venons de dire de la foi de Marie, dans son mystère de compassion, il faut le dire aussi de son espérance. Marie coopère encore effectivement au mystère du Christ par son espérance. Il y a aussi, à propos de l'espérance, des épousailles divines, car elle offre alors à Jésus l'immolation de ce qu'il y a de plus noble et de plus élevé dans sa volonté humaine, dans son appétit humain comme tel. Ce que Jésus ne peut immoler, car il possède le bonheur plénier, il l'immole par Marie. Au Calvaire, l'espérance de Marie connaît un mode de pauvreté sanglante. Non seulement son espérance est divine et très pauvre, mais elle possède un mode de dépouillement tel, que le cœur de Marie, sa volonté, est comme dépossédée de toute orientation de vie, de tout désir humain, de toute force humaine. Au Calvaire, Marie doit espérer en la Croix, en son Fils crucifié, contre toute espérance humaine. Pour une mère, en effet, la mort de son fils unique, de son fils bien-aimé, c'est le motif du plus grand désespoir. Car la mort de son fils unique lui enlève toute

ciel et que le sable qui est sur le bord de la mer, et ta postérité conquerra la porte de ses ennemis. Par ta postérité se béniront toutes les nations de la terre, en retour de ton obéissance » (Gn 22, 16-18).

raison d'être. Cette mort n'entraîne-t-elle pas la suppression même de l'exercice de sa maternité ? Lorsque ce fils unique est en même temps le Fils unique du Père, sa mort creuse dans l'âme de sa mère un anéantissement infini, une sorte d'abîme de solitude et d'abandon. Dieu demande à Marie d'espérer dans la mort même de son Fils unique et de son Dieu, d'espérer en sa crucifixion, et de la considérer comme le plus grand motif d'espérance. Marie doit s'appuyer sur la faiblesse du Crucifié, sur sa mort ignominieuse, pour avoir une espérance toute divine d'Épouse compatissante.

On saisit par là un peu la pauvreté divine de cette espérance de Marie. On saisit comment le don de crainte purifie divinement cette espérance chrétienne, en ne lui permettant de s'appuyer que sur la force même de Dieu, c'est-à-dire l'amour du Père, tel qu'il veut se manifester à l'égard de son Fils crucifié et, par lui, à l'égard de Marie. Or, cette volonté demande l'holocauste complet, total, de Jésus, surabondant par l'holocauste du cœur de sa mère. L'espérance de Marie doit alors s'appuyer sur l'holocauste de son Fils pour être tout à fait pure et divine.

L'espérance théologale s'appuie sur la toute-puissance miséricordieuse de Dieu pour obtenir de lui la béatitude, la vie éternelle. L'espérance chrétienne s'appuie sur la toute-puissance miséricordieuse de Dieu manifestée dans le Christ pour obtenir du Père l'entrée dans la maison paternelle. Pour que cette espérance puisse être efficace, elle doit être divinement pauvre, car on ne peut s'appuyer sur la miséricorde que si l'on est pauvre. Dieu ne peut faire miséricorde qu'au pauvre, qu'à celui qui reconnaît qu'il n'a rien et qui reçoit tout de lui. Il y a un lien essentiel entre la miséricorde et la pauvreté. C'est dans la mesure où l'on est pauvre que la miséricorde nous envahit. À la Croix, l'espérance de Marie doit s'appuyer sur la toute-puissance miséricordieuse du Père, manifestée dans le Christ crucifié, pour obtenir du Père la vie éternelle pour elle et pour nous. Or, la miséricorde du Père se manifeste d'une manière toute divine dans son Fils crucifié bien qu'elle semble apparemment l'abandonner et le laisser seul dans sa misère comme le pauvre Job. L'espérance de Marie ne doit donc pas s'arrêter aux apparences, mais, contre les apparences, elle doit pénétrer dans le mystère de cette miséricorde infinie du Père pour son Fils et, en lui, pour elle et toute la race humaine. Mais elle ne peut pénétrer que par la porte étroite : elle doit abdiquer tout jugement, tout désir humain de messianisme, toute ambition maternelle si noble et si belle qu'elle puisse être, tout droit de propriété quel qu'il soit, et accepter d'être revêtue du sang du Christ, de tous ses déshonneurs, des crachats, de toute son ignominie, de tous ses opprobres. Elle doit accepter d'être la mère de celui qu'on considère vraiment comme un blasphémateur, un maudit, un usurpateur. Il faut une pauvreté chrétienne sanglante, humiliante, avilissante même extérieurement et socialement, pour pénétrer dans cette miséricorde du Père.

Cette espérance de l'épouse, celle de la Croix, réclame donc de l'âme de Marie toutes les abdications possibles, jusque dans leurs racines les plus profondes, les plus inviscérées. Cette espérance la fait vivre à l'unisson du cœur très pauvre du Christ et lui permet d'entrer dans tous les abîmes de ce cœur blessé, de s'y « enraciner » et d'en explorer toutes les dimensions divines.

« Dès aujourd'hui tu seras avec moi dans le Paradis[1]. » Si cette parole est vraie pour le bon larron, elle l'est a fortiori pour Marie. Par son espérance, cette « ancre » divine, elle est « fixée » dans le cœur de son Jésus crucifié et pénètre au plus intime du mystère de la miséricorde du Père. Cette espérance de la Croix met donc l'âme de Marie dans un état d'unité beaucoup plus parfaite avec la miséricorde de Dieu. C'est le *sponsabo in misericordia.*

Cette miséricorde est tellement divine qu'elle surabonde et qu'elle communique au cœur de Marie une

1. Lc 23, 43.

nouvelle fécondité. Car cette espérance d'épouse, tout abandonnée dans sa pauvreté même, donne à son cœur un nouvel élan d'amour, un nouveau *sursum corda* dans lequel elle nous entraîne tous. Si, en effet, son cœur de mère doit à la Croix accepter de mourir, son cœur de nouvelle Ève, commence, lui, à battre. Dans son mystère de compassion, Marie espère vraiment pour toute l'Église.

Toutes ces exigences si profondes de la foi et de l'espérance de Marie proviennent de l'amour et sont essentiellement ordonnées à un épanouissement plus divin de la charité. Les exigences de la foi et de l'espérance qui réclament de tels dépouillements de notre intelligence et de notre volonté humaines, sont toujours en vue de l'amour. Elles se réalisent par l'amour et ont pour terme l'amour. L'amour les enveloppe donc complètement.

Le Christ, à la Croix, est holocauste d'amour ; il veut que Marie le soit avec lui. Toutes les exigences d'holocauste de l'intelligence et du désir que nous venons de voir proviennent de l'amour. Pour que Marie donne à Jésus tout ce qu'elle peut lui donner, comme lui-même a donné tout ce qu'il pouvait lui donner, il était nécessaire — du point de vue des exigences de l'amour — qu'elle lui fasse don, par sa foi et son espérance héroïques, de toutes les forces vives de son intelligence et de son appétit. Autrement Marie se serait réservé quelque chose. C'est donc bien l'amour divin, dans ce qu'il a de plus lui-même, qui réclame toutes ces purifications sanglantes, meurtrissantes. Et l'amour seul pouvait les réclamer. Seul l'amour divin peut demander à une intelligence humaine d'abdiquer radicalement son droit à juger, à voir clair ; seul l'amour divin peut demander à une volonté humaine et au cœur d'une mère d'abdiquer ses droits les plus profonds : ses droits de mère sur la vie de son enfant. Ces purifications sont ordonnées à l'amour et elles permettent à l'amour divin de tout envahir. Le feu du ciel va pouvoir tout brûler.

Par le *fiat* silencieux de Marie à la Croix, Jésus peut

offrir au Père une hostie complète, l'holocauste consumé de toute la nature humaine[1]. Évidemment, l'holocauste du Christ en soi est parfait, du point de vue de l'intensité et de la perfection de l'amour. Il est infini en mérite et il n'a pas besoin d'être achevé par un autre holocauste. Mais cet holocauste peut s'étendre surabondamment, avoir une action propre sur le cœur de Marie et par là acquérir un rayonnement nouveau et une splendeur unique, s'enraciner dans l'humanité comme le *fiat* de Marie à l'Annonciation était le *fiat* de l'humanité acceptant librement dans la foi cette nouvelle alliance de Dieu avec les hommes. Se réalisant dans le mystère de l'Incarnation, le *fiat* de Marie à la Croix est encore le *fiat* de l'humanité, acceptant librement dans la foi cette alliance sanglante de Dieu avec les hommes, acceptant que le sacrifice de la Tête soit celui des membres, que l'holocauste du Christ soit celui des hommes.[2]

Ici encore, seul l'amour excessif du cœur de Jésus peut nous faire comprendre à la fois le caractère de surabon-

1. *Cf.* ARNAULD DE BONNEVAL, *De laudibus B.M.V.*, P.L. 189, 1727 : « Il n'y avait qu'une seule volonté du Christ et de Marie ; tous deux pareillement offraient à Dieu un unique holocauste : elle dans le sang de son cœur, lui dans le sang de son corps. »

2. *Cf.* M. J. SCHEEBEN, *La Mère virginale du Sauveur*, traduction A. Kerkvoorde, Desclée, 1953. « La collaboration de Marie au sacrifice du Christ reçoit son expression parfaite quand on regarde son âme ou son cœur comme l'autel vivant dressé dans l'humanité. Sur cet autel l'offrande venue de son sein est offerte par le Christ comme un holocauste consumé par le feu qu'il contient en lui-même et dont Marie aussi apparaît comme remplie. De cette manière le Christ sacrifié est offert par la médiation de Marie, non seulement comme prix de l'humanité et offert par elle, mais comme offert dans l'humanité, de telle manière que celle-ci est offerte d'une façon vivante avec lui, par une participation aimante à ses souffrances. De même, le Christ, sacrificateur sacerdotal, ne s'offre pas seulement lui-même ; par l'intermédiaire de Marie il s'offre dans l'humanité et offre l'humanité en lui-même. Ce sacrifice passif de Marie étant inclus dans l'union aimante au sacrifice du Christ, la fonction de Marie se concentre dans la notion de "celle qui porte le sacrifice". Cette notion, prise dans tout son sens, exprime le rapport de Marie avec le sacrifice de la rédemption d'une manière aussi riche et profonde que la notion de génératrice de Dieu le fait pour sa dignité et sa fonction (p. 183). »

dance de cet holocauste mystique du cœur de Marie et son caractère de quasi-nécessité. Le feu divin demande de brûler tout ce qui est combustible.

L'action sacerdotale du Christ acquiert donc par le *fiat* de Marie comme une nouvelle efficacité, ou plus exactement une nouvelle extension. Marie offre à son Prêtre une terre vierge, une intelligence et une volonté en lesquelles Dieu seul a pénétré et agi. Elle accepte que Jésus exerce sur elle son action sacerdotale d'une façon plénière, en devenant holocauste avec lui. Le sacerdoce du Christ n'a pu offrir en holocauste l'intelligence et la volonté humaine en ses sommets que grâce à ce *fiat* de Marie, *fiat* commencé à l'Annonciation, achevé, consommé à la Croix.

Certes, comprenons bien que l'action sacerdotale du Christ-Hostie est parfaite et n'a besoin d'aucune autre hostie pour être parfaite. Mais, de fait, comme son sacerdoce est un sacerdoce d'amour, et qu'il pouvait avoir en Marie une nouvelle hostie à offrir, il était « quasi nécessaire » (de la nécessité de la sagesse qui veut faire surabonder l'amour) qu'il s'emparât de l'intelligence et de la volonté de Marie pour réaliser pleinement et totalement son œuvre propre. L'Amour n'a pas d'autre mesure que ses propres exigences d'amour, rien ne peut donc l'arrêter.

Nous voyons bien par là comment Marie est doublement Mère du Prêtre : en communiquant à Jésus la matière de son sacrifice, sa chair et son sang, et en acceptant que sa propre vie humaine, dans ce qu'elle a de plus intime, soit offerte avec le corps et le sang du Christ, comme l'eau du sacrifice[1]. Cet acte héroïque d'amour du

---

1. *Cf.* SAINT BONAVENTURE, I, Sent., dist, 48, a. 2, q. 2 : « On n'en doit d'aucune manière douter, la Bienheureuse Mère et Vierge Marie, d'un cœur viril et par la détermination la plus constante, voulait livrer son Fils pour le salut du genre humain, de telle sorte que la Mère fût en tout conforme au Père. Et en cela ce qu'il faut le plus louer et chérir, c'est qu'elle ait agréé que son Fils unique fut sacrifié pour le salut des hommes. Et cependant, elle compatissait à ce point qu'elle aurait volontiers, si cela eût été possible, pris sur elle tous les tourments que son Fils endurait. Vraiment donc elle fut forte et tendre, douce et rigoureuse tout ensemble, avare pour elle-même, prodigue pour nous ! C'est

cœur de Marie à la Croix la livre totalement à son Jésus Prêtre et Hostie et la met avec lui dans un état d'unité d'hostie et d'holocauste d'amour. C'est le don le plus parfait qui soit, le plus plénier. Et ce don se fait dans la totale obscurité de la foi et la totale pauvreté de l'espérance. Il se fait donc dans l'abandon le plus désintéressé, le plus pur qui soit. Au don total du Christ, Marie répond par un don total tout intérieur, tout intime, tout divin, parce que c'est par là qu'elle pourra vraiment se donner comme Épouse, comme nouvelle Ève. Seul ce don-là complète, achève, imite divinement celui de Jésus crucifié. Il ne le copie pas matériellement ni de l'extérieur, mais il pénètre au plus intime de celui de Jésus, sous l'action directe de l'Esprit Saint, le Don personnel. Par là, nous pourrons comprendre son caractère tout à fait divin, dans sa nature et son exercice même : c'est vraiment l'œuvre du don de sagesse. C'est pourquoi il est tout à fait silencieux, caché, enfoui dans le cœur blessé de Jésus, et il lui est pleinement réservé. C'est le don de l'Épouse : *Sponsabo te mihi in sempiternum.* Extérieurement, on ne voit rien. Marie est debout au pied de la croix ; elle ne meurt pas, elle n'est pas ensanglantée, elle n'est pas injuriée ; on l'oublie, on ne s'occupe que de lui. Mais divinement, en son âme, elle meurt, elle est ensanglantée, elle est couverte de toutes les iniquités, elle vit de toute la pauvreté de son Fils, mais uniquement pour lui et pour le Père, dans l'amour.

Cet amour qui s'empare du cœur de Marie, qui l'unit si profondément à la volonté du Père par et dans ce don total à son Fils, est un amour fécond, capable de nous engendrer à la vie divine, capable de nous purifier, de nous transfigurer[1]. Cet amour si jaloux — puisqu'il

donc elle qu'il convient d'aimer et de révérer par-dessus toute chose, après la Trinité suprême et son Enfant très saint, Notre-Seigneur Jésus-Christ, dont aucune langue ne peut parvenir à exprimer le mystère divin. »

1. « Marie à la croix n'est pas assumée par le Seigneur dans une fonction sacerdotale mais elle est la Mère du Sauveur et son Aide. Tous les ordres de l'Église sont dans une fonction (un ministère). Or

regarde avec tant d'absolu la volonté du Père et ne veut voir que celle-ci, réduisant au silence toutes les aspirations naturelles de l'intelligence et de la volonté — possède une fécondité divine merveilleuse, universelle. C'est pour faire la volonté du Père qu'elle accepte tout ce mystère de la compassion. Or, cette volonté du Père est une volonté d'amour surabondant ayant une efficacité universelle : en voulant l'holocauste de l'âme de Marie, elle veut unir Marie intimement au Christ, nouvel Adam, et lui permet de coopérer à sa Rédemption, à notre salut et à notre rachat. Nous comprenons alors comment Marie, par cet amour si parfait, si pur, si divin, devient réellement notre corédemptrice, celle qui, par surabondance d'amour, coopère intimement au mystère de la Rédemption, à notre nouvelle naissance dans le Christ crucifié.

Cette foi, cette espérance, cet amour, en raison de leur efficacité divine, mobilisent toute la vie de Marie pour l'offrir en holocauste vivant dans une obéissance filiale et silencieuse, entièrement passive. Elle est en dépendance de l'Agneau de Dieu, et en s'y conformant pleinement, une véritable hostie d'amour offerte par le Christ-Prêtre. Tout l'enseignement qu'elle a reçu de Jésus durant sa vie cachée devait aboutir à cet holocauste où Jésus-Prêtre la présente au Père pour sa gloire. Voilà le nouveau service que Jésus lui demande. Il ne s'agit plus alors de se dévouer dans un service temporel, mais de se donner encore plus divinement dans un service tout intérieur, totalement caché et réservé à Dieu.

Le *stabat* traduit extérieurement cette attitude de soumission aimante et virile. Marie est debout en face de son Jésus crucifié, aussi près qu'elle peut l'être, pour être présente à toutes les souffrances de son corps, les voyant, les contemplant, les aimant. Nous comprenons pourquoi ici la présence physique de Marie était nécessaire. Car il

---

la Bienheureuse Vierge n'est pas assumée par le Seigneur dans une fonction, mais elle est assumée dans la communauté de biens et elle est assumée comme l'Aide, selon cette affirmation : "Faisons-lui une aide semblable à lui." » *Cf.* PSEUDO-ALBERT, *Mariale*, Q. 42.

s'agit de compatir à des souffrances physiques, à des douleurs exposées. Pour pouvoir compatir vraiment à de telles souffrances, il faut qu'à la présence intime, affective et aimante s'ajoute la présence physique[1].

---

1. Il serait intéressant de comparer les deux présences de Marie auprès de Jésus, signalées par saint Jean en son Évangile, celle de Cana et celle de la Croix. Le parallélisme entre ces deux présences est facile à comprendre : À Cana, Jésus inaugure son ministère messianique. Il y opère son premier miracle. Au Calvaire, il achève son œuvre : tout est consommé. Marie est proche de lui à ces deux moments. Elle s'y trouve dans la compagnie des premiers apôtres, ou du seul disciple bien-aimé, les autres ayant alors abandonné, renié, trahi.

« À la croix, dit saint Augustin, il reconnut publiquement sa Mère, lui qui n'avait jamais cessé de la connaître. Avant qu'il eût pris une nouvelle naissance dans son sein, il l'avait connue dans les secrets de sa prédestination : avant que Dieu eût donné l'être à celle de laquelle il devait le recevoir, il connaissait sa Mère. Mais à une certaine heure, par un dessein mystérieux, il semble la méconnaître, et à une autre heure, qui n'est pas encore venue, il la reconnaîtra par suite du même dessein (Saint Augustin, *Tract. in Io.*, VIII, § 9).

Jésus lui adresse la parole les deux fois, avec la même solennité, il l'appelle « Femme ». À Cana, il lui demande une docilité dans l'abstention : ne pas intervenir, l'heure n'est pas venue. Au Calvaire, il lui demande une docilité dans la coopération intime : l'heure est arrivée. On comprend par là tout le rôle de Marie dans sa coopération divine à la vie apostolique du Christ. Parce que sa maternité est précisément une maternité de foi, son rôle n'est pas seulement terrestre ; il dépasse tous les liens de la chair et du sang ; son rôle est divin ; par sa foi, elle coopère à la vie apostolique du Christ, elle coopère à sa vie de Prêtre, à sa vie d'Hostie, puisque sa vie apostolique, dans sa note ultime, n'est pas autre chose qu'une fonction sacerdotale et victimale. Cette coopération, parce qu'elle est divine, exige une très grande pauvreté. Elle est vécue d'abord dans la séparation volontaire, puis dans la séparation sanglante du Calvaire. Cette coopération est maternelle et virginale. Comme Mère, elle se donne avec son Fils, elle l'offre au Père par le prêtre, comme dans le mystère de la Présentation ; comme Vierge, elle coopère à cette offrande en laissant le sacerdoce du Christ immoler son âme dans ce qu'elle a de plus intime. La prophétie de Siméon se réalise pleinement. Elle est donc Mère du Prêtre et Vierge-Hostie. À la Croix, de fait, elle permet à Jésus d'être totalement offert en l'offrant d'une manière maternelle. Elle permet à Jésus d'être Hostie totale en s'offrant avec lui et par lui. Par là, elle permet vraiment à son sacerdoce de connaître une surabondance d'amour. Comme Mère et comme Vierge, elle dispose et prépare le sacrifice de Jésus crucifié, elle coopère en faisant surabonder son amour, en cela même on peut dire qu'elle l'achève et le complète. Au sacrifice du Christ, certes, il ne manque rien, mais ce sacrifice peut s'achever, se compléter en un mystère de surabondance d'amour.

Les paroles du Christ

Toutes les paroles du Christ en croix sont messianiques[1]. La parole qu'il adresse à sa mère doit l'être comme les autres, bien que, de fait, Jean n'en fasse pas mention.

Or, parmi les prophéties ayant trait à la Mère du Messie, Isaïe 7, 10-16 et Genèse 3, 15, la première concerne la naissance virginale, la seconde, la lutte qui existera entre la femme et le serpent : « Je mettrai une hostilité entre toi et la femme, entre ton lignage et le sien. Il t'écrasera la tête et tu l'atteindras au talon. » N'oublions pas que Jean, lorsqu'il se réfère à l'Ancien Testament, cite d'après les Septante. Or, les Septante ont précisé ce que le texte hébreu laissait dans le vague à propos de « Celui-ci te brisera la tête ». Le texte des Septante a opté pour le sens individuel. Le vainqueur du serpent est le descendant de la femme : le Messie.

Or, il est bien évident que pour Jean, la Croix, qui est l'heure de Jésus, représente le grand duel entre le Messie, Fils de Dieu, et Satan, le prince de ce monde, l'adversaire de Dieu, puisque, comme le Christ le dit lui-même : « C'est pour détruire les œuvres du diable que le Fils de Dieu est apparu[2]. » La dernière action du Fils de Dieu ne peut être que d'écraser la tête du serpent. À l'occasion de l'entrée à Jérusalem, Jésus avait dit : « C'est maintenant le jugement de ce monde ; maintenant le prince de ce monde va être jeté bas[3]. »

La Croix est ainsi pour Jean le grand combat entre le lignage de la femme et le lignage du diable, c'est-à-dire le grand combat entre ceux qui sont nés de Dieu et ceux qui sont nés du diable qui, comme lui, sont « homicides »

1. Le Christ crucifié réalise la prophétie. Saint Jean, dans le chapitre 19 de son Évangile, note trois fois l'accomplissement de l'Écriture : à propos du partage des vêtements (v. 24, citant Ps 22, 19) ; à propos du cri de soif (v. 28, *cf.* Ps 69, 22 et 22, 16) ; et à propos de la sépulture (v. 36, citant Ps 34, 21 ; *cf.* Ex 12, 46). L'Écriture est également citée à propos du coup de lance (v. 37, citant Za 12, 10).

2. 1 Jn 3, 8 ; *cf.* Jn 6, 70-71 ; 7, 39 ; 13, 2 ; 21-27 ; 14, 30.

3. Jn 12, 31.

et « menteurs »[1], les pharisiens retors, les grands prêtres ambitieux et tous ceux qui se laissent mener par eux, par crainte ou par tactique utilitaire.

On ne peut séparer ce duel et ce combat — en réalité ils ne font qu'un — car celui qui est « homicide » et « menteur » ne fait qu'un avec le démon, et celui qui est « né de Dieu », possède en lui le germe de Dieu, il est « fils de Dieu ». « Vous n'êtes tous qu'un dans le Christ Jésus », dit saint Paul, et saint Jean nous répète souvent qu'il a été donné aux hommes le pouvoir de participer à la condition du Fils unique[2].

C'est en Judas et en Jean que ces deux identifications seront les plus nettes. Ils seront comme les chefs de file de ces deux lignages.

Le diable commence par mettre dans le cœur de Judas le dessein de trahir son Maître[3]. Puis le diable entre en lui[4] lorsque le dessein devient une résolution précise. L'union alors est telle entre les deux, que Judas pourra être considéré comme un démon. Jésus le dit expressément, en parlant aux Douze : « L'un de vous est un démon[5]. »

Jean, au contraire, est le prototype de ceux qui sont nés de Dieu. Il est le disciple bien aimé, celui qui a toujours connu une intimité de choix avec son Maître, une intimité spéciale, réservée. Aussi n'est-il pas étonnant que Jésus le désigne du haut de la croix comme le fils de la femme.

C'est dans ce grand ensemble de la Révélation qu'il faut considérer les paroles divines du Christ à sa mère et à Jean pour tâcher d'en comprendre tout le sens divin.

« Femme, voilà ton fils. » La dernière parole de Jésus à sa mère, cette parole qu'on peut considérer comme son testament d'amour à l'égard de celle qu'il a tant aimée,

1. *Cf.* Jn 8, 41-44.
2. *Cf.* 1 Jn 3 ; 4 ; 5.
3. *Cf.* Jn 13, 2.
4. *Cf.* Jn 13, 27.
5. *Cf.* Jn 6, 70.

nous révèle toute la place de Marie dans l'économie divine. Elle est la nouvelle Ève, l'ennemie par excellence du serpent, car en elle « le germe de Dieu » s'est épanoui pleinement ; la semence divine a trouvé en elle une bonne terre, où elle a pu porter au centuple son fruit. Marie est « la femme » telle que Dieu, dans sa sagesse, a voulu la refaire après la chute de la première Ève. Elle est le prototype de l'Église, celle qui est formée pour le nouvel Adam et à partir de lui. Tout ce qu'elle a, elle l'a reçu de lui ; tout ce qu'elle est, est relatif à lui.

Et comme ce nouvel Adam à la Croix rachète l'humanité, engendre l'Église, Marie devient par le fait même la mère de cette Église, de tous les membres du Christ[1]. Comme Jean est le prototype des fils adoptifs, Jésus, en montrant Jean à Marie, lui montre toute l'Église et lui ordonne d'en être la Mère[2].

Marie reçoit dans une foi d'épouse cette parole du Christ, au milieu des ténèbres du mystère de la Croix. Cette parole du Christ lui est infiniment douce, bien qu'elle soit aussi un glaive tranchant qui blesse son cœur.

Cette parole lui demande de regarder Jean comme son fils, de l'adopter, comme Jésus crucifié l'adopte. Cette parole lui permet de pénétrer très profondément dans le cœur de Jésus, de comprendre l'unité divine, l'alliance nouvelle dans le sang entre Jésus et Jean, de comprendre combien Jean reçoit tout de lui, qu'il est l'enfant bien-

---

1. Relevons ce très beau commentaire de SALMERÓN : « Nous, nous contemplons la mère... comme la seconde Ève, ou la femme donnée au second Adam comme aide semblable à lui, pour réengendrer le monde selon l'Esprit, comme nous lisons que la première Ève a été donnée au premier Adam comme aide pour engendrer selon la chair, par cette, contemplation nous connaissons que nous sommes ses fils selon l'esprit. » Cf. *Comment. in Evang. Histor., de passione et morte N.S. J.-C.*

2. « C'est le testament du Christ en croix, répartissant entre sa mère et son disciple les devoirs de piété. Ainsi le Seigneur établissait son testament, non seulement son testament public, mais encore son testament domestique, et Jean y apposait sa signature, digne témoin d'un si grand testateur » SAINT AMBROISE, *Lettre ou clergé de Verceil*, P.L. 16, c. 1218.

aimé du Père et qu'en lui c'est toute l'Église que le Christ regarde et qu'il demande à sa mère d'aimer avec lui.

Jésus demande donc à Marie cette divine coopération et il lui demande cela d'une façon nette, précise, concrète, individuelle. Cette parole de Jésus à ce moment tragique est en effet, pour Marie, un testament, une dernière volonté qui blesse divinement son cœur de mère. Jésus veut que dans son cœur elle reçoive Jean comme un fils bien-aimé, alors que les exigences humaines les plus profondes de son cœur de mère ne voudraient considérer que Jésus dans ces derniers instants et ne penser qu'à lui. Une mère n'a-t-elle pas ce droit, qu'aucune autorité humaine ne peut lui enlever, d'être toute à son fils mourant ! Sachant très bien qu'elle seule peut l'aider à ce dernier moment, puisqu'elle est source de sa vie humaine. Il faut que Marie, qui est une mère pauvre, qui a abdiqué tous ses droits de mère pour ne les exercer que sous la motion du Saint-Esprit, connaisse cette ultime pauvreté dans son cœur de mère, la plus profonde de toutes. Il faut qu'elle accepte d'être privée de ce privilège de mère, d'être exclusivement attentive au dernier souffle, aux derniers gestes, aux dernières paroles de son Fils.

C'est son Fils comme Prêtre qui lui donne cet ordre. Dans le mystère du Recouvrement, Jésus, dans tout le rayonnement de ses douze ans, lui demandait de regarder le Père, et de le retrouver auprès du Père. Ici, Jésus crucifié, Jésus qui va la quitter, lui demande de regarder Jean, le disciple bien-aimé, et de le retrouver dans le cœur de Jean. Dans un acte de foi très pur, Marie adhère à cette parole, sans faire aucune comparaison entre Jésus et Jean. Saint Augustin, dans une très belle homélie, pour nous faire comprendre l'héroïsme de Marie à la Croix, fait la comparaison entre Jésus et Jean, entre le Maître et le disciple. Il compare en théologien et pour nous. Marie, elle, n'a pas comparé : elle a pris dans son cœur cette parole divine de son Fils, pour que cette parole soit féconde et réalise en son cœur un cœur de mère bien-aimée pour Jean, et par Jean, pour toute l'Église.

Dans une foi toute divine, crucifiant et meurtrissant son cœur de mère, Marie a dépassé les apparences pour adhérer à la réalité divine, au mystère du corps mystique, de l'unité divine de Jésus et de Jean, du cep et des rameaux, de la Tête et du corps, de l'Époux et de l'épouse.

À l'Annonciation, par son *fiat*, le Christ est venu habiter en elle ; par sa foi, elle a conçu dans la joie le Verbe incarné. Ici, dans cette annonciation douloureuse, par son *fiat*, le Christ total s'empare de son cœur. Elle conçoit divinement toute l'Église dans la souffrance. Il y a un parallélisme très mystérieux entre les deux annonciations, l'une transmise par Luc, l'autre par Jean ; l'une divine et miraculeuse, toute dans l'acceptation joyeuse de la petite servante de Dieu ; l'autre toute divine et mystérieuse, dans la grande douleur du Calvaire ; l'une faite par l'ange Gabriel dans le plus grand secret, l'autre par Jésus crucifié en face de tout l'univers et de la ville sainte, au milieu des discordes et de la lutte.

Marie ne demande plus le *quomodo*. Elle se tait, car son cœur est brisé, et son intelligence est elle-même tout immolée. Elle accepte entièrement, dans les ténèbres, les ténèbres de la Croix. Elle nous fait comprendre alors comment l'épouse adhère à la parole de l'Époux, qui est pour elle un Époux de sang, un Époux qui la blesse au cœur dans ce qu'elle a de plus aimant et de plus saint, et qui lui demande cette ultime fidélité, celle de garder son trésor après sa mort et d'en vivre comme lui en vivait.

Cette dernière parole du Christ pour elle est aussi un aliment divin pour son espérance très pauvre d'épouse. Elle peut s'en servir pour s'appuyer plus divinement encore sur la toute-puissance miséricordieuse du Père et s'élever dans un nouveau *sursum corda*. En effet, cette parole réclame d'elle une ultime pauvreté pour son cœur de mère, et par le fait même, cette ultime pauvreté lui permet de connaître une miséricorde spéciale de son Père, puisque chaque pauvreté divine demandée par Dieu est pour un don de sa miséricorde. Marie, en acceptant de n'être pas exclusivement à son Fils à ses derniers moments, reçoit du Père la grâce de cette fécondité divine, la grâce de coopérer efficacement à l'œuvre de son Fils. Elle n'est plus seulement celle qui est servante de Dieu, mais l'aide de son Dieu. L'affirmation de Jésus : « Voilà ton fils », le lui fait bien comprendre. Cette fécondité, regardant Jean, regarde toute l'Église, puisque Jean est le représentant de tout le lignage de ceux qui sont nés de Dieu.

Cette miséricorde du Père, Marie la reçoit et en vit par le cœur de son Jésus. Cette fécondité divine qui lui est communiquée est celle de son Jésus. C'est pourquoi cette pauvreté qui blesse et meurtrit son cœur maternel, en même temps l'épanouit, le dilate, panse la blessure, en l'unissant intimement au cœur du Christ engendrant l'Église.

On comprend alors l'élan nouveau de son cœur. À partir de cette miséricorde et en elle, elle regarde Jésus en Jean. Elle pénètre plus intimement encore dans le cœur de son Fils, car elle en voit tout le prolongement, tout le rayonnement en Jean. Et de là, elle s'élance vers le Père, comprenant mieux combien il est source de toute fécondité.

Cette dernière parole du Christ, Marie la vit dans sa charité, dans sa charité de Mère et de Vierge. Cet ordre de Jésus détermine dans son cœur une préférence, un choix, que l'Esprit Saint lui avait déjà demandé d'une manière passive dans l'acceptation du mystère de la Croix. Mais elle doit maintenant l'accepter d'une manière beaucoup plus nette et s'y engager personnellement. En effet, en acceptant le mystère de la Rédemption, Marie acceptait la volonté du Père, que Jésus meure pour notre salut et, par le fait même, elle se conformait à cet ordre de la Sagesse : préférer notre vie divine à la présence physique du Christ auprès d'elle. Il faut maintenant qu'elle-même réalise ce choix, qu'elle préfère la vie divine de Jean à la vie terrestre de son Jésus auprès d'elle, qu'elle préfère être Mère divine de Jean plutôt que de continuer à exercer sa maternité humaine auprès de son Fils unique.

En vivant dans l'amour cette dernière volonté de son Fils, c'est le choix divin qu'elle doit faire sien, qu'elle doit réaliser. Nous disons bien, choix divin, en ce sens que Marie ne doit pas renier sa maternité auprès de Jésus pour adopter Jean. Mais elle doit accepter d'être privée totalement sur terre de la présence visible, sensible de son Fils bien-aimé, pour exercer sur l'âme de Jean son rôle de mère. Elle doit accepter que son Jésus meure dans les conditions douloureuses de la croix, et qu'elle-même vive intimement de tout ce mystère de la Croix, pour enfanter dans la grâce chrétienne Jean, le disciple bien-aimé et par lui, toute l'Église. Elle doit donc accepter avec Jésus crucifié, d'être comme séparée de Dieu pour que Jean soit plus parfaitement fils de Dieu en étant le fils bien-aimé de son cœur blessé et de celui du Christ.

Ce choix, en vérité, s'il comporte certaines renonciations à des liens et à des proximités visibles et sensibles, réalise plus profondément une unité divine avec le Père dans le cœur du Christ. Marie, par ce choix, vit du secret du Père sur son Fils, sur elle, et sur l'Église. Par ce choix, les secrets des cœurs, ceux de Jean et de toute l'Église, lui sont communiqués et révélés.

Puisque cette parole du Christ à Marie nous révèle le choix divin de son cœur, elle nous révèle par le fait même la qualité divine de l'amour de Marie pour son Fils unique, pour Jean et pour l'Église. Tout choix impliquant une préférence nous manifeste toujours la qualité de l'amour. Jésus, par cet ordre, nous montre la confiance totale qu'il a en sa mère. Il peut tout lui demander. Il sait que son unique désir est de se conformer à la volonté du Père par lui. Il peut même au dernier moment lui demander cette ultime renonciation, et la lui demander comme un ordre direct, en toute simplicité. Marie, en acceptant ce choix, nous montre toute la confiance divine qu'elle a en lui. Elle sait combien il l'aime, mais combien son amour est fort et tout ordonné au Père. Elle sait combien il la veut toute à lui, mais dans une totale pauvreté, pour qu'elle soit toute au Père, toute revêtue de sa miséricorde. Il n'y a rien de faible, de mièvre, de fade dans leur amour divin, tout est fort et viril.

Marie aime Jean comme elle aime Jésus, avec tout son cœur de mère. Elle l'aime pour Jésus et avec le cœur de Jésus. Elle l'aime pour le Père et avec toute la miséricorde du Père. Le signe de son amour, c'est l'acceptation de la mort de son Fils pour lui. Comme Jésus pouvait dire qu'il n'y a pas de plus grand amour que de donner sa vie pour ceux qu'on aime, Marie peut dire à Jean qu'il n'y a pas de plus grand amour que de donner la vie de son Fils unique, de celui qui est tout pour elle.

L'amour de Marie pour Jean existe pour chacune de nos âmes. Ce qu'elle dit à Jean, elle peut le dire à chacune de nos âmes dont elle est Mère.

Pour que cet amour maternel se réalise à l'égard de Jean, il faut que Jean la choisisse pour mère. C'est pourquoi Jésus, après avoir parlé à sa mère, parle à Jean. Il lui donne l'ordre de regarder Marie comme sa mère. Cette parole, Jean la reçoit dans sa foi de disciple bien-aimé, comme le testament de son Maître. Cette parole divine façonne immédiatement en lui un cœur de fils à l'égard de Marie. À partir de ce moment, il la prit *in sua*, nous dit-il. À partir de ce moment, Jean regarde Marie d'une manière toute nouvelle ; il la regarde comme Jésus la regarde : il l'aime avec le cœur de Jésus. Il veut être pour elle un vrai fils, qui n'a pas de secret pour sa mère et qui vit dans son intimité.

Grâce à Marie, Jean connaît une nouvelle intimité avec son Maître. Dans le cœur de Marie, il le retrouve comme le Fils bien-aimé de Marie, comme un frère aîné. Jésus et Jean, tous deux ont la même mère. Marie, en mère, apprend à Jean les secrets du cœur de son Jésus. Dans le cœur de Marie, Jean le découvre d'une manière toute nouvelle, comme celui qui nous donne la vie divine et la garde, comme le bon Pasteur qui donne sa vie pour ses brebis. N'est-il pas celui qui donne sa vie divine en plénitude à sa mère ?

Ce que nous disons de Jean demeure vrai pour nous, car la maternité de Marie sur nos âmes étant divine, elle ne peut s'exercer et se réaliser que dans la mesure où nous l'acceptons, c'est-à-dire dans la mesure exacte où nous la prenons pour mère, dans la mesure où la parole du Christ adressée à Jean prend pour nous tout son sens, dans la mesure où nous recevons cette parole comme son testament d'amour pour nous. L'alliance nouvelle dans le sang se réalise, de fait, dans le cœur de Marie. Mais elle ne peut se réaliser sans nous. Sans notre adhésion divine à la parole du Christ crucifié, Marie est peut-être quelqu'un qu'on respecte, quelqu'un que l'on vénère et que l'on aime, mais il n'y a pas cette intimité entre Marie et nous : on ne l'a pas prise « chez nous », comme une Mère divine, qui a le droit de connaître tous les secrets de notre cœur, et qui doit nous communiquer tous les secrets de son cœur et nous indiquer les sentiers cachés qui nous conduiront plus rapidement vers Jésus.

Marie, dans cette annonciation, tient donc le rôle de la nouvelle Ève, celle qui est l'ennemie la plus farouche du serpent, plus terrible pour lui « qu'une armée rangée pour la guerre », celle qui est la mère de Jésus, qui écrase la tête du serpent, celle qui est la mère de Jean et de tous ceux qui sont nés de Dieu. L'intimité entre Marie et le serpent est telle que celui-ci arrive à mettre à mort le Fils unique de Marie par la trahison d'un des Douze, la jalousie des pharisiens, la lâcheté d'un Pilate. C'est dans cette lutte terrible où les zones neutres ne peuvent exister — « ni chaud ni froid, je vais te vomir de ma bouche[1] » — que le Christ se présente comme un signe de contradiction : on est avec lui ou contre lui. Il n'y a point d'autre solution. Marie est là debout. Elle ne fuit plus en Égypte comme du temps des mystères joyeux, mais elle accepte ce corps à corps effroyable. Par une ruse divine, elle va

1. Ap 3, 16.

sauver son peuple et toute l'Église. Laissant le démon s'emparer de la vie humaine de son Fils unique, celui-ci lui écrase la tête et délivre par là tous les enfants d'Ève de sa domination tyrannique. Comme autrefois la ruse de Judith sauva son peuple en tranchant par le glaive la tête d'Holopherne, Marie, à la Croix, sauve son peuple par le glaive de Dieu — la Parole divine incarnée — en tranchant la tête du véritable Holopherne.

La fuite en Égypte était donc bien une fuite stratégique et non une capitulation ou un manque de courage. L'heure du combat n'était pas encore venue ; il fallait alors se fortifier, fuir la tentation. Au Calvaire, l'heure est venue : il faut « chasser le prince de ce monde ». Par sa foi, son espérance et son amour, Marie peut demeurer debout, n'être pas ébranlée par la victoire apparente de Satan. Elle peut donner courage et force à son benjamin, lui apprendre maternellement à lutter jusqu'au bout pour la vérité, même s'il est seul. Songeons à cette mère « admirable » des Maccabées, assistant au martyre de ses sept enfants et encourageant le septième à se montrer digne de ses frères morts et d'elle-même. Cette mère admirable est bien la figure de Marie qui, à la Croix, assiste au mystère du Christ total et encourage Jean, le benjamin, à se montrer digne de Jésus et digne d'elle.

À l'exemple de Jean, nous sommes tous ces benjamins et pour chacun de nous, quand la croix se dresse devant nous et surtout en nous, elle est là pour nous donner force et courage, pour nous exhorter à être fidèles jusqu'au bout. Comme à son benjamin, elle nous parle alors « la langue de nos pères » et nous redit toujours :

« Mon fils, aie pitié de moi qui t'ai porté neuf mois dans mon sein, qui t'ai allaité trois ans, qui t'ai nourri et élevé jusqu'à l'âge où tu es. Je t'en conjure, mon enfant, regarde le ciel et la terre et vois tout ce qui est en eux, et sache que Dieu les a faits de rien et que la race des hommes est faite de la même manière. Ne crains pas ce bourreau, mais, te montrant digne de tes frères, accepte la mort, afin que je te retrouve avec eux au temps de la miséricorde[1]. »

Le coup de lance

À toutes les blessures et infamies s'ajoute la blessure du côté et du cœur, dont Jean a été le témoin et qu'il atteste avec tant de force et de solennité : « Les soldats vinrent donc et brisèrent les jambes au premier, puis au second de ceux qui avaient été crucifiés avec lui. Arrivés à Jésus, ils le trouvèrent mort ; ils ne lui brisèrent pas les jambes, mais l'un des soldats, de sa lance, lui perça le côté et aussitôt il sortit du sang et de l'eau. Celui qui a vu en rend témoignage — un authentique témoignage, et celui-là sait qu'il dit vrai — pour que vous aussi vous croyiez[2]. »

Marie est présente. Elle est témoin, elle aussi, de ce coup de lance qui ouvrit le côté et le cœur du cadavre de Jésus et qui lui fit verser ses dernières gouttes de sang et d'eau.

Si le Christ n'a pas souffert de cette dernière blessure, puisqu'il était déjà mort, Marie en a souffert. Cette dernière blessure était donc pour elle, elle lui était réservée. Si ce coup ne pouvait être mortel pour Jésus, il l'était pour son cœur de mère : « Un glaive te transpercera l'âme », avait dit Siméon. La prophétie se réalise alors, et avec quelle violence !

Si cette blessure ne pouvait plus attrister et humilier

1. 2 M 7, 27-29.

2. Jn 19, 32-35. Voir aussi : « Je répandrai sur la maison de David, et sur l'habitant de Jérusalem un esprit de bienveillance et de supplication » (Za 12, 10). « En ce jour-là, il y aura une source ouverte à la maison de David et aux habitants de Jérusalem, pour le péché et l'impureté » (Za 13, 1). Dans l'Évangile de saint Jean, nous trouvons cette affirmation : « Selon le mot de l'Écriture, de son sein couleront des fleuves d'eau vive. Il parlait de l'Esprit que devaient recevoir ceux qui croient en lui ; car il n'y avait pas encore d'Esprit parce que Jésus n'avait pas encore été glorifié » (Jn 7, 38-39).

Jésus, le rendre plus pauvre et plus mendiant, plus assoiffé d'amour, elle pouvait encore attrister et humilier le cœur de sa mère. Marie voyait le peu de respect qu'on avait du cadavre de son Fils, avec quelle liberté cynique on lui brisait le côté et lui transperçait le cœur ; Marie comprenait alors combien il avait voulu se faire le pauvre, le mendiant, l'assoiffé de l'amour des hommes pour les attirer tous à lui. Ne pouvant plus crier sa soif d'amour, ne pouvant plus la signifier par de nouveaux gestes, il fallait que son cadavre puisse le dire à sa façon brutale et absolue ; il fallait qu'il y eût, inscrit dans son corps, le signe irrécusable de son désir infini d'amour à notre égard : la plaie de son côté. Cette blessure qui atteint le cœur et le transperce, est une blessure de surabondance d'amour qui se surajoute aux autres. Comme blessure du cœur et blessure de surabondance, elle est bien un signe merveilleusement adapté par la sagesse de Dieu pour exprimer ce qu'aucune parole, ce qu'aucun autre geste ne pouvait dire. Seule la mort, et cette mort réalisée dans le cœur par une blessure béante, peut être le signe d'un amour infini, absolu ; et la surabondance de cette blessure mortelle met comme un accent nouveau, une intensité unique à la valeur de ce signe.

Marie comprend que cette blessure est d'abord pour elle, qu'elle doit la recevoir dans son cœur, comme un « sachet de myrrhe ». Ces dernières gouttes de sang et d'eau lui sont comme réservées. Elle doit les vénérer avec un amour tout à fait spécial. Car ce sont comme les larmes de sang de son cœur, des larmes brûlantes qui purifient d'une manière sanglante. Marie, en contemplant cette blessure, ces dernières gouttes de sang et d'eau, les offre au Père. Elle consomme par là l'œuvre sacerdotale de son Fils. Comme l'aide, l'associée de son cœur sacerdotal, elle doit offrir au Père ce cœur immolé, ces dernières gouttes de sang et d'eau, puisque Jésus, comme Prêtre, ne peut plus le faire. Jean est témoin de ce grand mystère et, en témoin, il en vit. Il en vit, parce qu'il est le fils de Marie.

On peut distinguer, en effet, une succession dans ces révélations que l'Écriture nous présente : l'Eucharistie, le repos sur le cœur de Jésus, les souffrances de la crucifixion, le don de Marie comme Mère, la mort de Jésus, le coup de lance. Jean avait reposé sur la poitrine du Christ lors de la Cène. L'Eucharistie lui avait donné cette audace divine d'enfant bien-aimé. Le don que Jésus lui fait de sa mère lui donne une nouvelle audace divine, celle d'être témoin de la blessure du côté. C'est par Marie qu'il peut pénétrer au plus intime du cœur de Jésus et recevoir le dernier secret silencieux de ce divin pauvre. Le coup de lance ayant eu un tel écho dans le cœur de Marie, il s'imprime, par le cœur de la mère, dans le cœur de l'enfant. Jean, par Marie et avec elle, offre au Père cette ultime blessure, ces ultimes gouttes de sang et d'eau.

En cette offrande s'exerce pour la première fois en son cœur l'adoration « en esprit et en vérité ». Et c'est bien cette offrande et cette adoration qui seront comme l'âme intime de son sacerdoce dont Marie avait besoin pour achever et compléter efficacement pour elle le sacerdoce du Christ. Marie en avait besoin pour qu'elle-même — l'âme transpercée par la lance — fût offerte comme hostie vivante au Père, dans une unité de plus en plus profonde avec l'unique Hostie. Cette hostie vivante et immolée, pour être de plus en plus une dans l'amour avec Jésus crucifié, demandait d'être comme assumée par le sacrifice eucharistique de celui qui était son fils et son prêtre.

On comprend alors comment Marie, par cette immolation intime de son âme, si unie à celle de Jésus, devenait Mère du sacerdoce de Jean. Le désir si intense de l'âme de Marie de vivre de plus en plus du mystère du sacrifice de son Fils, désir qui lui donnait un tel sens du sacrifice eucharistique, révélait à Jean toutes les exigences et toute la grandeur, tout le sens et la valeur de son sacerdoce.

Marie est vraiment un lien divin d'amour entre Jésus-Prêtre et le sacerdoce de Jean. N'est-elle pas l'hostie vivante en laquelle le sacerdoce de Jean connaîtra une union d'amour plus profonde avec celui de Jésus ? Certes, elle ne donne pas à Jean son sacerdoce. Celui-ci, l'apôtre l'a reçu directement du Christ à la Cène, mais elle permet à ce sacerdoce sacramentel de s'exercer plus divinement, d'expliciter toutes ses virtualités, toutes ses richesses. Ce pouvoir divin du sacerdoce connaît, en effet, de multiples virtualités possibles, qui de fait ne s'épanouissent pleinement que sous l'influence immédiate de Marie, Mère du sacerdoce. N'est-ce pas la raison profonde pour laquelle le premier fils spirituel de Marie est un prêtre, un apôtre, un évangéliste, et précisément celui qui clôt la révélation de la parole de Dieu ? Celui qui devait nous révéler les secrets intimes du cœur de Jésus, le feu de son amour et la lumière de sa vérité ?

Chapitre IV

LE MYSTÈRE DU SÉPULCRE : MYSTÈRE DE SÉPARATION

Le cadavre du Christ, le cadavre de Dieu, doit être déposé dans un sépulcre. Il doit être remis à la terre, après qu'on lui a donné les soins prescrits par la coutume. Jean nous dit en effet : « Après cela, Joseph d'Arimathie, qui était disciple de Jésus, mais en secret par crainte des Juifs, demanda à Pilate l'autorisation d'enlever le corps de Jésus. Pilate le permit. Ils vinrent donc l'enlever. Nicodème vint aussi ; c'est lui qui précédemment était allé de nuit trouver Jésus. Il apportait un mélange de myrrhe et d'aloès, d'environ cent livres. Ils prirent le corps de Jésus et l'entourèrent de bandelettes, avec les aromates, selon la coutume funéraire juive. À l'endroit où il avait été crucifié, il y avait un jardin et dans ce jardin un tombeau neuf ; personne n'y avait encore été mis. À cause de la Préparation des Juifs, comme le tombeau était tout proche, c'est là qu'ils déposèrent Jésus [1]. »

Il faut que ce corps divin connaisse cette dernière humiliation : être caché dans les entrailles de la terre, y

1. Jn 19, 38-42. *Cf.* Lc 23, 53-56. « Puis il (Joseph d'Arimathie) le descendit de la Croix, le roula dans un linceul et le plaça dans une tombe taillée dans le roc, où personne encore n'avait été mis. C'était le jour de la Préparation, et déjà pointait le sabbat. Cependant les femmes qui étaient venues de Galilée avec lui avaient suivi Joseph ; elles regardèrent le tombeau et comment son corps avait été placé. Puis elles s'en retournèrent et préparèrent aromates et parfums. Et le sabbat, elles observèrent le repos prescrit. » *Cf.* Gn 23, la première fois où l'Écriture parle de sépulture.

être comme abandonné, puisque les saintes femmes, Marie et Jean, ne pourront pas demeurer là présents près du cadavre divin, le jour du sabbat demandant le repos.

Tâchons de comprendre un peu la manière dont Marie a vécu ce dernier mystère douloureux, qui est en même temps comme l'ultime préparation aux mystères glorieux ; tâchons de pénétrer le caractère particulièrement douloureux de ce mystère pour son cœur de mère ; comment il a été pour elle comme la lie du calice qu'elle a dû boire jusqu'à la dernière goutte.

L'Écriture nous signale avec précision que les saintes femmes durent quitter le sépulcre du Seigneur en raison du repos du sabbat. Nous sommes donc en présence de l'ultime séparation : Marie a dû laisser le cadavre de son Fils, et s'en retourner chez Jean. Ce fut pour son cœur une ultime brisure. Songeons à la douleur poignante qui saisit le cœur d'une mère quand on vient chercher chez elle le corps de son fils décédé. À ce moment, toutes les souffrances antérieures, toutes les angoisses vécues durant sa maladie et au moment de sa mort semblent se renouveler avec une acuité toute spéciale. C'est la douleur d'une blessure cicatrisée brutalement remise à vif. Cette nouvelle douleur est plus terrible que la première, car elle s'empare d'un sujet plus délicat, plus faible. Comprenons bien qu'une mère qui est vraiment mère, ne peut presque pas accepter dans son cœur maternel cette ultime séparation. Tant que le cadavre de son enfant est là, elle a encore comme l'illusion de sa présence physique ; mais quand des mains étrangères viennent lui arracher celui qu'elle considère toujours comme son bien propre, avec une jalousie particulière en raison même de son impuissance et de sa mort — puisqu'elle est seule à pouvoir le défendre et le garder — alors elle devient comme folle de douleur. Maints faits pourraient être cités qui illustreraient cette jalousie spéciale de l'amour maternel veillant farouchement, comme une tigresse, sur le cadavre de son enfant.

Marie, la mère la plus aimante et la plus tendre, a

connu dans son cœur humain, durant le mystère du sépulcre, cette ultime souffrance. Celui qu'aucune main étrangère n'avait touché au moment de sa naissance, il fallait que maintenant elle l'abandonnât, cadavre ensanglanté, défiguré, à des mains étrangères. Il fallait qu'elle se séparât complètement de ce corps adorable, acceptant de ne plus le voir, de ne plus le contempler, de s'éloigner de lui et de retourner dans la maison de Jean, alors que lui reposait dans la terre, dans le roc, seul, dans les ténèbres.

Cette ultime séparation lui fait revivre celles du Recouvrement, de la vie apostolique, et lui montre tout l'abîme qui la sépare, hors de toute espérance humaine, des autres séparations partielles et relatives. C'est dans son cœur qui n'est plus qu'« amertume », « désolation », pleurs, « profonde mer de souffrance », qu'elle doit porter cette dernière brisure et doit en vivre avec une intensité et une acuité uniques, puisque les liens qui l'unissaient à son Jésus étaient uniques.

C'est sans révolte, sans opposition, que Marie accepte cette loi du sabbat qui la sépare du cadavre de son Fils. Voilà le dernier sabbat que la loi de Dieu imposait à son peuple. Ce dernier sabbat était pour le repos du cadavre du Fils de Dieu après son grand travail, son grand labeur accompli et achevé sur la croix. Mais il faut dire que ce dernier sabbat — le plus parfait de tous les sabbats et qui finalise en quelque sorte tous les autres en leur donnant leur sens ultime — est un sabbat surtout pour le cœur de Marie, puisque le cadavre du Christ n'en vit que matériellement et que le repos de ce cadavre divin est pour sa mère. C'est elle — et nous en elle — qui en avait besoin, pour qu'elle connaisse cette dernière brisure. En voulant respecter ce sabbat, Marie se livre plus pleinement encore à la volonté du Père qui la meurtrit, réclamant d'elle cette ultime séparation. Toute la loi, comme toute prophétie de l'Ancien Testament, se termine donc dans le cœur blessé de Marie. Comme un glaive divin, impérieux et anonyme, elle vient donner le coup de grâce à ce pauvre cœur qui n'en peut plus.

C'est dans la foi, l'espérance et l'amour que Marie accepte cette dernière volonté du Père. Ceci lui permet de ne pas perdre de temps et de se préparer divinement à la nouvelle étape : les mystères de gloire.

Dans sa foi, elle accepte d'être totalement séparée, physiquement et humainement, de lui, pour vivre divinement avec lui et participer divinement à ce nouvel état de son Jésus. La séparation physique et humaine doit être plénière. Marie ne doit pas retourner chez elle, mais chez Jean. Elle ne doit pas vivre du passé, des souvenirs du temps où il était encore avec elle. Elle ne doit pas imaginativement, sensiblement, affectivement, se créer un monde de souvenirs, où Jésus lui serait comme présent. L'Esprit Saint ne veut pas qu'elle vive là où le Christ n'est plus, mais il veut, au contraire, qu'elle suive l'Agneau partout où il va. Dans sa foi, elle doit s'unir à son Jésus là où il est et comme il est. Elle doit vivre divinement unie à son cœur cadavérique, elle ne doit pas quitter la blessure de son cœur, qui est le lieu propre de sa vie divine. Car bien que cette blessure, durant ces trois jours, soit la blessure d'un cadavre, elle demeure la blessure du cœur d'un Dieu mort pour elle. Dans sa foi, elle doit donc demeurer unie à la blessure de ce cœur et, comme celui-ci, connaître cet état glacial de cadavre et cette opacité des ténèbres de la terre. La foi de Marie a connu, à ce moment-là, une obscurité qui achevait en quelque sorte celle de la Croix et de l'Agonie. Pour en comprendre un peu le caractère propre, aidons-nous d'une comparaison qui, du reste, nous est comme providentiellement suggérée par les circonstances mêmes de ces divers mystères, et considérons la différence entre les ténèbres très obscures de la Croix et les ténèbres opaques du sépulcre. Les ténèbres de la nuit, si obscures soient-elles, impliquent toujours quelques points de repère pour notre regard ; quelques contrastes finissent toujours par apparaître, fournissant à la vue une certaine satisfaction. L'opacité des ténèbres de la terre a ceci de propre qu'elle est d'une telle uniformité qu'elle ne permet plus aucune comparaison. Ce sont vraiment les ténèbres dans ce qu'elles ont de plus terrible et de plus éprouvant pour notre regard, puisqu'elles sont la négation pure et simple de la lumière.

Cette métaphore peut nous faire entrevoir toutes les différences qui séparent le Sépulcre de la Croix, du point de vue de l'obscurité de la foi en Marie. À la Croix, il y a une obscurité profonde, mais il y a encore une parole de Jésus, il y a encore ses gestes, il y a encore sa présence visible. Loin du sépulcre, durant ces trois jours, il y a comme une densité toute nouvelle d'obscurité, car il n'y a plus de paroles, plus de gestes, plus de présence visible. Il ne reste plus que le sépulcre fermé et ces ténèbres de la terre cachant le cadavre abandonné des hommes. Mais en même temps la foi de Marie progresse en certitude, cette obscurité si intense du sépulcre annonce déjà, pour son cœur qui adhère si fermement aux promesses divines, la grande lumière de la Résurrection. Dans sa foi elle ne doute pas un instant que Jésus est « la Lumière du monde », qu'il est « la Résurrection ».

L'espérance de Marie connaît, par ce mystère du Sépulcre, comme une ultime pauvreté : ne doit-elle pas vivre, au plus intime de son cœur de mère, de la pauvreté dernière et suprême du cœur de Jésus qui, dans les ténèbres glaciales du sépulcre, demeure abandonné des hommes, de ses amis ? On le considère déjà comme n'étant plus de cet univers, comme n'ayant plus de rôle à remplir auprès des hommes, comme inutile et vain (souvenons-nous de l'attitude des disciples d'Emmaüs). Marie met toute son espérance divine en ce cœur glacial et abandonné, comme l'instrument propre de la miséricorde divine sur son âme et sa vie de fille du Père et de Mère des hommes. Elle doit donc s'appuyer divinement sur ce cœur caché, invisible aux regards humains, et par lui et en lui, attendre la miséricorde du Père qui se tait, qui semble s'être définitivement éloignée, mais dont elle ne désespère pas, car la promesse de la Résurrection demeure vivante pour elle, pour son espérance divine, jamais même cette promesse n'a encore été si intensément vécue, si proche.

L'intensité même de ce désir si pauvre et si ferme de la Résurrection imminente dut rendre cette attente silencieuse du Sépulcre comme infiniment longue pour le cœur de Marie. Durant cette attente Marie exerce divinement sa patience, puisque, humainement, elle ne peut plus rien faire. Elle ne peut que désirer intérieurement la délivrance du corps de Jésus, sa Résurrection ; elle ne peut que la demander à son Père avec toute l'espérance de la prière d'un pauvre qui n'a plus rien, à qui l'on vient d'enlever son dernier trésor, qui humainement n'a plus de raison d'être sur terre et qui vit comme rejeté et inutile.

Ce mystère du Sépulcre, s'il est vécu par Marie dans une foi si ténébreuse et si certaine à la fois, dans une espérance si dépouillée et si ferme, est également vécu dans un amour d'une intensité nouvelle. Le cœur de Marie vit à l'unisson du cœur de Jésus et de son âme. Il épouse l'état de cadavre du corps de Jésus, l'état de ce corps exsangue, glacial, remis à la terre. La charité du cœur de Marie, tout donné au cœur de son Fils, s'épanouit divinement durant ces trois jours d'une manière très cachée, très silencieuse. C'est une nouvelle étape dictée par l'état même de son Jésus, du mystère de sa sépulture.

Nous disons bien : la charité du cœur de Marie *s'épanouit divinement*, car si, aux yeux de Dieu, cette étape réalise un épanouissement de l'amour, au point de vue humain il exige bien comme une passivité de cadavre. Le cœur humain de Marie, durant ces jours, demeure comme un cœur transpercé, qui n'a plus de vie propre. Du point de vue humain, sa vie n'a plus aucun sens. N'ayant plus de but et de fonction à remplir sur la terre, son cœur est comme totalement dépaysé. Il ne pourrait que gémir en silence, d'une manière toute cachée, loin du regard des hommes. Nous comprenons donc dans quel sens il faut entendre cet épanouissement divin de son cœur et la modalité tout à fait particulière de sa contemplation durant ces trois jours. On peut dire que cette contemplation se réalise dans un repos tellement profond et dans une docilité telle au bon plaisir du Père qu'elle vit vraiment du mystère du repos du cadavre de Jésus. N'est-elle pas la contemplation de celle qui vit pour l'Église le mystère des catacombes, en ce qu'il a de plus radical et de plus absolu ? Le mystère du sépulcre est bien le mystère prototype des catacombes.

Si le cœur de Marie, en ce mystère du sépulcre, vit à l'unisson du cœur cadavérique de Jésus, il vit aussi à l'unisson de son âme. Marie vit, en sa contemplation, le mystère de la séparation de l'âme et du corps de Jésus. Elle vit l'état violent de cette séparation, état d'autant plus violent que Jésus, en raison même de son mystère de Fils du Père, ne devait pas mourir. Dieu n'est-il pas l'Amour, mystère d'unité ? Cette séparation substantielle de la mort, considérée en elle-même, répugne à ce mystère d'Amour, à ce mystère source d'unité — Dieu n'est pas le Dieu de la mort, c'est le péché qui a engendré la mort. Marie doit vivre cet état violent de la séparation de l'âme et du corps de son Jésus. Mais Marie doit vivre aussi le mystère de la descente de l'âme de Jésus aux enfers.

Disons bien : descend *aux enfers* comme le dit le *Credo*. Certaines révélations privées, aujourd'hui, disent qu'il descend dans l'enfer. Mais les révélations privées ne sont pas la norme de notre foi. La norme de notre foi est le *Credo*, et c'est l'Évangile vécu dans le cœur des saints et approuvé par l'Église. Or il y a une distinction entre « l'enfer » et « les enfers ». L'enfer, c'est le lieu de la damnation. Là où il n'y a pas d'amour, comme dira la petite Thérèse. C'est le lieu sans amour, le lieu de l'orgueil. C'est le lieu de l'anarchie à l'état pur, parce que quand il n'y a que l'orgueil, il n'y a pas d'entente. Il n'y a pas de communion dans l'enfer, pas de *koinônia*. Si les anarchistes d'aujourd'hui pouvaient descendre une petite heure dans ce lieu, ils verraient ce qu'est l'anarchie poussée à l'extrême ! Les démons sont des intellectuels « purs » qui, dans leur orgueil, ont affirmé le primat de l'intelligence sur l'amour, donc le primat de l'agressivité, parce que chacun veut être premier. Or, il ne peut y avoir qu'un premier ; c'est pourquoi l'enfer est le lieu de la lutte constante et de l'anarchie constante, à cause de l'orgueil.

Jésus ne peut pas descendre dans l'enfer, parce qu'il n'y serait pas reçu, et qu'il respecte la liberté de la créature. Dieu le Père, Dieu source de la grâce, Dieu source de l'amour gratuit, est rejeté de l'enfer. Seule la toute-puissance de Dieu comme Créateur pénètre dans l'enfer — autrement les démons seraient anéantis. Or Dieu, dans sa sagesse, n'anéantit même pas Lucifer, même pas le Prince des démons. Il n'anéantit personne, car anéantir une créature spirituelle est contraire à sa sagesse. Dieu n'anéantit pas ses créatures, ni les créatures spirituelles, ni le monde physique.

L'enfer est donc le lieu où la paternité de Dieu n'entre pas, le lieu dont elle est exclue.

Les enfers sont autre chose : c'est le lieu de l'attente, le shéol, ou le Royaume des ombres des Grecs de l'Antiquité. C'est le lieu des âmes séparées. Là, il y a la charité, dans une communauté très particulière, qui attend la vision béatifique et qui vit dans une espérance eschatologique ultime dans la foi et la charité.

L'âme séparée de Jésus, unie substantiellement au Verbe, descend aux enfers pour libérer toutes ces âmes (séparées de leur corps) qui sont dans l'attente. Et on comprend la hâte de la miséricorde sacerdotale de Jésus : tout de suite, dès sa mort, il descend aux enfers pour apporter une joie et une espérance ultime aux justes qui attendent. Il leur apporte la joie de savoir que le temps d'attente est terminé et qu'enfin, ils vont voir Dieu... Marie, en ce mystère de la descente de l'âme de Jésus aux enfers, vit, pour ceux que le Christ lui a donnés, cette ultime épreuve qui annonce le retour, la Résurrection glorieuse.

Marie attend dans l'amour avec patience, acceptant

silencieusement cette ultime épreuve. C'est la docilité tout enfouie, toute cachée, de celle qui humainement n'en peut plus, qui, comme rouée de coups, n'a plus la force d'entreprendre quelque chose de nouveau ; docile à l'Amour, elle s'abandonne, attendant ce que Dieu voudra. La liturgie se sert des *Lamentations* du prophète pour nous exprimer l'état douloureux du cœur de Marie en ce mystère de compassion qui s'achève en cette première vigile pascale. *Torcular calcavit Dominus virgini filiae Juda.* « Le Seigneur a foulé au pressoir la vierge, fille de Juda. C'est pour cela que je pleure ; mes yeux fondent en larmes, car il est loin de moi le consolateur qui me rendrait la vie[1]. »

Dans cette docilité si profonde, Marie demeure éveillée dans un amour ardent. Son cœur ne dort pas. Si, psychologiquement parlant, tout devait la plonger dans la plus profonde torpeur pour fuir le plus cruel désespoir et essayer d'oublier le plus absurde des échecs, l'Esprit de Dieu qui, avant que la « lumière soit », « planait sur les eaux[2] », couvre de son amour le cœur douloureux de la Femme. « Sous son ombre », il prend celle qui ne cesse de dire *fiat* à la volonté aimante du Père. L'Esprit Saint lui permet d'aimer dans une nouvelle flamme d'amour plus brûlante encore, car plus contenue, plus souterraine, plus enfouie. Dans cet amour, il maintient son cœur éveillé. Plus que jamais n'est-elle pas la vierge sage qui attend patiemment dans la nuit le retour de l'Époux ?

En cette attente mystérieuse, en cette nuit qui se prolonge, enveloppant ce dernier « sabbat » d'Israël, le cœur de Marie, sous le souffle de l'Esprit, demeure brûlant d'amour, d'un amour caché, souterrain, jalousement réservé à Dieu ; son cœur, comme un charbon ardent, incandescent mais couvert de cendres, semble apparemment éteint, en réalité il ne demande qu'à s'élever et à tout enflammer.

1. Lm 1, 15-16.
2. Gn 1, 2.

On pourrait comparer l'Avent joyeux qui prépare la naissance de Noël à cet avent douloureux qui prépare la naissance glorieuse du Christ. On comprendrait que la passivité, le silence, la pauvreté, la vie cachée, peuvent être vécus divinement de façon toute différente avec des exigences multiples et irréductibles. C'est toujours essentiellement un mystère d'amour, d'espérance et de foi chrétiennes, mais avec des modalités diverses. La passivité joyeuse permettait certaines initiatives de miséricorde, de charité fraternelle, certaines activités liturgiques. La passivité douloureuse du Sépulcre ne permet plus rien ; elle absorbe tout. Elle met dans un état de désolation. *Posuit me desolatam, tota die moerore confectam.* « Il m'a faite désolée, malade tout le jour[1]. » Tout est comme foulé, détruit, réduit en poussière. C'est un état de ruine divine, de solitude écrasante, où la patience divine joue un très grand rôle.

La raison profonde de cette différence, c'est qu'en réalité la passivité joyeuse implique la présence : Jésus est présent durant l'Avent ; la passivité douloureuse implique la séparation absolue, irréparable : Jésus est mort ; il n'est plus là.

Notons également le parallélisme et la différence qui existent entre le mystère du Recouvrement et celui du Sépulcre, pour mieux saisir ce qu'il y a de tout à fait propre à cette étape si mystérieuse et si importante, puisqu'elle prépare les mystères de gloire.

Des deux côtés, il s'agit d'un mystère de séparation violente, mais combien différents ! L'un est joyeux, l'autre est douloureux ; l'un prépare une joie plus pure, plus grande encore ; c'est une épreuve qui purifie et permet une plus grande unité de vie ; l'autre prépare la gloire et non plus seulement la joie ; ce n'est plus seulement une épreuve : c'est une réalité vécue dans tout son réalisme, avec tout son absolu.

Lorsqu'il s'agit du mystère de séparation avant le

1. Lm 1, 13.

Recouvrement, Marie doit mettre tout en œuvre pour retrouver son Jésus ; lorsqu'il s'agit du mystère de séparation du Sépulcre, Marie doit demeurer uniquement et profondément enfouie, avec une patience divine, dans sa vie de foi, d'espérance et d'amour. Elle doit rester passive dans la douleur, toute en attente, toute en désir, certes, mais patiemment, en soumettant totalement sa volonté à celle de son Dieu.

Quand, de fait, le Seigneur semble nous quitter, quand brusquement il se cache, comprenons bien que dans certains cas il veut que nous fassions diligence pour le retrouver ; dans d'autres cas, il veut que nous nous abandonnions totalement. Il s'agit de discerner si, de fait, nous sommes en présence d'un mystère analogue au Recouvrement, si le Seigneur nous a quittés pour aller enseigner quelque théologien, converser avec lui, ou si nous sommes en présence d'un mystère analogue au Sépulcre. Le discernement n'est pas toujours facile à faire, et pourtant il est bien indispensable, car il faut avoir dans chaque cas une attitude tout autre. Il semble que le grand critère doit se prendre de ce fait que la séparation du Recouvrement s'est réalisée sans que Marie le sache ; la séparation du Sépulcre s'est réalisée en pleine connaissance. Il y a eu le *fiat* de Marie, sa totale acceptation. C'est une coopération au mystère de la Croix, tandis qu'au Recouvrement, c'est Jésus qui éduque divinement sa mère. C'est pourquoi quand le Seigneur nous quitte sans notre consentement, cherchons-le comme l'épouse du Cantique ; quand il nous a demandé notre *fiat* et qu'il nous a fait comprendre qu'il devait mourir en nous, s'ensevelir en nous, alors, avec Marie, demeurons dans ce repos du sabbat, ce repos du Seigneur, où aucune occupation n'est permise si ce n'est les occupations nécessaires à la vie : soyons là uniquement pour lui.

Ce grand repos, vécu dans la douleur, prépare les mystères de gloire.

Cinquième partie

ÉTAPES GLORIEUSES : ÉPANOUISSEMENTS DE LA CHARITÉ, LA LIBERTÉ DES ENFANTS DE DIEU

Chapitre premier

LE MYSTÈRE DE LA RÉSURRECTION : LIBERTÉ DE LA FOI

Si, pour les mystères douloureux de Marie, l'Écriture nous donne beaucoup moins de détails que pour les mystères joyeux, pour les mystères glorieux, elle demeure encore plus discrète. On ne fait que mentionner sa présence à la Pentecôte. Ce silence ne veut pas dire que Marie soit demeurée comme étrangère au mystère de la Résurrection et à celui de l'Ascension, ni que ces mystères n'aient pas marqué sa vie et soient restés pour elle comme extrinsèques. La pratique de l'Église nous donnant le Rosaire serait là pour nous l'attester si nous voulions le mettre en doute. Ce silence a donc une autre signification, qu'il nous faudra tâcher de comprendre.

Dieu, avons-nous déjà dit, nous enseigne non seulement par des paroles, mais aussi par des silences. Un maître humain ne peut agir de cette façon. Il ne peut enseigner que par la parole, atteindre par elle l'intelligence de son disciple et lui communiquer la science qu'il a lui-même acquise. Le but de son enseignement est de communiquer la vérité.

Le but du gouvernement divin, qui implique une éducation et un enseignement, est de communiquer une vérité divine, personnelle, qui est amour. C'est pourquoi, ici sur terre, toute la révélation reçue par la foi est ordonnée à la vision béatifique, la grande Révélation, par l'accroissement de l'amour. Cet accroissement est comme la fin la plus immédiate. Or l'amour, lui, peut se nourrir de certains silences, qui quelquefois disent beaucoup plus que la parole. C'est pourquoi il n'y a rien d'étonnant à ce que certains silences de Dieu, aussi bien que ses paroles, soient l'aliment divin de notre foi. On pourrait même dire que si, socialement et du point de vue communautaire, la parole est première — car ce ne peut être que sur la parole de Dieu que s'origine la théologie comme sagesse spéculative, comme sagesse de l'Église — du point de vue personnel, dans notre intimité avec Dieu, la parole de Dieu est ordonnée à ces silences divins. La foi est ordonnée à l'amour divin, et cet amour réclame le silence. Marie est aux pieds du Seigneur, elle se tait. Marie garde dans son cœur la parole de Dieu, qu'elle comprend ou qu'elle ne comprend pas. Mais elle garde aussi et surtout les silences de Dieu.

Aussi, n'y a-t-il rien d'étonnant que ces derniers mystères de la croissance de l'amour dans le cœur de Marie soient si silencieux. Dieu se réserve de plus en plus Marie pour lui. Plus elle avance dans l'amour divin, plus il la cache dans sa face divine, dans une vie toute contemplative. Donc il la situe comme en dehors des faits et des contingences historiques. La vie contemplative, quand elle est réalisée d'une manière toute divine, est une vie qui échappe à l'histoire. Elle se réalise en Dieu. Or, les mystères glorieux sont essentiellement des mystères de vie contemplative, car la gloire est le propre du ciel. Ce n'est que par la vie contemplative, menée imparfaitement ici-bas, que nous pouvons pénétrer dans ces mystères glorieux, dans ce qu'ils ont de tout à fait propres. Cette vie contemplative, n'est-elle pas un certain préambule de la vie du ciel, de la vie glorieuse ? Aussi, rien d'étonnant que dans les mystères glorieux de Marie, l'Esprit Saint, par son silence, ait voulu nous faire pénétrer un peu plus profondément dans le silence du cœur de Marie. Il s'est servi du moyen le plus adapté pour cela : le moyen à la fois le plus éloquent, le plus éclatant et le moyen le plus pauvre, le plus caché, le plus mystérieux.

Tâchons donc de pénétrer dans ce silence divin du

cœur de Marie, en ce mystère de la Résurrection, et pour cela, comparons l'attitude de Marie et de Marie de Magdala, de Marie et de Jean.

De fait, l'Écriture nous parle longuement de Marie-Madeleine, de son attitude en attendant la fin du sabbat, de son zèle pour aller au sépulcre.

Saint Luc nous dit, parlant des « femmes qui étaient venues de Galilée avec lui », que « le premier jour de la semaine, à la pointe de l'aurore, elles se rendirent à la tombe avec les aromates qu'elles avaient préparés [1] ».

Saint Jean précise qu'il s'agit bien de Marie de Magdala : « Le premier jour de la semaine, Marie de Magdala se rend de bonne heure au tombeau, alors qu'il faisait encore sombre [2]. »

Marie de Magdala, en raison de son grand amour pour Jésus, s'occupe activement de tout ce qu'il faut faire pour honorer la sépulture de celui qu'elle aime. En cela, elle s'adonne à des choses excellentes en soi, très belles et très nobles. Que peut-on faire de plus noble que de préparer des aromates pour honorer le corps du Christ ? Nous connaissons, à Béthanie, le geste de Marie à l'égard de Jésus, six jours avant la Pâque : « Marie, prenant une livre d'un parfum de vrai nard, très coûteux, en oignit les pieds de Jésus, et les essuya avec ses cheveux ; et la maison s'emplit de la senteur du parfum [3]. » Devant le scandale de Judas, qui plaide la cause des pauvres, Jésus prend directement la défense de Marie, et non seulement approuve son geste, mais le loue : « Laisse-la : c'est pour le jour de ma sépulture qu'elle devait garder ce parfum. Les pauvres, en effet, vous les aurez toujours avec vous ; mais moi, vous ne m'aurez pas toujours [4]. »

Son ardeur et sa générosité la pressent de venir le plus rapidement possible auprès du sépulcre. Aussi, dès que le sabbat est terminé et qu'elle est libre, nous la voyons

1. Lc 23, 55 ; 24, 1.
2. Jn 20, 1.
3. Jn 12, 3.
4. Jn 12, 7-8.

s'y précipiter. En route, elle se demande comment elle pourra enlever la grosse pierre qui mure le sépulcre. Arrivée au tombeau, elle voit la pierre enlevée et le sépulcre vide. Et d'après l'Évangile de saint Jean, nous voyons combien elle est effrayée de cette constatation. Elle pense tout de suite à un vol. Aussitôt « elle court alors trouver Simon-Pierre et l'autre disciple, celui que Jésus aimait, et elle leur dit : "On a enlevé le Seigneur du tombeau, et nous ne savons pas où on l'a mis." [1] »

Avec Pierre et Jean, elle retourne au sépulcre. Tandis que les deux disciples, après avoir constaté le fait de la disparition, retournent chez eux, Marie de Magdala demeure là, près du tombeau, dehors, « en sanglotant ». Elle est dans le désarroi le plus complet. Tous ses plans ont échoué. Celui qu'elle cherchait par-dessus tout a disparu et elle ne sait plus où le chercher. Elle est comme complètement démunie devant ce vide terrible ; cette absence cruelle est vraiment pour elle désespérante.

« Tout en sanglotant, elle se penche vers le tombeau, et voit deux anges, vêtus de blanc, assis là où reposait le corps de Jésus, l'un à la tête, l'autre aux pieds. Ils lui disent : "Femme, pourquoi pleures-tu ? — On a enlevé mon Seigneur, leur répond-elle, et je ne sais pas où on l'a mis." [2] » Sa douleur est trop forte, elle ne peut faire attention à cette apparition, si extraordinaire qu'elle soit. Ce ne sont pas des anges, les envoyés de Dieu, qu'elle cherche, c'est son Seigneur, et c'est pourquoi, « en disant cela, elle se retourne [3] ».

Après l'apparition des anges, c'est Jésus lui-même qui est là, mais il se cache sous les apparences d'un jardinier qui l'interroge. Le texte de l'Écriture nous dit : « Elle voit Jésus qui se tenait là, mais sans savoir que c'était lui. Jésus lui dit : "Femme, pourquoi pleures-tu ? Qui cherches-tu ?" Le prenant pour le jardinier, elle lui dit : "Seigneur, si c'est toi qui l'as emporté, dis-moi où tu l'as mis et j'irai

1. Jn 20, 2.
2. Jn 20, 11-13.
3. Jn 20, 14.

le prendre." Jésus lui dit : "Marie !" Elle le reconnut et lui dit en hébreu : "Rabbouni !", c'est-à-dire "Maître". Jésus lui dit : "Ne me retiens pas ainsi, car je ne suis pas encore monté vers le Père. Mais va trouver les frères et dis-leur : Je monte vers mon Père et votre Père, vers mon Dieu et votre Dieu."[1] »

C'est en l'appelant par son nom : « Marie », que Jésus se révèle à elle. Mais, même à ce moment, Jésus s'écarte et ne veut pas être touché.

Si nous tâchons de comprendre le sens de cette première apparition de Jésus à Marie de Magdala, il nous est facile de voir que Jésus lui apparaît pour purifier et vivifier sa vie de foi, d'espérance et d'amour, lui rappelant les exigences de sa vie contemplative. Marie de Magdala, semble-t-il, à cause de sa douleur vécue d'une manière trop humaine, n'a accepté de quitter le sépulcre et le corps de son Jésus qu'à contre-cœur. Elle obéit au précepte de demeurer le jour du sabbat au repos, parce qu'elle ne peut pas faire autrement, mais il semble bien que ce soit à regret, tellement elle est impatiente de revenir là où son cœur l'appelle et de rendre au corps de son Jésus les honneurs qui lui sont dûs. Le texte de l'Écriture signale bien cette impatience en nous disant qu'elle vint au sépulcre « de bonne heure alors qu'il faisait encore sombre ».

L'Écriture nous signale aussi l'objet de ses pensées durant cette immobilité forcée. Elle fait des projets, elle pense à ce qu'elle pourra faire pour lui, elle est toute préoccupée de la façon dont elle pourra agir... Marie de Magdala, en réalité, en n'acceptant pas tout à fait pleinement la volonté de Dieu sur elle, manifestée par le précepte de la loi, a quitté le repos divin de sa vie contemplative pour s'adonner, à cause de sa trop grande douleur, à cause de la blessure trop violente de la séparation, à des œuvres de vie active qui, en elles-mêmes, sont très belles et très bonnes, mais qui, pour elle, sont en

1. Jn 20, 14-17.

réalité inutiles. En s'adonnant à ces préoccupations, elle suit l'inclination spontanée de son cœur ; c'est vraiment la générosité naturelle qui reprend le dessus et qui étouffe en elle les exigences propres de la vie contemplative. Et c'est pourquoi, voulant être la première au sépulcre, pour retrouver le corps de son Jésus le plus rapidement possible, elle perd du temps. En réalité, elle le cherche là où déjà il n'est plus ; elle se préoccupe de choses qui, en réalité, n'ont plus de sens.

Aussi voyons-nous que Dieu, dans sa sagesse, qui aime Marie de Magdala parce qu'elle aime beaucoup et qu'elle a une grande générosité d'amour, veut la récompenser en lui accordant la première apparition, mais en même temps il la corrige paternellement, parce qu'il veut qu'elle demeure dans une véritable vie contemplative et qu'elle pénètre dans le mystère glorieux de la Résurrection du Christ.

Elle trouve d'abord le sépulcre vide. C'est terrible comme épreuve, quand on pense un peu à la fébrilité de l'attente, au désir si vif, si intense qui remplissait son cœur. Après ces deux nuits et cette journée d'attente, toute tendue vers le sépulcre, où elle ne vivait que dans l'espoir de le retrouver, d'être de nouveau proche de lui, elle ne trouve que ce vide incompréhensible, laissant à son imagination la possibilité de se représenter les choses les plus terribles : « Ils l'ont enlevé. »

Puis elle trouve les anges. Ceux-ci auraient pu être une certaine consolation pour son âme, puisqu'ils sont les envoyés de Dieu et les ministres de son Maître ; mais sa souffrance trop grande l'empêche de s'arrêter à eux et de s'en servir. Elle ne veut que lui. Le retrouver est son seul souci. C'est pourquoi l'on peut dire que la présence de ces deux anges est encore pour elle une épreuve, car cette présence est encore un intermédiaire qu'elle ne peut accepter, qu'elle ne veut pas accepter. La question paisible que les anges lui posent semble même l'énerver. Quand on recherche intensément une personne qu'on aime, on pense que tout le monde a la même préoccupation. Rencontrer des êtres qui semblent ne pas penser comme nous, nous irrite et nous blesse. Il semble bien que ce fut le cas de Marie de Magdala, qui n'attend même pas des anges un éclaircissement. Elle est, semble-t-il, irritée de cette question qui est si loin de sa grande préoccupation !

Enfin, c'est la présence même du Christ qui est une épreuve pour elle. Car il est présent et elle ne le reconnaît pas ; elle le prend pour le jardinier. C'est une dure humiliation que Jésus lui inflige, car lorsqu'on aime quelqu'un, on prétend toujours pouvoir le reconnaître sous n'importe quel déguisement ; on prétend posséder cette sorte de flair capable de dépister les ruses les plus intelligentes qui voudraient nous en frustrer. Marie de Magdala est proche de lui et son amour est incapable de deviner que c'est lui ; son amour ne dépasse pas les apparences et ne peut pénétrer au-delà, et trouver celui qu'il veut. Jésus doit avoir l'initiative et l'appeler par son nom : « Marie ». Il doit réveiller en elle son idéal de vie contemplative pour qu'elle comprenne alors qu'il est là.

Et à ce moment encore, Jésus lui fait comprendre qu'il attend d'elle un nouvel amour, toujours plus pur, toujours plus divin. Elle ne peut plus le toucher, comme lorsqu'elle était proche de lui à Béthanie et « oignait ses pieds d'un parfum de nard ». Il faut dorénavant qu'elle le cherche auprès de son Dieu et son Père. C'est pour la gloire du Père qu'il ressuscite en premier lieu, et c'est auprès de lui qu'il demeure — *vado ad Patrem*. C'est dans une foi toute divine qu'il faut le rejoindre, rejoindre non seulement sa divinité, mais même son humanité, son corps, puisque son corps glorifié échappe à notre univers et devient pour Marie de Magdala et tous ses disciples objet de contemplation.

Marie, la mère de Jésus, qui a, au contraire, vécu divinement l'épreuve du sépulcre, comme nous l'avons vu précédemment, peut vivre immédiatement du mystère de la Résurrection. N'ayant pas quitté dans sa vie de foi, d'espérance et d'amour la présence divine du cœur cadavérique de son Jésus, ayant vécu à l'unisson de ce cœur ces jours d'épreuves, les ayant vécus dans le silence de la mort, dès le premier instant où ce cœur divin est revivifié glorieusement par la toute-puissance miséricordieuse du Père, Marie, dans sa foi, son espérance et son amour, vit en silence de ce mystère d'amour triomphant et resplendissant. Marie ne perd pas de temps ; elle ne veut pas en perdre, car elle veut se conformer pleinement à la volonté du Père sur elle. Or, on ne perd du temps que lorsqu'on quitte cette volonté et qu'on suit son inclination propre, volontaire. Conformer pleinement sa volonté à celle de Dieu, à chaque instant, c'est vivre nécessairement, déjà dès cette terre, de l'éternité et du mystère de l'amour de Dieu, tel que Dieu veut nous en faire vivre.

Comprenons bien, en effet, que la Résurrection se réalise dans le sépulcre, dans les entrailles de la terre, là où se trouve le cœur blessé du Christ et son cadavre divin. Ce cœur, qui a cessé de battre depuis la mort sur la croix, par la vertu toute-puissante du Père, commence de nouveau à battre. Certes, il demeure le cœur blessé à mort, le cœur transpercé par la lance ; mais cette blessure mortelle est transformée en une blessure de gloire qui, loin d'empêcher la vie, lui permet d'être plus rayonnante. Dieu se sert de cette blessure pour que l'amour plénier de l'âme de Jésus resplendisse et éclate en une splendeur unique dans son cœur de chair et par lui dans tout son corps humain. Le cœur blessé et glorifié de Jésus est plus qu'un charbon incandescent tout imprégné de feu, tout lumineux, il est source même de feu et de lumière, capable de communiquer le feu et la lumière, capable de brûler et d'incendier tout ce qu'il touche. Et ce n'est là encore qu'une comparaison : l'amour de l'âme de Jésus, se servant de la toute-puissance du Père, réalise un mystère encore beaucoup plus merveilleux dans le cœur blessé de Jésus et dans tout son corps défiguré par la flagellation et la crucifixion. L'union entre le charbon incandescent et le feu qui le brûle est infiniment moindre que l'union de l'amour divin de l'âme de Jésus et de son cœur glorifié, de son corps glorieux !

Ce premier mouvement du cœur glorieux de Jésus est avant tout pour le Père, pour sa gloire. Mais il est aussi pour Marie. Si le premier battement du cœur de l'Enfant Jésus provenant de Marie, sa mère, était pour le Père et pour Marie — personne d'autre n'en a vécu, il leur était réservé — il était normal que le premier mouvement du cœur de Jésus glorifié, provenant de la toute-puissance du Père, leur fût encore réservé. Jésus rendait à sa mère au centuple ce qu'il avait reçu d'elle.

C'est dans sa foi que Marie vit de ce mystère, de ce premier battement du cœur glorifié de son Jésus. Cet acte de foi demeure obscur en l'âme de Marie, mais il porte sur la gloire et la lumière éclatante du cœur et du corps ressuscités du Christ. Cette obscurité est toute différente de celle du sépulcre. C'est celle qui voile la splendeur de la clarté du soleil de midi, qui à la fois nous donne une certitude absolue de sa présence, mais en même temps nous cache encore son éclat en lui-même. Cette obscurité est tout imprégnée de lumière, elle est comme diaphane et translucide, mais elle n'en est que plus terrible et plus dure à porter pour l'intelligence et pour le cœur, car elle apparaît comme anormale. N'est-ce pas anormal de croire à la lumière, à la présence même de la lumière ? La lumière, par elle-même, n'est pas objet de foi, mais de vision. Quand elle est présente, elle illumine tout. Dans cette foi glorieuse au mystère de gloire, la lumière est là, présente pour Marie. Elle en a la certitude, mais la lumière ne se donne pas comme lumière, mais en pur amour.

Cet acte de foi tout divin n'a pas besoin de signe extérieur. Marie, pour croire au mystère de la Résurrection, n'a pas besoin d'apparition visible et sensible. Sous le souffle de l'Esprit Saint, spontanément elle adhère à ce mystère de la gloire. Elle suit l'Agneau dans son nouvel état, comme elle l'avait suivi sur la montagne sainte du Calvaire. Nous ne savons pas si, par surabondance, comme à l'Annonciation, un signe lui fut donné, si Jésus lui apparut. L'Écriture se tait. Ce silence doit nous enseigner que, même si cette apparition eut lieu, elle fut toute pour elle, toute réservée à sa propre vie divine. Car l'Esprit Saint, à partir du sépulcre, la veut toute cachée, dans une pure vie solitaire et contemplative. Tandis que lorsque Jésus apparaît à Marie de Magdala, pour réconforter sa foi, il lui demande d'aller prévenir les Apôtres. Son apparition doit servir à un but apostolique ; c'est une apparition charismatique. Pour Marie, si cette apparition eut lieu, ce fut en pure surabondance contemplative.

Ce mystère de la Résurrection, accepté dans un acte de foi tout à fait pur et divin, unit l'âme de Marie à son Jésus d'une manière beaucoup plus intense encore que lors de l'Annonciation. Elle est comme toute recluse dans ce mystère, comme si elle-même ressuscitait avec lui et n'était plus de ce monde. Il s'ensuit comme une séparation profonde à l'égard de tout ce qui est terrestre. Saint Paul ne nous dit-il pas : « Du moment donc que vous êtes ressuscités avec le Christ, recherchez les choses d'en haut, là où se trouve le Christ, assis à la droite de Dieu. Songez aux choses d'en haut, non à celles de la terre. Car vous êtes morts, et votre vie est désormais cachée avec le Christ en Dieu[1]. »

Ne recherchant plus que « les choses d'en haut », ne vivant plus que de son Christ ressuscité, Marie vit dans un silence total, absolu, comme n'étant plus de ce monde. Jean dut respecter ce silence sans le comprendre, sans en saisir toute la signification. Car Marie vivait déjà du mystère de la Résurrection ; Jean demeurait encore dans la tristesse de la séparation, de la crucifixion et du sépulcre. C'est pourquoi, à l'appel affolé de Marie de Magdala revenant du sépulcre, il court avec Pierre pour constater le fait. D'après le récit évangélique, on comprend bien que Jean et Pierre demeuraient dans l'anxiété et l'attente. Eux aussi avaient quitté cette attitude

1. Col 3, 1-3.

ferme et paisible de la foi toute divine et tout aimante. Et c'est pourquoi, au lieu de calmer et de pacifier Marie de Magdala, ils se laissent entraîner par elle, ils courent « tous les deux ensemble ». C'est une course jusqu'au sépulcre. Jean, le plus jeune et le plus aimant, arrive le premier.

La présence de Marie, son intensité de vie contemplative, ne semble pas avoir éclairé Jean. Celui-ci n'a pas encore pleinement cru au mystère de la Résurrection. Dieu voulait que Marie demeurât dans un silence absolu, plus que jamais.

Le mystère de la Résurrection non seulement illumine la foi de Marie, mais il illumine encore son espérance. Celle-ci demeure très pauvre, mais cette pauvreté est différente de celle de la Croix et de Noël. C'est la pauvreté de celui qui vit en contact immédiat avec un trésor infini, qui sait que ce trésor est pour lui, mais qui en même temps sait qu'il doit encore attendre pour le posséder parfaitement ; qu'il n'a pas le droit de mettre maintenant la main dessus, mais qu'il peut en user selon le bon plaisir de celui qui le possède pleinement.

C'est la pauvreté du serviteur qui ne comprend plus pourquoi il demeure là, dans la même situation qu'auparavant, car la tâche qu'on lui avait demandée est achevée, pleinement achevée. Il doit attendre, apparemment en pure perte de temps, sans s'inquiéter, mais en faisant une confiance absolue à son maître, qui agit avec sagesse.

Dans cette pauvreté divine, l'espérance de Marie en ce mystère de la Résurrection connaît un *sursum corda* merveilleux, puisque le cœur de Marie est tellement purifié, est tout entier ancré dans la blessure glorieuse du cœur de son Jésus. Cette espérance s'épanouit dans un élan, un désir fou d'être tout auprès du Père et uniquement auprès de lui, par le Christ et avec lui, puisque maintenant le Christ peut réaliser cet appel. L'hiver des séparations est passé. Il peut, tout en étant tout aux affaires du Père, être en même temps tout à Marie. Rien n'arrête dans l'âme de Marie ce désir et cet élan ; tout, au contraire, contribue à le rendre plus pur, plus ardent. Ce mystère de la Résurrection est pour elle un témoignage de la miséricorde infinie du Père à l'égard de son Jésus et donc aussi à l'égard de sa mère, de celle qui l'a suivi jusqu'au bout. Dans son espérance toute divine, Marie appelle cette miséricorde sur elle, elle l'implore en montrant combien elle n'a plus de raison d'être ici-bas, combien elle est déracinée relativement à cette terre, combien elle ne peut vivre qu'auprès du Père. Mais cet appel demeure l'appel d'une pauvre qui s'en remet au bon plaisir de Dieu, à la volonté du Père.

L'illumination de la foi et de l'espérance implique une illumination analogue de la charité. Marie vit, grâce à ce mystère de la Résurrection, une vie encore plus intime avec son Jésus. Ce mystère l'engage plus intensément encore, dans ce qui fut toute sa vie, mais qui est vécu alors avec une nouvelle plénitude. Plus que jamais la vie de Marie est une « vie unitive », une vie toute d'amour, toute pacifiée dans l'amour, toute transfigurée par l'amour.

Jésus lui est beaucoup plus donné encore qu'à Noël ou à l'Annonciation, car non seulement il y a eu entre temps le don extraordinaire de la Croix qui demeure, mais il y a eu maintenant le don nouveau de son cœur glorifié. C'est pour elle qu'il ressuscite, pour qu'il lui soit totalement donné, corps et âme. Par la Résurrection, le corps de Jésus devient modèle de toutes les autres résurrections, modèle de la résurrection future du corps de Marie. Tout, dans le Christ, est donc modèle pour Marie, tandis que durant sa vie terrestre — surtout dans les mystères de l'enfance — il ne pouvait être le modèle que de la vie divine de Marie. Il y a là, pour le cœur de Marie, un motif de très grande joie et de très grande paix, puisqu'il y a une présence plus divine, plus intime de Jésus dans ce mystère que dans les mystères joyeux et douloureux ; présence plus totale, mais toute divine qui, comme telle, échappe à l'expérience sensible et n'est atteinte que par et dans la foi.

Cette présence divine de Jésus glorifié ordonne toute la vie de Marie vers le Père. On peut dire que c'est cela qui caractérise cette dernière étape de sa vie contemplative : c'est d'être vraiment une contemplative qui, dans le cœur de Jésus et par lui, atteint divinement le Père et se repose *in sinu Patris*. Ce qui caractérise le Christ glorifié, c'est précisément d'être *in sinu Patris*, tout entier glorifié par le Père et pour lui. Il est la gloire du Père. C'est pourquoi Marie, par le mystère, vit, elle aussi, auprès du Père.

Cette vie de foi, d'espérance et d'amour, semble bien absorber toute la vie de Marie, puisqu'elle ne peut plus, à partir de cette étape, rejoindre son Jésus que par l'exercice de ces vertus. La seule chose qui l'attire, c'est de vivre auprès de lui et, par lui, de vivre auprès du Père.

On comprend combien le don de sagesse purifie de fait l'exercice de la charité du cœur de Marie et lui permet à la fois de vivre dans cette unité et cette paix, dans cette intimité nouvelle, silencieuse et secrète. Le don de sagesse lui permet de capter ce silence mystérieux de Dieu à sa source première et originelle, et d'en saisir toute la puissance, toute la fécondité divine, en connaturalité avec le mystère trinitaire, dans et par le cœur de Jésus.

Il dut y avoir, dans ce premier instant de la Résurrection du cœur de Jésus, une expérience toute divine, tout extatique du don de sagesse dans l'esprit de Marie, où, avec Jésus glorifié et par lui, elle dit en silence : « Père, me voici », où son âme se dressa en face du Père, comme sa petite fille bien-aimée, qui saisissait par le cœur blessé et glorifié du Christ combien le Père l'aimait en cette alliance divine, celle du sang et de l'eau, sortis de la blessure du cœur.

Voilà la paix divine que goûtait l'âme de Marie en cette nuit sainte et glorieuse, alors que Marie de Magdala guettait le petit jour pour se précipiter vers le sépulcre vide et que Jean et les autres disciples devaient dormir, fatigués par toutes ces journées terribles, si bouleversantes et contradictoires.

Comme à l'Agonie, Marie seule veillait. Non plus pour

consoler et réconforter, mais pour se laisser divinement entraîner et attirer par la puissance merveilleuse du cœur glorifié de son Fils.

Notons en terminant que si le Christ ressuscité est apparu par surabondance à Marie, celle-ci, en plus de cette présence divine de foi, d'espérance et d'amour, a pu jouir alors d'une présence charismatique qui s'empara de toute sa sensibilité et de toute son imagination. Par le fait même, c'était toute la vie de Marie, vie divine et vie humaine, qui était comme captée par son Jésus. Tout était saisi par cette présence divine, mystique et charismatique.

Chapitre II

LE MYSTÈRE DE L'ASCENSION : PAUVRETÉ DE L'ESPÉRANCE

Nous ne pouvons comprendre la manière dont Marie a reçu le mystère de l'Ascension qu'en comparant son silence à l'attitude des Apôtres.

De la Résurrection à l'Ascension, nous savons que les Apôtres ont été gratifiés de certaines visites de leur Jésus glorifié. Celui-ci venait pour les confirmer dans leur foi, leur espérance et leur amour. Il venait aussi pour achever de les former par ses paroles et par sa vie.

Les Apôtres, toujours lents à comprendre, alors que le Christ est sur le point de les quitter, lui posent une question qui sera, de fait, la dernière : « Seigneur, est-ce en ce temps-ci que tu vas restaurer la royauté en Israël[1] ? » Voilà leur grand souci et leur grand désir. Le mystère de la Croix ne les a pas éclairés. Dans leur pensée, la Résurrection du Christ doit impliquer un messianisme, un certain règne terrestre du Christ sur l'univers.

Notre Seigneur leur répartit : « Il ne vous appartient pas de connaître les temps et moments que le Père a fixés de sa seule autorité. Mais vous allez recevoir une force, celle de l'Esprit Saint qui descendra sur vous. Vous serez alors mes témoins à Jérusalem, dans toute la Judée et la Samarie, et jusqu'aux confins de la terre[2]. » Voilà les der-

1. Ac 1, 6.
2. Ac 1, 7-8.

nières paroles officielles que le Christ adressa à ses disciples.

Le règne plénier du Christ sur l'univers, nous ne pouvons savoir quand il se réalisera, c'est le secret du Père. Nous ne pouvons savoir quand se réalisera ce retour du Christ comme juge et comme roi de l'univers. L'heure du jugement dernier, nul ne la sait, si ce n'est le Père. Notre Seigneur fait donc comprendre à ses disciples qu'en réalité ils posent une fausse question, dont ils ne peuvent avoir de réponse. Il y a là un désir d'usurpation à l'égard des desseins du Père.

Par contre, ils devraient s'occuper de la descente du Saint-Esprit qui va se réaliser d'une façon imminente et qui va transformer leurs vies ; de timides, elle les rendra forts, capables d'être témoins de Jésus à travers le monde entier. Notre Seigneur, avant donc de les quitter, les oriente de nouveau vers l'Esprit Saint, comme pour leur faire comprendre que c'est lui qui leur donnera l'intelligence divine de ses paroles et les aidera à être fidèles jusqu'au bout. Il ne s'agit pas de rêver à un messianisme *hic et nunc*, mais d'espérer le règne divin, caché, intérieur de l'Esprit Saint, c'est-à-dire de l'amour dans ce qu'il a de plus lui-même et de plus exigeant.

Après ces paroles, prophétisant le sort et la mission de ses disciples et leur précisant leur rôle de témoins grâce à l'amour du Saint-Esprit, Jésus disparaît.

« Quand il eut dit cela, ils le virent s'élever ; puis une nuée vint le soustraire à leurs regards [1]. »

Évidemment les Apôtres ne s'attendaient pas à ce départ si brusque. Au moment précis où, de nouveau, ils aspiraient au règne temporel et divin du Christ sur son peuple, voilà que celui-ci le rejette définitivement en quittant visiblement et physiquement sa place de roi dans la communauté humaine. « Mon royaume n'est pas de ce monde. » Les Apôtres, dans leur stupeur, continuent de regarder dans la direction où il a disparu. « Et comme ils

1. Ac 1, 9.

étaient là, les yeux fixés au ciel pendant qu'il s'en allait, voici que leur apparurent deux hommes vêtus de blanc, qui leur dirent : "Hommes de Galilée, pourquoi restez-vous ainsi à regarder le ciel ? Celui qui vous a été enlevé, ce même Jésus, viendra comme cela, de la même manière dont vous l'avez vu partir vers le ciel." [1] »

Il faut que ce soient les anges qui leur expliquent ce qui vient de se passer et les remettent ainsi devant leur devoir et devant les exigences de la volonté de Dieu sur eux.

On comprend facilement, étant donné l'état d'esprit dans lequel se trouvaient les Apôtres, que le mystère de l'Ascension leur apparut comme un mystère de séparation inattendu et incompréhensible ; c'est une nouvelle séparation très différente de celle de la crucifixion et du sépulcre, d'une certaine manière l'ultime séparation. Car ils désiraient intensément qu'il demeurât visiblement présent au milieu d'eux. Et, comme toute séparation un peu violente, celle-ci provoque nécessairement dans le cœur des Apôtres une certaine tristesse. Leur désir le plus profond ne semble pas pouvoir se réaliser. Cette tristesse, cependant, est comme dépassée et dominée par une très grande espérance de la venue de l'Esprit Saint et du retour futur de Jésus. Cette séparation, si grande qu'elle soit, n'est pas totale et absolue. Il a promis qu'« il ne les laisserait pas orphelins », qu'il enverrait le Paraclet. Elle demeure passagère : il reviendra.

Par contre, Marie vit directement du mystère de l'Ascension. Elle n'avait pas désiré, comme les Apôtres, ce règne messianique, ayant compris à la Croix combien son règne était un règne divin, un règne dans l'amour. La Résurrection avait certes augmenté sa confiance et son espérance en Jésus. Mais elle vivait avant tout du mystère de la Résurrection ; elle ne vivait des apparitions qu'elle aurait eues que comme d'une grâce de surabondance ; elle ne s'y arrêtait pas. Son amour pour Jésus était trop

1. Ac 1, 10-11.

pur, sa foi trop divine, pour humaniser toutes les conséquences de la Résurrection. Elle était trop pauvre pour vouloir accaparer cette présence visible et sensible. C'est pourquoi Marie peut vivre de ce mystère de l'Ascension sans tristesse, dans une joie glorieuse et toute divine.

Ce mystère de l'Ascension, s'il implique bien une séparation, n'est pas avant tout et en premier lieu pour elle une nouvelle séparation, analogue à celle du recouvrement ou à celle du sépulcre. Ce mystère est en réalité pour elle un nouveau don, une nouvelle intimité aimante, une nouvelle présence de son Jésus. Car cette séparation est normale et nécessaire. Le Christ glorifié n'est plus de cet univers corruptible. Il faut donc qu'il le quitte visiblement, socialement, pour un autre lieu : le ciel, son royaume. Marie, qui ne vit que pour lui, ne peut donc pas être attristée de cette Ascension glorieuse. Bien au contraire, le mystère de l'Ascension est l'exaltation dernière de l'humanité glorieuse du Christ. Cette humanité glorieuse, n'appartenant plus à notre univers, ne peut plus être contenue par lui comme une de ses parties. Mais elle le transcende et, d'une certaine manière, le contient et le mesure, en ce sens que le corps glorieux du Christ est un corps parfait, vivant selon un mode éminent. C'est le corps le plus parfait, qui mesure donc bien tous les autres corps. Ce corps glorieux est à lui-même son propre lieu, le ciel, et il est vraiment le lieu propre de tous les autres corps qui seront glorifiés. N'est-il pas la « Maison du Père », en laquelle il y a beaucoup de demeures ? N'est-il pas la « Tête » qui exerce incessamment son influence intime et immédiate sur tous ses membres ?

Marie, dans sa foi, vit de ce mystère. Elle adhère à cette sorte de transcendance de l'humanité glorieuse de son Fils, « assis à la droite du Père », et auprès de lui comme notre avocat, intercédant sans cesse pour nous comme grand prêtre. Or, nous savons très bien que toute transcendance nouvelle a comme conséquence de permettre une immanence nouvelle. Dans la mesure où un être est transcendant, il peut être immanent, dans la mesure où nous vivons de sa transcendance, nous pouvons vivre de son immanence. Le mystère de l'Ascension permet à Marie de vivre dans une intimité plus profonde encore avec son Jésus, de comprendre combien sa présence de Glorifié lui est plus précieuse et plus intime que celle de l'Annonciation et de l'Avent. Car, durant l'Avent, bien que Marie portât en elle son Jésus et lui donnât vie, cependant le cœur du tout-petit, tout en demeurant sans doute très proche, très dépendant du sien, restait toujours juxtaposé, comme extérieur au sien. Il y avait bien deux cœurs battant à l'unisson, mais deux cœurs juxtaposés et extérieurs l'un à l'autre.

Dans le mystère de l'Ascension, le cœur glorifié de Jésus lui est donné avec toute sa transcendance divine et sa gloire et, par le fait même, il lui est donné avec une intimité nouvelle.

Marie, dans sa foi, vit de ce mystère de transcendance et d'immanence. Ce cœur glorifié devient pour elle le milieu propre de sa vie divine, le milieu vital dans lequel sa vie divine va s'épanouir d'une manière toute divine, en ce sens qu'elle va connaître une intimité merveilleuse avec le cœur de Jésus, recevant tout de lui et étant comme enveloppée divinement par son influence et son amour. On pourrait dire que, par le mystère de l'Ascension, le cœur du Christ est donné à sa mère comme la « porte » de la bergerie divine, comme la « voie » qui conduit au lieu, comme le « pur signe et le pur instrument » de l'amour du Père pour son Fils unique et pour elle ; le cœur du Christ lui est donné comme la vie même de sa vie, comme ce qu'il y a de plus profond, de plus intime en son propre cœur, comme cette source jaillissante d'où sortent des « fleuves d'eau vive », comme le cœur bien-aimé en qui le Père a mis toutes ses complaisances, pour lui et pour elle.

Ce mystère de l'Ascension amène aussi une nouvelle extension dans la foi de la très Sainte Vierge, car non seulement elle doit regarder la transcendance et l'immanence du cœur du Christ pour elle, mais aussi pour Jean et pour toute l'Église. Dans la foi, elle doit, à partir de ce moment, regarder Jean comme son prêtre, *alter Christus*, un autre Christ pour elle, comme celui qui détient l'autorité intime du Christ. Elle doit regarder Pierre comme le chef de cette Église naissante, comme celui qui a reçu du Christ l'autorité de la gouverner et de la maintenir dans l'unité. Elle doit croire, malgré les apparences, à cette immanence du Christ dans l'Église, dans les membres du Christ ; croire à la vertu efficace du Christ qui se communique comme il le veut, avec diversité et unité. On sait très bien qu'il faut un acte de foi plus divin pour croire en l'autorité de Dieu résidant dans ses instruments déficients, difformes, caducs, apparemment si éloignés du « sein du Père » et du cœur de Jésus. Il faut vaincre certaines difficultés provenant de notre esprit critique, pour dépasser les apparences et adhérer à la réalité du corps mystique et, en celle-ci, à l'autorité sacerdotale et gouvernementale du Christ, bon Pasteur.

Le mystère de l'Ascension permet à l'espérance de Marie de regarder plus explicitement et plus intensément encore le ciel comme son lieu propre, comme sa propre maison, puisque c'est le lieu propre de son Fils. N'est-elle pas maintenant toute connaturalisée à ce lieu saint ? En ce mystère, son espérance acquiert un mode de simplicité merveilleuse, puisque le désir du ciel coïncide avec le désir de son cœur de mère de rejoindre son Fils. C'est dans un même élan divin qu'elle aspire à vivre du Père et de son Fils. Être tout entière aux affaires du Père, c'est en même temps, pour elle, être tout entière auprès de son Fils, être réunie à lui et vivre de lui.

Cette simplicité divine, qui met une note d'intensité beaucoup plus grande dans son désir — puisque toute son efficacité et toutes ses virtualités sont canalisées dans un même sens — réclame en même temps une pauvreté très grande. Ce mystère de l'Ascension laisse définitivement Marie, jusqu'à la fin de sa vie terrestre, seule avec Jean. Cette présence de Jean pour elle est sûrement une présence très douce et très aimante, mais en même temps très appauvrissante. Car il faut que ce soit par Jean et en son sacerdoce, qu'elle reçoive sacramentellement le corps de Jésus. Il faut qu'elle s'appuie sur la prière sacerdotale de Jean, pour s'appuyer plus efficacement sur la prière de Jésus. Ne doit-elle pas être offerte et immolée sacramentellement dans le mystère de l'Eucharistie pour continuer de vivre l'offrande et l'immolation qu'elle a faites à la Croix ?

Le service du sacerdoce de Jean, comme celui de son Fils pour elle, exige du cœur de Marie une pauvreté divine très grande, car il faut accepter que Jésus puisse et veuille faire, par son ministère, des choses plus grandes qu'il n'en a faites directement. Il faut accepter que la Sagesse divine se serve d'instruments multiples et variés pour se communiquer plus divinement, dans une surabondance plus miséricordieuse ; car cette multiplicité même exige de nous une attitude plus pauvre, plus profondément abandonnée.

Marie, qui a connu l'influence directe du Christ, qui a connu la conduite directe du Christ sur elle, doit accepter dorénavant que le Christ la conduise, la dirige par son ministre, par son prêtre. Ceci réclame une foi et une pauvreté très grandes dans le cœur de Marie. Il faut qu'elle accepte de mourir au régime privilégié qu'elle a connu à Nazareth et même ensuite jusqu'à l'Ascension, pour entrer délibérément dans la voie commune de l'Église ; pour être Mère de l'Église, il faut qu'elle accepte d'en être la *pars principalis*, et donc qu'elle accepte de vivre à l'unisson de ses membres.

Nous avions admiré l'humilité de Marie dans le mystère de la Purification, humilité qui consistait à ne pas tenir compte de ses privilèges, pour suivre la loi commune et les préceptes de l'Ancien Testament. Ici, il y a une abdication et une humilité autrement plus profondes ; il faut qu'elle ne tienne aucun compte de cette grâce incomparable d'avoir reçu directement et immédiatement l'enseignement de Jésus, privilège unique et marque d'un amour de prédilection ; il faut qu'elle accepte de suivre la loi commune des membres de l'Église : être conduite, enseignée, par le sacerdoce sacramentel du Christ en Jean. Cette pauvreté intérieure si totale permet à son espérance d'être libre, tout à fait simple et de connaître une efficacité de désir et d'élan tout à fait nouvelle.

Tâchons enfin de comprendre comment ce mystère de l'Ascension transforme la vie d'amour du cœur de Marie. Car, plus Dieu réclame de purifications de la foi et de l'espérance, plus il veut communiquer son amour en toute liberté, en toute plénitude.

En vivant de ce mystère, l'amour divin du cœur de Marie connaît une simplicité toute nouvelle, puisqu'elle vit alors dans l'unité. En effet, grâce à ce mystère, Marie peut étreindre, dans un même acte d'amour, tout le mystère d'amour en Dieu — *in sinu Patris* — et tout ce même mystère d'amour dans le Christ glorifié ; elle peut étreindre ce mystère comme lui étant pleinement donné dans le cœur de Jésus. Son amour peut se reposer dans cette unité plénière trinitaire et chrétienne tout à la fois.

Son amour peut alors s'exercer d'une manière tout à fait simple, car, dans le plus intime du cœur de Jésus, elle trouve l'amour du Père, et cet amour du Père lui donne le cœur de Jésus comme un « signe » indubitable de son amour et de sa miséricorde infinie.

Grâce au don de sagesse, cet amour s'épanouit en une contemplation toute simple, toute divine, une contemplation à l'unisson de la vie trinitaire dans le cœur de Jésus ; une contemplation qui permet à Marie de vivre en contact personnel avec les trois Personnes divines, dans leur mystère personnel et secret. Elle vit dans le Verbe et par l'Esprit, de l'ineffable fécondité du Père, de tout ce qu'il y a d'unique dans son mystère de Personne engendrée et source première de tout amour. Elle vit dans le Verbe ce mystère d'unité, de transformation dans le cœur de Jésus. Elle vit de la lumière du Verbe, qui lui est communiquée, qui lui est donnée dans la foi et la sagesse ; elle en vit directement comme une petite enfant du Père, engendrée par lui dans sa lumière, comme le Verbe lui-même est engendré du Père dans sa lumière. Elle vit dans le Verbe de cet unique regard du Père qui est sa vie. Elle vit par l'Esprit Saint de cet amour mutuel qui unit le Père et le Fils, qui unit le Père et son âme, car elle est aimée par le Père dans et par l'Esprit Saint.

Par le don de sagesse, sa contemplation trinitaire dans le cœur de Jésus s'empare de tout son être et s'étend à toute l'Église, dont elle est Mère par la volonté du Père. Elle porte toute cette Église dans sa prière, dans sa foi, son espérance et son amour. Elle l'engendre à la vie divine par surabondance d'amour et de vie contemplative, et tout spécialement Jean, qui est pour elle comme le premier-né, l'archétype de ses enfants. Non seulement elle doit se servir de Jean, mais elle doit faire bien plus : elle doit spirituellement, divinement, l'engendrer, le porter, le nourrir, car il est vraiment son enfant, celui que le Christ lui a donné. Jean fait partie de sa vie contemplative en ce sens qu'il est le premier bénéficiaire de la surabondance divine de sa contemplation. C'est lui qui, le premier, participe à sa vie, en reçoit toute la plénitude.

Se servir de Jean comme prêtre et l'engendrer comme fils, ces deux aspects qui, au point de vue de notre psychologie humaine, s'opposent et s'excluent, au point de vue divin se complètent et s'intensifient. Plus Jean est fils de Marie, plus il peut exercer sur Marie son pouvoir sacerdotal ; plus Marie est mère de Jean, plus elle peut être docile et réceptive à l'égard de son autorité de prêtre, puisque tout accroissement d'amour implique nécessairement un épanouissement de tout ce qui est divin en nous.

Ce mystère de l'Ascension, qui fixe Marie « à la droite du Père » — elle suit l'Agneau partout où il va — met aussi dans l'âme de Marie un désir intense de recevoir l'Esprit Saint. Jésus a dit : « Il vaut mieux pour vous que je parte ; car si je ne pars pas, le Paraclet ne viendra pas à vous[1]. » Marie a soif, très soif de recevoir celui qui est promis et doit venir. C'est pourquoi l'Ascension est aussi

1. Jn 16, 7.

pour elle le point de départ d'une nouvelle attente, d'un nouvel avent, tout à fait silencieux, divin, très pauvre et très ardent.

C'est dans la prière, et uniquement dans la prière, que Marie attend, qu'elle supplie le Père, par son Jésus, d'envoyer celui qui doit être le Consolateur divin de son âme et de l'Église.

Chapitre III

LE MYSTÈRE DE LA PENTECÔTE : FÉCONDITÉ DE L'AMOUR

Durant cette attente de la venue du Saint-Esprit, « tous d'un même cœur étaient assidus à la prière avec quelques femmes, dont Marie mère de Jésus, et avec ses frères[1] ». Tous, ils sont unis dans la même « chambre haute », le Cénacle, tous ils sont animés d'un même amour et ils prient sans se lasser. Au milieu d'eux, il y a Marie.

Cet avent, qui prépare la communication plénière du Saint-Esprit et celle de ses dons charismatiques, est à la fois très semblable au premier Avent qui préparait la naissance de Jésus et tout à fait différent. Très semblable, car des deux côtés il y a la prière, le recueillement, le silence, la foi en la promesse, le désir ardent de sa réalisation, l'amour de ce don divin. Marie, en portant son Jésus caché en elle, demeurait toute plongée dans le silence de sa prière, de sa contemplation. Marie, en vivant intérieurement unie au cœur glorifié de son Jésus, demeure encore plus profondément recueillie dans le silence de la prière.

Cette attente du don de l'Esprit Saint est très différente du premier Avent quant aux circonstances extérieures de temps et de lieu. L'un dure neuf mois, le temps naturel pour la formation du corps de Jésus en Marie ; l'autre ne dure que quelques jours, le temps fixé par la Sagesse divine, selon son bon plaisir. L'un se passe à Nazareth,

1. Ac 1, 14.

l'autre à Jérusalem. Marie, dans son premier Avent, était seule à vivre de la promesse réalisée en elle ; ici, elle vit de la promesse du Christ avec les Apôtres et les saintes femmes. C'est vraiment une attente communautaire : c'est celle de l'Église ; la première était personnelle : c'était celle de Marie. C'est pourquoi l'une devait se faire dans le cadre normal de la vie humaine, sans que rien ne soit changé apparemment, afin que tout demeure plus caché ; l'autre, au contraire, exige un lieu propre, séparé du cadre normal de la vie humaine et de ses soucis ordinaires, cadre spécial où tout est orienté vers ce but précis : la préparation à la descente du Saint-Esprit. On peut même dire que cette attente au Cénacle est la première manifestation de l'Église naissante, de cette Église encore embryonnaire, mais qui va bientôt naître en recevant l'Esprit Saint. Il y a là un fait très curieux à noter, ce premier geste communautaire de l'Église réclame comme une certaine rupture avec les autres communautés humaines, familiale ou politique, tandis que le premier Avent de Marie, loin de briser les liens communautaires humains, les intensifie tout en les appauvrissant. Cette différence nous manifeste à la fois l'autonomie propre de la communauté chrétienne — c'est une communauté propre, irréductible aux autres communautés, ayant sa nature et ses lois propres — et l'enracinement de cette communauté dans la communauté humaine familiale.

En considérant la conduite de la sagesse de Dieu dans l'un et l'autre cas, ne pourrait-on pas dire que Dieu veut une autonomie politique pour son Église et son enracinement dans la communauté familiale — ces deux aspects étant complémentaires et inséparables ? Autrement on humaniserait trop l'Église en l'enracinant dans une communauté politique — l'Église est libre vis-à-vis de toute espèce de régime politique — ou au contraire, on l'idéaliserait trop en la séparant totalement de la communauté familiale — l'Église n'est pas indifférente à l'égard de n'importe quelle espèce de régime familial, elle possède sa doctrine familiale.

Mais il y a une différence plus foncière encore et plus profonde, qui regarde le terme propre, le but spécifique de ces deux avents : l'un regarde la naissance dans le temps du Verbe incarné, l'autre la communication dans le temps, communication communautaire et personnelle du Saint-Esprit. On peut penser que l'Esprit Saint avait déjà été communiqué à certains d'une manière toute personnelle et intime, mais en réalité il n'avait pas encore été communiqué collectivement, d'une manière ecclésiale, à l'Église comme telle, donc d'une manière à la fois charismatique et personnelle.

À cause de la diversité de temps, ces deux recueillements divins auront une nature toute différente dans l'âme de Marie : l'un fait partie des mystères de joie et implique le mystère de la Visitation et le déplacement de Nazareth à Bethléem ; l'autre fait partie des mystères glorieux et n'implique aucun autre mystère. Tout doit être réservé exclusivement pour cette attente. C'est la seule chose qui doit compter et qui doit captiver l'activité de Marie, des Apôtres et des saintes femmes, de toute cette communauté. Cette note d'exclusivité, d'intensité et d'activité durant ces jours d'attente est bien notée dans l'Écriture. Elle est très caractéristique.

Ce premier recueillement communautaire de l'Église autour de Marie, tout ordonné à la réception de l'Esprit Saint, du Paraclet, est extrêmement significatif ; il doit nous permettre de saisir ce qu'il y a de tout à fait caractéristique dans la communauté chrétienne comme telle ; car on peut dire qu'il en est comme la disposition ultime, laquelle nous dévoile bien souvent la nature propre de la forme substantielle.

C'est dans ce climat particulier qu'il faut comprendre le mystère lui-même de la Pentecôte, la naissance visible de l'Église comme Église.

« Le jour de la Pentecôte étant arrivé, ils se trouvaient tous ensemble dans un même lieu, quand, tout à coup, vint du ciel un bruit tel que celui d'un violent coup de vent, qui remplit toute la maison où ils se tenaient. Ils virent apparaître des langues qu'on eût dites de feu ; elles se divisaient, et il s'en posa une sur chacun d'eux. Tous furent alors remplis de l'Esprit Saint et commencèrent à parler en d'autres langues, selon que l'Esprit leur donnait de s'exprimer[1]. »

Notons bien les « signes » dont se sert la sagesse de Dieu pour nous indiquer l'action du Saint-Esprit dans l'âme de Marie et des Apôtres. Puisqu'il s'agit d'une véritable mission temporelle et visible du Saint-Esprit, ces signes ont une valeur de pure signification, de manifestation, pour nous aider à pénétrer dans le mystère.

C'est d'abord ce bruit extraordinaire, « bruit comme celui d'un violent coup de vent ». On sait que dans l'Ancien Testament, l'œuvre de l'Esprit Saint est souvent suggérée par celle du « souffle », pour exprimer à la fois la souplesse et le dynamisme merveilleux de l'amour divin. Il n'y a rien de plus subtil que le vent, qui arrive à pénétrer partout, qui semble même pénétrer tous les corps inanimés et leur donner comme une vie propre. Il les anime et les déplace. À cette idée de subtilité, de souplesse, s'ajoute l'idée de force et de violence. On sait la violence inouïe de certains cyclones, de certains ouragans qui semblent tout arracher sur leur passage. Lorsqu'il atteint cette violence, le vent semble alors posséder comme une voix qui lui est propre[2]. L'Écriture nous signale ici ce bruit extraordinaire qui eut lieu et la violence de ce vent. Il est facile de comprendre que toutes ces propriétés du vent évoquent merveilleusement celles de l'amour divin, qui est à la fois ce qu'il y a de plus tendre, de plus suave, et en même temps ce qu'il y a de plus fort ; ce qui s'insinue de telle façon qu'il ne semble pas venir de l'extérieur, et qui peut alors ranimer ou donner la vie à ce qui ne l'a pas. L'amour divin est en même temps plus fort que la mort, plus fort que le schéol. Rien

1. Ac 2, 1-4.
2. C'est pourquoi l'Écriture, prenant à témoin les diverses réalités de l'univers pour qu'elles louent leur Créateur, affirme : « Souffle d'ouragan, l'ouvrier de sa parole » (Ps 148, 8).

ne résiste à l'Amour, car il est la source même de la force et de son efficacité. Sans amour, il n'y aurait ni force ni efficacité.

Mais notons bien que ce « bruit », signe auditif, provenant de ce « vent violent », n'est signalé ici, dans ce texte de l'Écriture, que comme un climat général qui remplit tout le Cénacle, toute la demeure dans laquelle ils sont. Le signe spécifique est visuel : ce sont ces sortes de langues de feu qui se posèrent sur chacun des membres de la communauté. Le feu, d'une manière plus précise encore, est employé dans l'Écriture pour signifier l'amour de Dieu. Songeons à l'apparition qu'eut Moïse : « L'Ange de Yahvé se manifesta à lui sous la forme d'une flamme de feu jaillissant du milieu d'un buisson. Moïse regarda : le buisson était embrasé mais ne se consumait pas. Il se dit alors : "Je vais m'avancer pour considérer cet étrange spectacle, et voir pourquoi le buisson ne se consume pas." Yahvé le vit s'avancer pour mieux voir, et Dieu l'appela du milieu du buisson : "Moïse, Moïse !" — "Me voici", répondit-il. Alors il dit : "N'approche pas d'ici. Ôte tes sandales de tes pieds, car le lieu que tu foules est une terre sainte." [1] »

Ce feu qui brûle sans consumer, c'est bien l'image de l'amour divin, qui brûle tout sans détruire, mais en donnant la vie. Le feu possède cette subtilité merveilleuse qu'il semble pouvoir compénétrer les corps, les transformer de l'intérieur, sans leur enlever leur nature propre, mais en leur donnant comme une manière d'être toute nouvelle. Songeons aux charbons et aux verres incandescents.

Le feu possède aussi cette sorte de fécondité prodigieuse : il se communique incessamment et s'assimile à tout ce qu'il atteint, même ce qui lui est le plus contraire, comme l'eau. Et cette communication se fait avec une rapidité étonnante et proverbiale.

Le feu possède cette propriété de purifier, de séparer

1. Ex 3, 2-5.

les corps amalgamés entre eux et de leur rendre, par son action propre, leur pureté primitive. Et ce pouvoir est si fort, si puissant, que le feu le communique aux corps qu'il a rendus incandescents, qu'il s'est assimilés. Isaïe note cette vision du séraphin qui vole vers lui « tenant en main une braise qu'il avait prise avec des pinces sur l'autel ». Il en touche la bouche du prophète en disant : « Vois donc, ceci a touché tes lèvres, ton péché est effacé, ton iniquité est expiée [1]. »

À cause de ce pouvoir de purifier, de séparer ce qu'il y a de pur et d'impur, le feu sera pris à témoin comme ayant pouvoir de juger ce qui est authentique de ce qui est faux. Songeons à l'holocauste d'Élie ; au feu du ciel qui brûle les victimes, l'autel... pour attester que seul ce sacrifice est légitime et agréé par Dieu.

Voilà encore autant de qualités que possède l'amour divin beaucoup plus proprement, en vérité, que le feu qui n'en est qu'une image. L'amour divin possède une fécondité prodigieuse, puisqu'il est la source même de toute fécondité. Toute fécondité provient nécessairement de cet amour premier, puisque l'amour, selon sa nature profonde, non seulement attire tout à lui, mais il est encore « diffusif de soi » : *bonum diffusivum sui.* Il se communique autant qu'il le peut et, par nature, il se communiquerait incessamment. Si, de fait, il y a des limites à cette diffusion, ce n'est pas l'amour comme tel qui peut le faire comprendre, mais formellement un autre aspect de l'être.

L'amour, s'il unit, s'il est une force unitive, est en même temps et sous un autre aspect une force qui sépare et qui divise. En ce sens que, si l'amour unit les êtres qui sont semblables les uns aux autres ou qui peuvent se compléter, l'amour sépare et rejette tout ce qui pourrait nuire à cette unité. Voilà comment l'amour purifie. Et les purifications les plus exigeantes, les plus profondes, les plus terribles, proviennent de l'amour, car « l'amour est

1. Is 6, 6-7.

jaloux » de cette sainte jalousie qui ne tolère pas de partage et veut tout.

Et il est également vrai que ce n'est pas seulement l'amour divin en lui-même qui est capable de purifier, mais aussi tout ce que cet amour a transformé en lui-même.

On peut également comprendre comment l'amour a le pouvoir de juger, en raison même de son pouvoir d'unir et de séparer. Car ce pouvoir d'unir et de séparer implique nécessairement un pouvoir de discernement et donc de jugement.

En raison de cette correspondance si parfaite entre les qualités du feu et celles de l'amour, il est facile pour nous de comprendre la convenance de ce symbolisme des langues de feu pour manifester le don de l'Esprit Saint, et de saisir aussi la convenance de ce double symbolisme, le « bruit » comme provenant d'un vent violent et les « langues de feu ». L'amour, pour se communiquer en plénitude, demande l'amour. Nous savons très bien que l'amour, dans sa note excessive, est un amour mutuel d'amitié. Car pour aimer vraiment, pour pouvoir se donner parfaitement à quelqu'un, il faut se donner à un ami, à quelqu'un qui nous aime. On ne peut pas se donner parfaitement à quelqu'un qui est pour nous un étranger, un indifférent. Car ce qui est le plus nôtre, nos secrets intimes et personnels, nous ne pouvons les communiquer qu'à un cœur qui est déjà nôtre, qui n'est pas « autre » que le nôtre. On n'a pas le droit de donner les perles aux pourceaux, dit le Christ. La perle, c'est justement ce fruit le plus personnel de notre cœur, ce *verbum cordis* qui traduit notre amour, notre vie. Les pourceaux, dans ce cas, sont tous ceux qui ne sont pas l'ami capable de recevoir notre secret avec un amour égal à l'amour où ce secret a été conçu et continue à être porté.

Ce double symbolisme à la fois, nous rappelle que l'Esprit Saint est le fruit propre du premier Amour mutuel, celui du Père et du Fils, et qu'il ne peut être communiqué en plénitude que si déjà notre cœur virginal l'aime et le reçoit avec amour.

Nous comprenons par là la très grande différence qu'il y a dans le fait de recevoir la Lumière et de recevoir l'Amour, et que nécessairement l'une doit précéder l'autre. Pour recevoir la lumière, il faut avoir une bonne volonté, il faut ne pas mettre d'obstacle et, parmi les obstacles, il faut surtout ne pas mettre d'orgueil. Celui qui est humble reçoit la lumière. Et la lumière peut se communiquer. Le Verbe, Lumière, s'est fait chair et il a habité parmi nous. Tous les pauvres ont été évangélisés et ils ont reçu la lumière ; les orgueilleux ont été rejetés.

Pour recevoir pleinement l'Amour, il faut que la Lumière ait déjà dissipé les ténèbres et ait fait de notre cœur un cœur pur et aimant. Pour recevoir l'Amour, l'humilité ne suffit pas : il faut déjà aimer. Autrement l'Amour ne peut se communiquer ; il ne peut nous donner ce qu'il a de plus lui-même. Le Verbe s'est incarné, il est venu habiter parmi nous. À tous ceux qui l'ont reçu, il a donné le pouvoir d'être fils de Dieu. Et il leur a promis, à ceux-là, de leur envoyer l'Esprit Saint.

Il y a un ordre divin entre les deux missions, un ordre de sagesse divine. C'est pourquoi l'Avent ordonné à recevoir le Verbe incarné, est antérieur à l'avent ordonné à recevoir l'Esprit Saint.

Et après la mission de l'Esprit Saint, il ne peut plus y en avoir d'autre. Car l'Esprit Saint est le *nexus*, le « nœud » du Père et du Fils et celui qui nous unit au Père dans le Fils. C'est en lui que se termine et s'achève l'unité. L'Esprit Saint a pour mission de nous conduire au Père, *apud Patrem*, dans le Fils, en nous faisant vivre de la parole de Dieu. Le retour vers la maison paternelle, *in sinu Patris*, se fait par l'Esprit Saint, dans le Fils unique.

Sous forme de langues de feu, l'Esprit Saint prit possession du cœur des Apôtres, des saintes femmes et de Marie. Pour mieux comprendre son œuvre toute divine en Marie, comprenons d'abord son œuvre dans les Apôtres, dont l'Écriture nous parle, puis, par comparaison, nous tâcherons de pénétrer dans le nouveau silence, œuvre propre de l'Esprit Saint, dans le cœur de Marie.

L'Esprit Saint donne aux Apôtres une parole divine, ayant une efficacité divine capable d'engendrer la foi, de convertir les cœurs et de les transformer ; capable aussi de se faire comprendre à chacun dans sa langue propre et familière. Le texte de l'Écriture est net : « Or, il y avait, résidant à Jérusalem, des hommes pieux venus de toutes les nations qui sont sous le ciel. Au bruit qui se fit, la foule s'assembla et fut bouleversée, car chacun les entendait parler sa propre langue. Dans leur stupeur et leur émerveillement ils disaient : "Ces hommes qui parlent, ne sont-ils pas tous Galiléens ? Comment se fait-il alors que chacun de nous les entende dans sa langue maternelle ? Parthes, Mèdes et Élamites, habitants de Mésopotamie, de Judée et de Cappadoce, du Pont et d'Asie, de Phrygie et de Pamphilie, d'Égypte et de cette partie de la Lybie qui est proche de Cyrène, Romains en séjour ici, Juifs et prosélytes, Crétois et Arabes, nous les entendons publier dans notre langue les merveilles de Dieu."[1] »

L'effusion de l'Esprit Saint sous cette forme de langues de feu communique donc aux Apôtres un charisme : le don des langues. Ceci est bien attesté et nous manifeste comment cette effusion du Saint-Esprit, dans son effet propre, touche d'abord l'Église considérée sous son aspect communautaire.

Mais il y a plus, l'Esprit Saint communique aussi aux Apôtres, à Pierre tout spécialement, le charisme du *sermo sapientiae*. Il suffit de considérer son discours pour s'en convaincre[2]. De plus, ce discours a une efficacité divine immédiate : il transforme les cœurs de ceux qui l'écoutent. « D'entendre cela, ils eurent le cœur transpercé, et ils dirent à Pierre et aux Apôtres : "Frères, que devons-nous faire ?" Pierre leur répondit : "Repentez-vous, et que chacun de vous se fasse baptiser au nom de Jésus-

1. Ac 2, 5-11.
2. Ac 2, 14-36.

Christ pour la rémission de ses péchés, et vous recevrez alors le don du Saint-Esprit.” La crainte s'emparait de tous les esprits [1]. »

Ce n'est pas seulement la parole des Apôtres qui est changée, mais leur vie. De craintifs et de lâches qu'ils étaient — songeons à Pierre — ils deviennent des êtres forts, rendant témoignage de la divinité du Christ. Ils n'ont plus honte de leur titre de disciples du Christ ; ce titre est au contraire leur unique gloire. Ce que Notre Seigneur leur avait annoncé avant son Ascension se trouve donc pleinement réalisé.

Cette grâce de la Pentecôte transforme non seulement leur attitude à l'égard de Jésus, mais aussi leur attitude entre eux. Un lien vivant et très profond d'amitié fraternelle s'établit entre eux : « Tous les croyants ensemble mettaient tout en commun ; ils vendaient leurs propriétés et leurs biens et en partageaient le prix entre tous selon les besoins de chacun. Jour après jour, d'un seul cœur, ils fréquentaient assidûment le Temple et rompaient le pain dans leurs maisons, prenant leur nourriture avec joie et simplicité de cœur. Ils louaient Dieu et avaient la faveur de tout le peuple [2]. » Il est facile de reconnaître les effets propres du don de piété et ses exigences propres. Cette communauté chrétienne a une spécificité très nette et n'est pas n'importe quelle communauté. C'est donc bien une grâce de transformation complète et totale qui leur est donnée dans l'amour, grâce qu'ils ont même le pouvoir de communiquer aux autres. C'est vraiment une « grâce de feu » qui a enflammé tout leur cœur et, de leur cœur, s'étend sur tous ceux qui les écoutent et s'approchent d'eux.

En Marie, l'Esprit Saint se communique avec une plénitude unique, car le cœur de Marie est plus pur et plus pauvre, plus assoiffé d'amour que celui des Apôtres. Mais cette communication plus parfaite produit en Marie un

1. Ac 2, 37-38 ; 43.
2. Ac 2, 44-47.

silence plus divin, plus absolu encore. Dans le cœur des Apôtres, l'Esprit Saint suscite une parole divine, efficace, convertissante. Dans le cœur de Marie, il suscite de nouveaux abîmes de silence. Il transforme les Apôtres en témoins visibles du Christ par leur parole et leur vie, il fait vivre à Marie une vie solitaire et cachée de Mère de ces témoins. De même que la parole des Apôtres doit être comme tout enveloppée par le silence divin de Marie, ainsi leur témoignage doit être, lui aussi, comme enraciné dans la vie solitaire et cachée, de plus en plus solitaire et comme enfouie, de Marie. C'est pourquoi le mystère de la Pentecôte, pour l'âme de Marie, est bien le point de départ de l'ultime étape de sa vie terrestre, étape la plus divine, la plus cachée, la plus secrète, durant laquelle elle doit vivre de l'effusion de l'Amour dans ce qu'il a de plus ineffable et de plus mystérieux.

Ce mystère n'implique, dans sa vie divine, aucun don charismatique, mais une exigence nouvelle, ultime, de vie contemplative, toute cachée, réservée à Dieu et à ses enfants, à Jean en premier lieu et par lui à tous les apôtres, à toute l'Église. Ceci est tout à fait normal, puisque ce mystère est la communication de l'amour divin dans ce qu'il a de plus lui-même, de plus intime et personnel. L'amour, quand il se communique pleinement, se communique selon ses propres exigences et selon la convenance de celui à qui il se communique. C'est pourquoi, ici-bas, se communiquant dans et à travers les mystères de foi et d'espérance, il se communique dans le silence, d'une manière secrète et cachée. Marie le reçoit en silence, dans un *fiat* tout à fait silencieux, d'une manière tout intime et cachée. La communauté des Apôtres est là pour la cacher ; extérieurement, elle est une des saintes femmes qui prient avec les Apôtres ; elle est comme perdue au milieu d'eux, parce que l'Esprit veut se donner de cette manière toute cachée. C'est l'humilité de Marie, sa pauvreté, l'abdication de tous ses privilèges, de toutes ses distinctions, qui lui permettent de le recevoir d'une manière toute cachée, toute secrète. Si nous voulons pénétrer un peu dans cette ultime exigence de silence de la vie divine de Marie, il nous faut tâcher de préciser ce que le mystère de la Pentecôte ajoute de spécial à sa vie de foi, d'espérance et d'amour, puisque ce silence est le fruit le plus excellent de l'exercice divin de sa foi, de son espérance et de son amour.

Par ce mystère, sa foi atteint son ultime exigence, tant du point de vue de l'extension que du point de vue de l'intensité. Tous les mystères de la vie de son Jésus ont été successivement l'objet de sa foi. Après l'Ascension, il ne reste plus, au point de vue de l'extension, que la diffusion même du Saint-Esprit, annoncée par le Christ.

Du point de vue de l'intensité, nous sommes également en présence d'une ultime exigence impliquant une ultime difficulté. Par ce mystère, en effet, c'est le mystère même de l'Amour et de sa diffusion qui devient objet de foi. Il faut croire en l'Amour. Croire à l'Amour, c'est la suprême épreuve de la foi. Car s'il est normal de croire en la parole de quelqu'un et plus normal encore de croire en la parole de Dieu — puisque la foi nous ordonne à la vision, à la connaissance plénière de la vérité — il est comme « anormal » de croire en l'Amour. De notre point de vue psychologique, l'amour est objet d'expérience et non de foi, tandis que la parole peut être objet de foi. Un homme ne peut pas demander à un autre homme de croire en son amour, sans l'expérimenter directement et immédiatement. Le réalisme de l'amour répugne à ce qu'il y a d'indirect et d'un peu abstrait dans la foi. Seul Dieu peut demander à sa créature de croire en son amour, et c'est l'épreuve suprême de la foi. Son autorité étant souveraine et la communication de son amour étant souverainement libre et ne dépendant que de son bon plaisir, il peut exiger cet acte de foi, pour que la créature reconnaisse plus profondément les droits suprêmes de Dieu dans l'ordre de l'amour, pour que la créature puisse par là lui rendre un suprême hommage et lui attester sa suprême dépendance. Dieu pourra agir alors plus librement et faire son œuvre d'amour plus surabondamment, puisque cet acte de foi exige que la créature reconnaisse ces droits souverains de Dieu. Si donc un tel acte de foi n'a plus et ne peut plus avoir aucun support psychologique, il demeure souverainement raisonnable, uniquement parce que c'est Dieu qui le réclame. Il serait souverainement déraisonnable à l'égard de tout autre amour.

Marie, en ce mystère, croit à l'amour de Dieu qui lui est communiqué d'une manière plus plénière encore et qui est communiqué aux Apôtres. Certes, Marie a toujours cru en cet amour de Dieu, mais en ce mystère s'explicite et s'intensifie encore plus profondément cette foi en l'Amour personnel de Dieu, en l'Esprit Saint. Elle croit à ce « Don » par excellence : l'Esprit Saint lui est donné pleinement. Par sa foi, elle adhère à cet amour de Dieu, diffusé dans son cœur par l'Esprit Saint qui lui est donné. *Charitas Dei diffusa est in cordibus nostris per Spiritum Sanctum, qui datus est nobis*[1]. L'Esprit ne donne pas seulement un bienfait particulier, un don : il se donne lui-même. Et, dans ce mystère de la Pentecôte, il ne communique pas seulement des dons charismatiques : il *se* donne. Il fait plus totalement encore du cœur de Marie sa demeure et son temple, le lieu où il habite, où il aime à se reposer.

Plus que jamais, avec une intensité nouvelle, il est le « doux Hôte » de l'âme et du cœur de Marie. Notre Seigneur avait promis à celui qui aime Dieu : « Nous viendrons à lui, et nous ferons chez lui notre demeure[2]. » Cette parole est avant tout réalisée en Marie.

L'Esprit Saint qui, dès le mystère de sa conception immaculée, a habité en elle, en ce mystère de la Pentecôte, vient vraiment s'enraciner en elle et y fixer, avec une jalousie nouvelle, sa demeure. Sous cette emprise plus forte encore de l'Esprit Saint, en lui et par lui, elle vit pleinement de cette vie divine toute d'amour dans le cœur

1. Rm 5, 5.
2. Jn 14, 23.

de son Jésus, avec le Père. L'Esprit Saint n'est-il pas l'Amour mutuel du Père et du Fils ? C'est cet Amour mutuel qui est donné à Marie pour qu'elle soit unie d'une façon plus personnelle encore, plus intime, avec son Fils et avec le Père. Tout ce que Jésus lui a dit, il doit le lui redire d'une façon tout intérieure, avec une pénétration nouvelle d'amour. Car Jésus veut que sa doctrine prenne possession de son esprit de telle façon qu'elle soit vraiment celle que le Fils a reçue du Père, et si vitalement unie à son esprit qu'elle soit comme sa pensée propre. « Le Paraclet, l'Esprit Saint, que mon Père enverra en mon nom, vous enseignera tout et vous rappellera tout ce que je vous ai dit[1]. » « L'Esprit de vérité, il vous conduira vers la vérité tout entière », dit encore Jésus à ses disciples, « car il ne parlera pas de lui-même ; mais tout ce qu'il entendra, il le dira, et il vous annoncera les choses à venir[2]. » Et l'Esprit Saint « glorifie » Jésus en Marie en lui faisant vivre de plus en plus intimement dans la foi toutes ses paroles, comme des paroles de vie et d'amour ; l'Esprit Saint lui permet de vivre pleinement de cet esprit d'adoption, en lequel elle crie « Père[3] ».

Dans cette communication nouvelle de l'Amour, elle retourne vers le Père avec un amour plus intense, plus brûlant. C'est le feu vivifiant de l'Esprit qui brûle son âme d'amour pour le Père. Elle vit de sa paternité tout aimante et s'y livre avec un nouvel élan d'amour pour que le Père s'empare de toute sa vie et y mette son emprise.

Par là, elle demeure vraiment en Dieu et Dieu en elle, car elle demeure dans l'Amour. Ce *fiat* silencieux, par lequel elle reçoit l'Esprit, est un acte de foi dans le mystère trinitaire communiqué par et dans le Verbe incarné. Cette adhésion de foi à l'Amour ne connaît pas d'autre limite que celle de l'amour qui lui est donné, elle est mesurée par l'amour infini de Dieu lui-même. Elle est donc infinie et ne tolère aucune limitation interne ou

1. Jn 14, 26.
2. Jn 16, 13.
3. Rm 8, 15.

externe. Ce sont bien les ultimes justifications de l'intelligence humaine qui doit alors comme abdiquer tous ses droits pour se cacher dans l'amour divin, s'y livrer volontairement comme prisonnière de ses exigences propres, comprenant que pratiquement il vaut mieux entrer dans le royaume de Dieu « volontairement borgne ou aveugle » que d'avoir voulu mesurer, limiter, en la déterminant, la parole de Dieu.

L'Amour, s'emparant totalement de la vie de Marie, exige comme une nouvelle remise de l'intelligence, pour laisser la vérité divine tout envahir plus profondément encore, jusqu'aux retranchements les plus cachés et les plus intimes de son intelligence humaine. L'amour divin a tous les droits. Il peut tout réclamer pour être plus libre et se communiquer davantage.

C'est grâce au don d'intelligence que la foi creuse si profondément ces abdications du côté de l'exercice de la faculté intellectuelle humaine, mais en même temps ce don donne à la foi une force de pénétration beaucoup plus grande, qui lui permet d'adhérer immédiatement à l'unique nécessaire, laissant de côté tout ce qui est secondaire, tout ce qui n'est pas amour. Cette adhésion de foi, par l'amour, dépasse toutes les formules, toutes les réalités accidentelles, tout ce qui est secondaire, pour ne se fixer que dans l'essentiel. Une telle foi permet à Marie d'être toute recluse dans le mystère d'amour de Dieu, mystère d'amour le plus personnel et le plus communicatif par et dans le cœur glorifié de son Fils. Une telle foi toute pure, toute divine, à la fois la sépare de tout ce qui n'est pas lui — c'est son exigence propre d'amour — et la met en contact intime, immédiat, du dedans, avec tous ceux qui reçoivent cet amour ou qui pourraient le recevoir. Marie n'a jamais été, par sa foi, si cachée, recluse, absorbée par la transcendance du Dieu-Amour et elle n'a jamais été plus Mère, plus proche de tous ceux qui sont ses enfants et que l'Esprit Saint lui confie et lui donne.

La foi de Marie, par ce mystère, connaît une plénitude et une pénétration merveilleuses, celles de l'Amour. Par sa foi et en elle, elle regarde l'invisible comme si elle le voyait et, par sa foi et en elle, elle porte ses enfants, toute l'Église, ceux qui sont vraiment fidèles et ceux qui ont de la peine à l'être. Elle croit à l'amour diffusé en nos cœurs.

Les ultimes exigences divines que nous venons de noter du point de vue de la foi se retrouvent dans l'espérance. Cette espérance regarde l'Amour. Elle s'appuie sur l'Amour déjà donné et aspire après l'Amour promis. Elle est donc très simple, très divine. Elle n'a plus de limites, puisque l'amour de Dieu ne connaît pas de limites. Elle a donc des audaces merveilleuses, qui s'inspirent de l'amour et qui sont tout ordonnées à l'amour, des audaces divines comme seuls les « tout-petits » et les « épouses », dont la fidélité a été longuement mise à l'épreuve par la souffrance, peuvent en avoir.

Mais une telle espérance, si elle s'élève si haut à cause de la pureté de son origine et de sa direction, exige en même temps une pauvreté totale, celle que réclame l'Amour et tous les caprices de l'Amour. Il n'y a pas de limites à une telle pauvreté ; celle-ci, intérieurement, n'a pas de barrières ni de frontières. Elle peut dévaster toute l'âme de Marie dans un total abandon. De plus en plus, l'unique bon plaisir de Dieu, et lui seul, compte aux yeux de Marie.

Cette espérance si pauvre, qui explique toutes les audaces divines des tout petits pauvres, ne connaissant pas la vraie valeur intrinsèque des réalités, permet à la miséricorde du Père de se servir de Marie absolument comme il le veut. Il n'y a pas de déterminations humaines s'infiltrant, humanisant et, par le fait même, diminuant et limitant l'efficacité divine.

L'amour du cœur de Marie, en ce mystère, trouve comme propre nourriture divine l'amour même de Dieu, dans son mystère personnel et diffusif. Aussi cet amour possède-t-il une pureté, une intensité, une simplicité inouïes. Car c'est l'Esprit lui-même qui fait que le cœur de Marie aime. Il le fait vivre à l'unisson du cœur de Jésus et du Père. Il noue le cœur de Marie à celui de Jésus et en lui à l'amour du Père.

Grâce au don de sagesse, Marie peut répondre à ce don magnifique qui lui est fait. Elle peut aimer et tout donner. Elle peut librement tâcher de rejoindre en pureté, en spontanéité le don du Saint-Esprit et, par lui et en lui, se fixer dans le Père, demeurer auprès du Père, *apud Patrem*. Par là, c'est Israël qui fixe définitivement sa demeure en son Dieu, en son Père.

Ce retour se fait dans l'obscurité de la foi ; il se fait dans le très grand désir de l'espérance, mais il se fait aussi et surtout dans le don de sagesse, dans la paix, la sécurité et en pleine conscience divine.

La vie contemplative de Marie, dans cette dernière étape de sa vie, s'empare de tout pour que vraiment tout soit caché en l'amour de Dieu, dans le Père ; pour que tout soit comme enseveli en l'amour de Dieu. Et en même temps, cette vie contemplative est extrêmement féconde. Elle s'épanouit divinement dans un mystère de maternité spirituelle.

Marie vit avec Jean, avec celui que le Christ lui a donné. Elle l'adopte divinement pour que tout son trésor soit à lui. Pour lui, comme enfant et comme prêtre, Marie n'a pas de secret. Il y a une mise en commun merveilleuse de leur idéal, de leur vie divine, avec toutes ses exigences et tous ses appels.

Et cette intimité avec Jean est comme le modèle de ce qui se passe avec chacun des disciples bien-aimés de Jésus, les autres « Jean ».

Toute cette vie avec Jean est comme la surabondance de sa vie contemplative personnelle avec le Père, et comme un milieu qui dispose à de nouveaux élans d'amour.

Tout est simple et divin dans cette dernière étape. Il n'y a plus que lui et Jean, indissolublement unis en son amour. Elle demeure dans le Père, par son Fils ; elle demeure auprès de Jean par son Fils. Le don de sagesse lui permet de vivre des secrets du Père et de ceux de Jean.

Il lui permet d'unifier divinement ces deux activités de sa charité dans le silence de son amour excessif.

C'est pourquoi l'Écriture se tait sur cette dernière étape de sa vie, qui est comme toute réservée à Dieu, pour nous faire comprendre que, lorsque Dieu nous cache de cette façon en lui, il donne à toutes nos activités une note toute divine, tout aimante, infiniment féconde.

CONCLUSION

Nous voyons donc que les étapes de la croissance de la charité en Marie, qui sont les mystères de joie, de douleur, de gloire, représentent bien trois étapes successives, ayant chacune leur caractère original et propre. Dans les mystères de joie, c'est la présence du Christ qui domine ; c'est Jésus qui agit en l'âme de Marie, l'éduquant divinement, et qui lui demande le service matériel de sa maternité physique. Avec les mystères de douleur, c'est la séparation du Christ qui domine ; le Christ agit encore directement sur son âme, mais d'une façon douloureuse. Il agit plus divinement sur elle et exige un don plus total encore. Jésus lui demande un service plus spirituel : celui de coopérer à sa Rédemption. Avec les mystères de gloire, c'est la présence divine dans la séparation. Jésus est divinement présent à Marie, mais il n'est plus de cet univers ; il agit plus que jamais, mais sur sa foi, son espérance, son amour.

Déjà à l'intérieur des mystères de joie, certaines brisures se font sentir. Elles sont prophétisées et partiellement réalisées. La joie toute pure ne dure que peu de temps et elle implique toujours une exigence de pauvreté.

Dans les mystères de douleur, il y a une certaine joie qui demeure : une joie divine envahit l'âme de Marie puisqu'elle accomplit la volonté de Dieu, la volonté du Père. Mais dans sa psychologie humaine, dans sa sensibilité, il y a de nombreuses brisures.

Dans les mystères de gloire, la joie demeure, la tristesse

aussi, mais comme dominée par quelque chose de tout à fait spécial : cette note de gloire, d'unité, de paix.

On saisit, par là, comment la charité s'épanouit d'abord en conformité avec les exigences les plus foncières de notre nature humaine, puis elle exige des coupures, des retranchements, des brisures. Elle lutte alors contre certaines exigences de la nature. Puis elle est suffisamment forte pour s'épanouir elle-même, indépendamment de sa conformité ou de sa non-conformité à notre psychologie humaine. Elle est alors comme tout à fait libre, au-dessus des contingences humaines. Tout peut être bon et aliment divin, s'il est voulu par Dieu. Dans l'ultime étape, Marie, de fait, vit dans une unité toute divine avec son Dieu, par et dans son Jésus, comme indifférente à l'égard de tout ce qui n'est pas lui, mais toute livrée à tout ce qui est de lui.

De plus, les diverses étapes du mystère de la croissance de la charité en Marie nous manifestent d'une manière unique à la fois les dimensions de la miséricorde du Père à l'égard de sa petite enfant, la nouvelle créature totalement rachetée par Jésus, et l'édification, en l'âme de Marie, du temple de l'Esprit Saint.

Le mystère de l'Immaculée Conception nous manifeste, en effet, le premier geste de la miséricorde prévenante du Père à l'égard de son enfant bien-aimée, à l'égard de Marie. Comparons-la à celle que Dieu exerça à l'égard d'Adam et d'Ève, nos premiers parents. Ceux-ci avaient été créées, par pure gratuité, dans un état d'innocence. L'acte du Créateur à leur égard, acte radical, fondamental de miséricorde est de fait, avant le péché, inséparable de la communication de la grâce sanctifiante : celle-ci, du reste, est également un acte de miséricorde tout à fait gratuit, puisqu'elle n'est pas due à la nature humaine. Le premier péché d'orgueil d'Adam et d'Ève a rompu cette harmonie initiale, voulue par Dieu entre les exigences de la nature humaine et celles de la grâce. Il a mis un obstacle à cette surnaturelle communication de la grâce, en opposant la volonté de l'homme à celle de son Dieu-Père. Cette opposition a dépouillé Adam de ses dons préternaturels et a mis sa nature humaine dans un état de déchéance, de servitude à l'égard des biens humains.

Dieu permet alors que tous les descendants d'Adam, en raison de cette première faute, naissent dans le péché. Adam, étant le chef de l'humanité, le responsable de toute la race humaine, il est normal que tous ses descendants subissent les conséquences de sa première faute d'orgueil. S'il n'avait pas péché, ses descendants auraient hérité de ses privilèges : Dieu leur aurait communiqué la grâce sanctifiante en même temps qu'il aurait créé leur âme. Mais puisque, de fait, il s'est laissé séduire par la tentation d'orgueil, son péché met obstacle à la miséricorde de Dieu non seulement à son égard, mais aussi à l'égard de ses descendants, de telle façon qu'en créant l'âme humaine dans le corps des fils d'Adam, Dieu permet que cette âme immédiatement soit contaminée, ternie par la faute originelle. Cette permission de Dieu est en vue d'un plus grand bien, d'une plus grande miséricorde : le rachat des descendants d'Adam par le sang de Jésus-Christ. Certes, pour nous, ce rachat ne se fait pas immédiatement d'une manière plénière : les conséquences du péché demeurent, même après le don de la grâce. L'homme racheté par le Christ ne retourne pas dans le paradis terrestre, il doit lutter et subir les peines temporelles, qui sont la conséquence de la première faute. Mais ce rachat se réalise d'une manière parfaite, radicalement et pleinement, pour Marie : celle-ci est conçue sans la trace du péché, recevant du Père une dot royale merveilleuse, une plénitude unique de grâce. En Marie, l'efficacité du sang rédempteur de Jésus est totale, rien en elle n'échappe à l'emprise de la miséricorde du Sauveur. Le Père, en vertu des mérites du Christ crucifié, réalise pour Marie un geste de miséricorde unique. En créant l'âme de Marie, il la sanctifie en lui donnant une plénitude de grâce et une beauté uniques qui la séparent radicalement du royaume des ténèbres. Ce geste est d'une prévenance merveilleuse. Il enveloppe intimement l'âme et le corps de Marie de sa miséricorde jalouse de Père.

En son mystère de l'Immaculée Conception, Marie nous devance tous. Elle nous annonce qu'un jour, dans le ciel, tous nous serons, nous aussi, immaculés, enveloppés de cette même miséricorde prévenante. Mais elle nous manifeste aussi que, déjà ici sur la terre, dans la mesure où nous sommes ses enfants, ce mystère de la miséricorde prévenante du Père et de l'efficacité plénière du sang de Jésus nous est donné. La jalousie du Père sur Marie est une jalousie divine, elle n'est pas exclusive comme nos jalousies passionnelles. C'est une jalousie d'excès d'amour, une jalousie surabondante. Si le Père comble Marie de sa miséricorde, s'il se la réserve, il nous la donne aussi, et il nous la donne avec autant de force qu'il se l'est réservée. Son cœur immaculé, formé uniquement par le Père, nous est donné sans réserve. C'est le cœur de notre Mère.

Dans la lumière du mystère de l'Immaculée Conception, nous pouvons mieux saisir pourquoi Dieu, en sa miséricorde, a permis ce mystère de la faute originelle : il a permis que toute la race d'Adam subisse les conséquences de la faute d'orgueil de leur père, pour exercer d'une manière plus parfaite sa miséricorde prévenante à l'égard de celle qu'il a choisie pour être la mère de son Fils et la mère de toute l'Église. La gratuité de cette miséricorde prévenante apparaît alors dans un éclat unique ! En réalité, dans la lumière de la sagesse de Dieu, tout doit se comprendre en fonction de cette miséricorde prévenante initiale à l'égard de Marie. C'est le mystère de l'Immaculée Conception qui nous indique pourquoi Dieu a permis ce mystère du péché originel. C'est le mystère de l'Immaculée Conception qui nous montre comment, en sa sagesse miséricordieuse, Dieu se sert des conséquences de la première faute d'orgueil d'Adam et d'Ève pour faire une œuvre plus belle, plus divine.

L'unité première qui existait, dans Adam et Ève, entre la nature et la grâce, se retrouve en Marie — et elle y est plus divine encore. La plénitude de grâce, donnée initialement à Marie, est plus grande que celle donnée à Adam et Ève. C'est une plénitude de grâce chrétienne qui oriente Marie vers le Christ crucifié. Pour Marie, il n'y a eu qu'une conception et qu'une naissance : naissance divine et humaine, naturelle et surnaturelle. La miséricorde du Père, grâce au mystère de la Rédemption, peut de nouveau être radicale, à la fois créatrice et surnaturelle. Si, pour nous, il y a bien deux naissances : celle selon la chair et le sang, celle selon l'Esprit et l'eau, s'il y a une dualité profonde qui demeure ici-bas entre le « vieil homme » et le « fils de Dieu », dans le ciel cependant l'unité existera, par Marie et en elle. N'est-elle pas la « porte du ciel » ? Dieu hâte son œuvre ; dès ici-bas, cette unité tend à se réaliser.

Enfin, ce premier geste de miséricorde prévenante, si capital et si merveilleux, puisqu'il recrée en Marie la nature humaine d'une manière harmonieuse et parfaitement ordonnée à Dieu, s'exerce d'une façon tout à fait cachée. C'est dans les entrailles de la mère de Marie que se réalise ce geste unique de miséricorde — personne ne le sait parmi les hommes — et l'Esprit Saint ne l'a révélé officiellement à l'Église qu'au dix-neuvième siècle de l'ère chrétienne, en nous le manifestant comme le grand signe céleste de la miséricorde prévenante du Père pour nous. Lorsque Dieu, en effet, révèle un mystère, c'est pour nous en faire vivre. Toute la révélation est relative à notre foi et n'est pas une pure connaissance spéculative, abstraite ; elle est une connaissance divine, qui tend à nous connaturaliser au mystère révélé et à nous permettre d'en vivre. Quand le Père nous révèle les « folies » de sa sagesse miséricordieuse, c'est pour que nous les admirions, que nous les contemplions divinement, c'est-à-dire pour que nous en vivions. C'est le « pain » des enfants. Les attaques de Satan devenant de plus en plus violentes, la puissance de la « bête » qui « monte de la mer » (Ap 13, 1 sq.) étant de plus en plus manifeste, il nous est plus nécessaire à nous, chrétiens d'aujourd'hui, de pénétrer profondément dans le mystère de la miséricorde prévenante et jalouse du Père, pour que notre foi, notre espérance et notre amour soient plus déterminés. Aussi, ce secret de sa miséricorde nous a été comme réservé. Dans la mesure où Dieu permet que le pouvoir de la bête soit grand, dans cette même mesure il intensifie ses miséricordes.

Le mystère de la consécration virginale dans l'abandon nous manifeste la seconde dimension de la miséricorde du Père à l'égard de Marie. La miséricorde prévenante est ordonnée à une autre miséricorde, celle qui consiste à éduquer notre âme en lui apprenant à se présenter volontairement à son Dieu. C'est en se consacrant virginalement, corps et âme, dans un abandon très simple et total, que Marie se présente à Dieu son Père. L'abandon est la forme la plus divine du désir, car seul il ne le diminue pas. Voilà la première coopération de Marie à la miséricorde prévenante du Père. À cette miséricorde toute gratuite elle répond en s'abandonnant, c'est-à-dire en s'ouvrant à toutes les virtualités de cette miséricorde initiale, sans vouloir les limiter à sa propre compréhension. La véritable connaissance divine de soi, de son néant, est à la base de tout l'épanouissement de notre vie divine. Elle nous fait reconnaître qu'on ne peut rien par soi, rien en dehors de cette miséricorde prévenante qui nous enveloppe, nous porte et nous fait vivre. On ne peut bâtir un édifice élevé qu'en le fondant sur le roc de la miséricorde du Père. La consécration dans l'abandon est donc bien la première pierre du temple du Saint-Esprit.

Cette consécration dans l'abandon s'achève par et dans cet acte de charité fraternelle à l'égard de Joseph. En lui confiant son secret — Joseph le faisant sien —, Marie se lie divinement à Joseph. Tous deux mèneront une vie commune toute réservée à Dieu, dans un abandon mutuel divin, avides de réaliser son unique volonté.

Le mystère de l'Annonciation nous manifeste la troisième dimension de la miséricorde du Père à l'égard de Marie. Si la miséricorde du Père veut notre coopération à son action miséricordieuse, c'est pour réaliser avec nous une alliance personnelle très intime, dans un don mutuel. La miséricorde du Père à notre égard provient, en effet, de son amour excessif et surabondant. C'est pourquoi elle nous conduit à vivre de son amour, à recevoir la plénitude de son amour, c'est-à-dire à recevoir le don personnel de son Fils. À l'Annonciation, le Père manifeste à Marie son amour miséricordieux en lui donnant son Fils : « Dieu a tant aimé le monde qu'il a donné son Fils unique [1]. » En donnant son Fils, il se donne. Mais on ne peut se donner à quelqu'un que si celui-ci se donne. Tout don personnel réclame un don personnel. Le don personnel du Fils réclame un don personnel de Marie. Dans sa miséricorde, le Père veut que Marie se donne de la manière la plus simple et la plus profonde. Il veut qu'elle se donne comme une mère se donne à son fils. Marie, dans la miséricorde du Père et par son *fiat*, se donne véritablement en mère au Fils bien-aimé du Père. Celui-ci veut qu'elle coopère d'une manière très efficace à son don personnel en devenant la mère de son Fils bien-aimé et en le devenant de la manière la plus parfaite, la plus plénière qui soit.

Coopérer au don personnel du Père en se donnant personnellement exige d'aimer parfaitement, dans une pure réceptivité à l'égard du don du Père et dans une générosité sans réserve, à l'unisson de ce don. Par sa foi vivante très pure et très limpide, Marie reçoit le don du Verbe au plus intime de son esprit. Le *fiat* traduit l'accueil divin de son âme qui se laisse transformer, transfigurer par la « Lumière » du Père. Son âme s'ouvre totalement à ce don du Fils, pour que le Fils prenne tout. Accueillir le don du Fils, c'est s'effacer divinement devant ce don, de sorte que ce don soit Vie de sa vie, Amour de son amour. Voilà

1. Jn 3, 16.

bien ce que représente la petitesse évangélique. Celle-ci est exigée à cause du don personnel du Fils. On ne peut accueillir ce don qu'en disparaissant dans l'amour. « Il faut que lui grandisse et que moi, je décroisse[1]. » Dans sa foi très pure de toute petite enfant du Père, Marie reçoit le secret du Père ; ce secret devient le sien. Enfouie dans ce secret d'amour, elle est toute recluse en la Trinité et vit de son silence.

Par cette foi très pure et en même temps très réaliste, toute la vie de Marie est engagée dans ce don. La réceptivité si pure de son âme lui permet une générosité sans retour sur elle-même. Par son *fiat*, elle coopère efficacement au don du Père en devenant mère, selon la chair et le sang, du Fils du Très-Haut. La petite enfant bien-aimée du Père, qui reçoit son « secret » est en même temps sa petite servante « fidèle et douce ». Marie livre toutes les forces, toutes les énergies de sa nature humaine au bon plaisir de la toute-puissance du Père, pour accomplir parfaitement la tâche qui lui est demandée. Servante fidèle qui se donne sans restriction, servante douce qui se donne humblement sans imposer son opinion personnelle, Marie est aussi la servante pauvre, qui abdique tous ses droits à l'égard de l'œuvre que le Père lui demande de réaliser. Marie est pauvre dans sa maternité ; elle accepte de n'avoir aucun droit sur son Fils, elle use divinement de tous les liens que le Père a réalisés entre son Fils et elle-même, mais elle en use sans le moindre accaparement, selon le bon plaisir du Père et comme il le veut.

Si la générosité maternelle de l'âme de Marie est totale, elle est cependant infiniment pauvre ; aussi s'allie-t-elle parfaitement à la petitesse de sa foi. La « servante » et « l'enfant » du Père non seulement cohabitent en l'âme de Marie grâce à cette pauvreté, mais encore ils se perfectionnent mutuellement : la servante pauvre cache l'enfant, et l'enfant, par son secret divin, fortifie la servante.

1. Jn 3, 30.

Celle-ci permet au Fils de Dieu de s'incarner en se revêtant de la chair et du sang de sa créature, et de cette manière elle coopère à la présence physique de son Dieu et à la réalisation de son règne. L'enfant reçoit son Dieu et vit, par lui, sa vie de Fils bien-aimé du Père. Cette alliance merveilleuse de la « servante » et de « l'enfant » de Dieu en l'âme de Marie la constitue Mère bien-aimée du Fils du Père.

Le mystère de la Visitation nous manifeste la quatrième dimension de la miséricorde du Père à l'égard de sa servante bien-aimée. Le Père non seulement fait miséricorde à Marie, mais il veut de plus qu'elle participe à ses mœurs de Père miséricordieux. Aussi veut-il qu'elle soit, comme lui, source de miséricorde. En ce mystère de la Visitation, le Père ne lui commande pas ce geste de miséricorde temporelle à l'égard de sa vieille cousine, et celle-ci, de son côté, n'a rien réclamé, elle s'est tue. Mais l'envoyé de Dieu, Gabriel, a simplement indiqué la situation d'Élisabeth. La miséricorde ne doit-elle pas jaillir par surabondance et gratuitement pour s'exercer d'une manière toute divine ? Elle doit de plus se réaliser avec douceur et humilité. Marie se met humblement au service de sa cousine. Elle la salue la première. Jésus se sert de ce geste de miséricorde temporelle pour faire œuvre de miséricorde spirituelle auprès de Jean-Baptiste. Par Marie, c'est Jean-Baptiste qu'il sanctifie et, par Jean-Baptiste, c'est Élisabeth.

Ce mystère de miséricorde gratuite et surabondante, si suave et efficace, s'achève par la salutation d'Élisabeth et le Magnificat de Marie. La miséricorde, venant de Dieu, doit remonter en louange, en action de grâces, en gloire, vers Dieu. Élisabeth glorifie Marie, Marie glorifie son Seigneur et son Sauveur. La première louange que Marie reçoit, celle que lui adresse sa cousine en proclamant sa dignité de Mère de Dieu, Marie l'offre immédiatement à son Dieu. Elle ne garde rien pour elle. Elle est pauvre en sa maternité divine, tout est pour son Père et son Fils. À ses propres yeux elle n'est rien : ce qui est « grand », c'est ce que Dieu fait en elle. Voilà la magnanimité divine de son âme qui ne craint pas de reconnaître que Dieu a agi « grandement » à son égard, mais son âme n'est touchée par aucune vaine gloire. Aussi le glorifie-t-elle hautement de toutes ses forces.

Le mystère de Noël nous met en présence de la cinquième dimension de la miséricorde du Père à l'égard de Marie. Le Père veut que Marie se repose en la joie de la présence de son Fils bien-aimé. La miséricorde du Père s'achève en la communication de sa joie. La joie du Père, en effet, c'est de vivre, en pleine lumière, de la présence de son Fils bien-aimé. Le Père est tout entier donné à son Fils, le Fils est tout entier donné au Père. De ce don mutuel, substantiel et personnel, résulte une présence unique de compénétration, car il y a unité de nature dans la dualité des Personnes. La joie du Père est une joie consubstantielle à sa personne et à celle de son Fils. Dans sa miséricorde, il veut que cette joie surabonde en Marie par ce mystère de Noël, puisqu'en ce mystère Marie jouit de la présence de son Fils, le Fils unique du Père. Toutes les circonstances providentielles de la naissance de Jésus sont ordonnées à intensifier cette joie divine du cœur de Marie, pour que celle-ci, en tout son être, exulte de joie en son Fils. Mais cette joie est vécue dans la pauvreté, car si la joie de Noël est bien un achèvement, si la naissance de Jésus est bien le terme de l'attente de l'Avent, elle est aussi un nouveau point de départ. C'est la vie terrestre de Jésus qui commence. Cette joie de Noël dilate l'âme de Marie en la fortifiant. Elle est bien une miséricorde très divine du Père pour fortifier l'âme de Marie, la rendant capable de s'associer intimement à toute la vie de son Jésus et tout spécialement à ses mystères douloureux.

Ces cinq premiers mystères de la vie de Marie sont divinement ordonnés à la joie toute pure de Noël. Dès le mystère de la Purification, la souffrance apparaît. Or, la souffrance n'est pas, par elle-même, constructive ni intelligible. Elle n'est pas lumineuse ; bien au contraire, elle brise tout et nous empêche bien souvent de saisir l'ordre de la sagesse divine qui s'y cache. C'est pourquoi ces cinq premiers mystères nous montrent d'une manière unique et éclatante, comme en pleine lumière, l'aurore de la loi nouvelle. Dans la miséricorde prévenante de pure gratuité, jaillissant du cœur blessé de Jésus, l'Esprit Saint construit en Marie et avec elle le temple de la très Sainte Trinité. La première pierre de ce temple est la consécration virginale dans l'abandon et la confiance fraternelle qui la lie divinement à Joseph ; la seconde est le *fiat* à la parole divine, *fiat* du « tout-petit » qui naît à sa vie divine de fils, en recevant le don du Fils, le secret personnel du Père. En gardant ce secret, l'âme est cachée silencieusement dans le mystère du Père, elle est recluse en ce mystère. Dans le silence elle dit « Abba, Pater », avec le Fils unique, Jésus. Sans voir son Père, elle le regarde « face à face », comme si déjà elle entrait dans la vision béatifique. C'est le *fiat* de la servante fidèle, douce, inutile, de celle qui ne veut que servir son Dieu et accomplir sa volonté. Ces deux *fiat* sont inséparables, car la fille adoptive du Père demeure une créature qui doit le servir, la grâce ne détruisant pas la nature. La troisième pierre est la miséricorde, temporelle et spirituelle de la Visitation, réalisée divinement, avec force et suavité. Cette miséricorde divine rejaillit en louange, en remerciement à l'égard de toutes les miséricordes de Dieu ; la quatrième est la joie divine : vivre pleinement pour elle-même de la présence aimante de Dieu.

Il est bien évident que les trois premières « pierres » de ce temple peuvent comme se dédoubler : on aurait donc six pierres au lieu de trois, et sept avec la joie de Noël. Ces sept pierres nous manifestent l'ordre premier de la sagesse divine en Marie. Or, Marie est comme le merveilleux prototype de l'œuvre de l'Esprit Saint en nos âmes. Aussi, pouvons-nous considérer ces sept pierres comme nous révélant l'ordre architectural de la vie de la grâce en nos âmes. Si nous réfléchissons sur le caractère de ces sept pierres sculptées divinement par l'Esprit Saint en l'âme de Marie, avec son propre concours, on peut y voir comme un reflet vivant des trois Personnes divines. L'abandon à l'égard du Père et à l'égard de Joseph sont comme l'écho divin de la toute-puissance du Père ; le *fiat* silencieux du « tout-petit » et de la servante est comme l'écho de celui qui est le « Fiat substantiel » du Père, le Fils unique ; la miséricorde jaillissant en gloire est comme l'écho de l'Esprit Saint. Quant à la joie, étant ce qui achève et termine, ramenant tout à l'unité, elle est l'écho divin de cette unité même des trois Personnes. L'Esprit Saint sculpte en Marie cette image vivante de la Trinité. Il ne peut que reproduire en elle le visage intime du Dieu trinitaire pour qu'elle puisse être la Mère bien-aimée de celui qui est « resplendissement de sa gloire, effigie de sa substance[1]. »

Avec le mystère de la Purification, nous voyons la manière dont le Père, dans sa miséricorde, introduit la souffrance dans l'âme toute joyeuse de sa servante bien-aimée. C'est encore une miséricorde, et tout à fait caractéristique du Père qui peut seul en être l'auteur : associer une pure créature à l'œuvre propre de son Fils incarné, à son œuvre de Sauveur. La miséricorde, quand elle s'exerce d'une manière connaturelle à notre cœur humain, essaie par tous les moyens d'écarter les misères et les souffrances, car elle veut relever le misérable en le dépouillant de tout ce qui le blesse, lui rendant l'épanouissement de sa vie. Jésus, en ressuscitant le fils unique de la veuve de Naïm, fait œuvre de miséricorde : il supprime les pleurs de cette pauvre mère ; en rendant la vue aux aveugles, la parole aux muets, il fait encore œuvre de miséricorde. Ces gestes de miséricorde, nous les comprenons très bien. Mais le Père peut exercer d'une manière toute différente sa miséricorde divine ; il peut nous

1. He 1, 3.

demander d'accepter de vivre le mystère de l'agonie et de la crucifixion de son Jésus, de porter, avec lui, sa croix, pour que nous coopérions à l'œuvre de la Rédemption et que nous connaissions par là, d'une manière intime, le cœur de son Fils et que nous puissions vivre de sa vie de Sauveur. On ne peut véritablement être l'ami de quelqu'un qu'en vivant de son secret et en coopérant à son œuvre personnelle. Voilà l'exigence très caractéristique de la miséricorde du Père à notre égard : il nous veut pleinement ses fils, tout identifiés à son Fils bien-aimé en qui il a mis toutes ses complaisances. Marie, plus qu'aucune autre créature, a reçu cette miséricorde si jalouse du Père et en a vécu divinement.

Le mystère de la Purification est l'annonce du « glaive » qui doit transpercer l'âme de Marie. Toutes les prophéties de l'Ancien Testament trouvent leur terme dans cette prophétie du vieillard Siméon, associant intimement le sort de la Mère à celui de l'Enfant. Il s'agit ici d'une annonciation prophétique qui se réalisera plus tard, tandis que l'annonciation joyeuse de l'ange Gabriel, par le *fiat* de Marie, se réalise immédiatement. Cette annonciation prophétique ne s'adresse immédiatement qu'à la vie intime de Marie. Dans sa vie extérieure rien n'est changé, mais pour sa foi vivante cette prophétie est réelle. Le Père veut en effet qu'elle en vive d'abord d'une manière toute cachée, pour que cette menace douloureuse augmente encore son amour et son dévouement maternel pour Jésus et qu'elle intensifie surtout son silence divin. Au secret communiqué par l'ange s'ajoute celui révélé par le vieillard Siméon. Si le Père donne son Fils à Marie d'une manière si suave, il le lui donne aussi d'une manière violente, avec toute la violence du glaive. Jésus est donné à Marie comme la Parole de Dieu qui blesse son cœur de mère, qui transperce son âme. Le cœur virginal et maternel de Marie, blessé mortellement, peut s'offrir en holocauste intime, invisible et caché. Par là, il est à l'unisson du cœur de Jésus qui, officiellement, vient d'être offert au Père. L'holocauste des deux petites colombes est symbolique, les deux cœurs très purs de Jésus et de Marie sont en vérité l'unique victime agréée par le Père.

Cette annonce prophétique se réalise partiellement une première fois dans le mystère d'obéissance de la fuite en Égypte. À cause de la fureur d'Hérode, Joseph et Marie, avec l'Enfant, doivent partir en pays étranger, pour se mettre à l'abri, tout en acceptant le massacre d'autres « innocents », les plus proches de Jésus par l'âge et par le lieu. Marie porte très profondément dans son cœur la douleur de ces mères qui pleurent leurs enfants, puisque cette douleur est occasionnée par son Jésus. Celui qui ne devrait apporter qu'une « grande joie à tout le peuple », comme le proclamaient les anges dans la nuit de Noël, par la jalousie ambitieuse d'un Hérode, cause ce terrible massacre. Jésus « est un signe en butte à la contradiction ».

Cette annonce prophétique se réalise partiellement, une seconde fois, dans le mystère de la première séparation que Marie connaît à l'égard de son Jésus. Celui-ci, sans l'avertir, demeure à Jérusalem, dans le Temple, auprès des docteurs de la loi, tandis que Marie et Joseph s'en retournent chez eux. Voilà la première grande tristesse divine qui blesse l'âme de Marie. Celle-ci connaît cette première séparation dans des circonstances très dures qui viennent l'intensifier. Cette séparation dure trois jours, trois jours de recherches angoissées. En retrouvant Jésus au milieu des docteurs, le glaive de la parole divine atteint profondément le cœur de Marie, rendu si vulnérable par cette attente angoissée et par cette tristesse aiguë. C'est Jésus, son Jésus qui, pour la première fois, s'étonne de sa conduite : « Pourquoi me cherchiez-vous ? », et lui révèle les exigences intimes de son cœur : « Ne saviez-vous pas que je me dois aux affaires de mon Père[1] ? »

La troisième réalisation partielle de la prophétie de Siméon s'accomplit à Cana. À la demande miséricor-

1. Lc 2, 49.

dieuse de Marie, plaidant pour les braves gens de la noce, Jésus semble répondre par un refus. Il lui fait comprendre que durant la vie apostolique de son Fils il faut qu'elle soit visiblement et extérieurement comme séparée de lui. Lui n'a plus maintenant besoin de ses services temporels. Mais quand son « heure » sera venue, elle devra de nouveau être là.

Ces trois réalisations partielles de la prophétie de Siméon sont encore trois épreuves en lesquelles, miséricordieusement, le Père forme progressivement l'âme et le cœur de Marie. Il la connaturalise à la douleur, aux luttes violentes et crucifiantes, à la tristesse de la séparation définitive.

La prophétie de Siméon se réalise parfaitement dans les grands mystères douloureux de Jésus, durant son agonie, sa crucifixion et son ensevelissement. Le glaive transperce alors l'âme de Marie d'une manière mortelle. Le mystère de l'Agonie de Jésus, Marie le vit dans la solitude et le silence. Elle vit dans son âme la tristesse mortelle de Jésus : la tristesse de l'abandon divin, du rejet du Père. Elle accepte, comme lui, d'être anathème aux yeux du Père, pour les pauvres hommes qui ne s'en soucient guère ou dorment par lassitude.

Le mystère de la crucifixion, Marie le vit à la face du monde, en présence des ennemis de Jésus et de ses bourreaux. Elle porte en son âme toutes les meurtrissures du corps flagellé de Jésus, les blessures plus profondes du crucifiement, la blessure mortelle du cœur. C'est dans l'âme de Marie que le coup de lance produit son ultime effet, puisque le cœur de Jésus ne souffre plus. Marie, en son âme, souffre à la place de Jésus, son âme est transpercée par amour pour lui, elle aussi boit le calice jusqu'à la lie.

Le mystère du Sépulcre, Marie le vit ensevelie chez Jean. C'est la dernière séparation. Marie accepte que le corps de son Fils mort soit arraché de ses bras. Elle accepte que des mains étrangères s'emparent de ce corps divin, touchent à ce sang, à ces plaies, à ce cœur blessé.

Par respect pour la loi du sabbat, en face des pharisiens et des princes des prêtres qui viennent de détruire le vrai temple de Dieu, elle accepte de quitter le sépulcre, le laissant à la garde de soldats en service commandé. Ces abîmes de tristesse et de souffrance blessent divinement l'âme de Marie en lui arrachant, d'une manière violente et sanglante, tout appui humain. Par ces tristesses et ces souffrances mortelles, son cœur se purifie divinement ; son amour divin s'enracine plus profondément, pour s'intensifier d'une manière nouvelle ; il utilise ces tristesses et ces souffrances comme des nourritures divines, données par le Père en sa miséricorde.

Cependant, sous le souffle de l'Esprit Saint, dans la miséricorde du Père, Marie continue de vivre son mystère d'abandon total, son mystère de *fiat* dans le silence et la pauvreté, son mystère de miséricorde et de louange, son mystère de joie. Ces mystères, vécus d'abord dans l'épanouissement plénier, s'emparent plus radicalement encore de son âme dans la tristesse et la souffrance. Ils sont comme enfouis en Dieu, cachés aux regards humains.

Grâce à l'épreuve de Cana et au mystère de l'Agonie, Marie vit d'une manière toute nouvelle le mystère du *fiat* de l'Annonciation. Dans le mystère de l'Agonie, en effet, elle reçoit le « Don » du Père au milieu de circonstances infiniment contradictoires pour son cœur de mère. Elle doit alors accueillir le « Don » du Père dans un *fiat* de foi vivante toute pure, dépassant les apparentes contradictions. Elle doit accueillir par son *fiat* celui qui est terrassé par la tristesse et abandonné de son Père, en acceptant que son âme soit envahie par la même tristesse mortelle et connaisse le même abandon. Accueillir le Christ agonisant, c'est laisser son âme pâtir divinement sous le poids de la tristesse et accepter d'être broyée en son cœur à l'unisson du cœur agonisant de Jésus. Accueillir divinement le Christ agonisant comme le don d'amour excessif du Père, c'est recevoir le « secret » personnel du Père. Le Christ agonisant livre à Marie son secret : se livrer totalement à la volonté aimante de son Père : « Non ma volonté mais la tienne. » C'est la volonté du Père qui s'empare du cœur de Marie, pour l'unir dans le silence et la solitude de l'agonie au cœur infiniment triste et solitaire de son Fils. Dans ce *fiat* silencieux de l'agonie, Marie coopère d'une manière efficace au « don du Père », au don de celui qui agonise. Elle y coopère non plus en « servante », mais comme l'« aide » de celui qui agonise. C'est une coopération tout intime dans la foi, l'espérance et l'amour. Vivant dans sa foi, son espérance et son amour le mystère de Jésus agonisant, Marie permet au sacrifice de la croix d'acquérir toute sa taille. Elle permet à l'holocauste du Christ de s'achever dans un holocauste non sanglant, celui des profondeurs et des sommets de son âme. Pour cela, elle accepte de mourir dans son cœur de mère ; elle accepte que son œuvre de servante soit détruite, anéantie sous ses yeux ; elle accepte que toute son œuvre apparaisse comme un échec total.

Dans l'Agonie, l'attitude de l'enfant du Père et celle de la servante — ou plus exactement de l'aide — s'identifient, car le seul service que le Père réclame est celui de la foi et de l'espérance aimante à travers l'échec apparent de toute l'œuvre réalisée précédemment. Il faut accepter non seulement de disparaître comme servante, mais d'assister à l'anéantissement complet, radical, selon un mode violent, de toute son œuvre de servante, de toute sa coopération efficace au gouvernement du Père. C'est vraiment la foi toute divine en l'amour, et la patience toute silencieuse en la miséricorde, que l'Esprit Saint exige de Marie.

Grâce à l'épreuve de la fuite en Égypte et grâce au mystère de la crucifixion, Marie vit d'une manière nouvelle les mystères de la miséricorde et du Magnificat. Le Père lui demande de vivre de la miséricorde infinie du Christ crucifié, la miséricorde de celui qui, comme Agneau de Dieu, porte sur lui toutes les iniquités du monde. À la Croix, Jésus pardonne aux hommes leurs fautes, il pardonne en acceptant d'être leur responsable en face du

Père. Marie doit vivre à l'unisson de cette miséricorde rédemptrice. À la Croix, Jésus se donne tout entier au disciple bien-aimé et il veut que sa mère aussi lui donne tout. Il veut qu'elle soit la mère bien-aimée de Jean, comme elle est sa propre mère bien-aimée. Cette surabondance de miséricorde du Christ crucifié, Marie la fait sienne. À la Croix, elle devient pour nous une Mère de miséricorde, celle qui nous engendre à la vie divine, avec Jésus crucifié et en lui. Voilà la nouvelle miséricorde dans le sang de Jésus. Marie est Mère du Christ total.

Le Magnificat de la crucifixion est la nouvelle louange, la nouvelle adoration « en esprit et en vérité ». C'est une louange qui prend sa source dans cette miséricorde toute divine, qui réclame le sacrifice, l'holocauste de ce qu'on aime le plus selon son cœur humain et selon la grâce de Dieu, et qui nous demande de coopérer à ce sacrifice en étant nous-mêmes immolés. Cette louange toute silencieuse possède une profondeur nouvelle. Elle rejoint le silence du *fiat* de l'âme qui reçoit le secret du Père. C'est une louange toute d'amour dans une immolation brûlante, qui consume même la parole. Quand notre intelligence, cause de notre parole, fait partie de l'holocauste, notre louange se fait silencieuse par amour. C'est le Magnificat de la Croix.

Grâce à l'épreuve du recouvrement au Temple et au mystère du Sépulcre, Marie vit d'une manière nouvelle du mystère d'abandon. Malgré les circonstances extérieures qui, du point de vue humain, devraient engendrer immédiatement l'angoisse et l'amertume, la déception et le désespoir, le Père demande à Marie de demeurer, en son âme, tout abandonnée à sa puissance miséricordieuse, joyeuse en son amour divin. L'abandon n'est héroïque et divinement vécu que lorsque tout ce qui nous est le plus cher, du point de vue humain et divin, nous est brutalement retiré, comme si nous ne devions plus jamais le retrouver, comme si le secours du Père rendu visible en son « Don », en son « Envoyé », nous faisait subitement défaut et que nous étions comme réduits à rien, totalement dépouillés de tout. Il faut alors l'abandon héroïque à sa miséricorde « sans repentance », à sa miséricorde « fidèle », bien que tout autour de nous et même en nous, selon notre conscience humaine, semble nous dire l'inverse. Il faut l'abandon du « tout-petit » qui accepte le désert avec sa soif brûlante et sa solitude infinie, sans vouloir comprendre, sans vouloir lui-même se sauver. Il faut l'abandon de celui qui se livre en s'enfouissant par sa foi aimante et son espérance très pauvre dans l'abîme de la toute-puissance miséricordieuse du Père, qui peut seul tout refaire, tout recréer, qui peut seul ressusciter. Cet abandon héroïque du « tout-petit », qui ne veut plus connaître que l'abîme de la toute-puissance miséricordieuse du Père et qui veut s'y cacher comme un « tout-petit » dans le sein de sa mère, implique un désir infini, sans autre limite que la miséricorde même du Père. Cet abandon héroïque à l'égard du Père, Marie l'exerce également à l'égard de celui que Jésus lui a donné comme fils et comme prêtre : Jean. À l'égard de Jean, qu'elle a *choisi*, elle exerce une nouvelle charité fraternelle, maternelle, dans une confiance absolue. Cette mère fait confiance à son fils, parce qu'il est aimé de son Jésus.

Nous voyons donc pratiquement comment, dans ces mystères douloureux, toutes les « pierres » sculptées divinement en l'âme de Marie se retrouvent selon un mode nouveau. Ces « pierres » sont alors comme beaucoup plus enfouies en l'âme. Par le fait même, on voit moins bien leurs caractères distinctifs et originaux. D'une certaine façon, on pourrait dire que ces « pierres » sont toutes présentes en chacun de ces mystères d'épreuve et de douleur, cependant, il n'en reste pas moins vrai que certaines de ces « pierres » sont plus explicitement en acte dans chacun de ces mystères. Car l'Agonie est un mystère plus secret et plus intime que la crucifixion ; et l'ensevelissement est le mystère de la solitude qui achève et consomme la vie terrestre de Jésus. Enfin, les mystères douloureux, aussi bien celui de l'annonce prophétique que ceux de la réalisation, ne nous donnent aucun principe nouveau d'organisation de la vie chrétienne, ils ne nous manifestent aucun caractère architectural du temple de Dieu, mais ils nous livrent comme un esprit nouveau, comme une nouvelle lumière, en lesquels tout l'édifice divin est comme repris, purifié, simplifié, décanté, enraciné plus divinement dans la miséricorde du Père. C'est pourquoi, sous la lumière des mystères douloureux, on peut dire que les sept « pierres » se ramènent à trois : le *fiat* silencieux du don douloureux, la miséricorde qui arrache et immole ce qu'on aime le plus, l'abandon héroïque devant l'échec apparent. Quant à la joie, elle est toute cachée en sa source : la volonté d'aimer la volonté du Père au-dessus de tout. L'aspect de passivité, de soumission, d'obéissance est beaucoup plus manifeste, en ces mystères douloureux, ce qui entraîne par le fait même une importance croissante des éléments extérieurs et de certaines interventions violentes. Tout le mystère de la lutte devient alors primordial et aussi, par le fait même, celui de la patience, l'attitude aimante d'une âme qui pâtit pour aimer plus. Ce n'est plus seulement l'image vivante de la Trinité, la reproduction du visage de Dieu que l'Esprit Saint sculpte en l'âme de Marie, c'est l'image vivante du Sauveur, du Christ crucifié, du Fils qui, pour nous sauver, a accepté d'être « l'Agneau de Dieu qui porte toutes les iniquités du monde », et de devenir celui qui « n'apparaissait plus comme un homme ».

Quant aux trois mystères glorieux, ils nous montrent d'une manière ultime la miséricorde du Père à l'égard de Marie. La miséricorde, comme l'amour, est toujours pressée, elle veut brûler les étapes. Le Père veut que déjà sur cette terre Marie vive, d'une manière anticipée, de la vie du ciel. Les mystères glorieux sont bien le préambule du ciel. Aussi l'amour miséricordieux, victorieux de la mort et de toutes les conséquences du péché, de l'orgueil et de la haine de Satan, amour qui éclate dans les mystères de la Résurrection et de l'Ascension du Christ, vient-il s'emparer du cœur de Marie. En ces mystères glorieux, la miséricorde du Père lui donne une vie divine s'exerçant avec une liberté plénière, la liberté des enfants de Dieu, de ceux qui connaissent cette sainte indifférence à l'égard de tout ce qui n'est pas immédiatement la volonté du Père sur eux.

Marie vit du mystère de la Résurrection de son Jésus dans une foi vivante, toute pure. C'est son Jésus crucifié qui ressuscite pour la gloire du Père et pour sa gloire à elle. Jésus ressuscité lui est donné par le Père d'une manière nouvelle, plus intime et plus plénière encore qu'à l'Annonciation et à la Croix. Le sacrement de l'Eucharistie lui est donné comme signe divin pour manifester et réaliser ce don nouveau, don dans une unité substantielle de vie, réalisant en elle cette présence mystique si profonde et si intime du Christ mort et ressuscité. Jésus ressuscité est donné à sa mère pour réaliser avec elle une unité de vie reproduisant son union avec le Père. La coopération aux douleurs du Christ, le Père la réclamait de Marie en vue de cette unité d'amour. Voilà le nouveau secret d'amour que le Père communique à Marie, secret si divin, si extraordinaire, que le Père a voulu qu'il soit exprimé par le pain eucharistique : la seule parole ne suffit plus. Cette unité substantielle de vie réclame un signe plus fort, plus réaliste, un signe qui soit en même temps une réalité, une *res*, la *res* par excellence qui puisse encore être signe : le corps divin. Le sacrement du corps du Christ engage la toute-puissance du Père au service immédiat du don le plus humble, mais aussi le plus efficace, celui dont on use le plus : l'aliment, le pain-corps de Jésus.

Le *fiat* au don du Christ ressuscité, s'exerçant par et dans l'Eucharistie, nous permet de saisir la qualité nouvelle du silence de Marie dans ces mystères glorieux. C'est le silence de l'unité, provenant du don plénier du Ressuscité, exprimé et réalisé par celui de l'Eucharistie, où la source de la vie est cachée sous les apparences du pain, grains de blé broyés. Le cœur de Marie demeure broyé, mais la Source de la vie, de la lumière, de l'amour, est présente en elle, vivant en son âme d'une manière plus intime que son âme n'est intime à elle-même.

Ce *fiat* silencieux est aussi celui de la servante inutile qui n'a plus aucun motif humain, conscient et visible, de rester sur la terre, le *fiat* de la servante inutile qui se dévoue à tout ce que Dieu veut, ne jugeant plus de l'importance, de l'intérêt, de l'utilité de l'œuvre qui est demandée, mais ne regardant que la volonté du Père. Après avoir été, pour Jésus, servante et mère, Marie accepte d'être la servante de Jean, sa mère, sans comparer la différence qui existe entre ces deux états, aimant seulement d'être encore plus cachée, plus petite, en servant le disciple.

Par le mystère de l'Ascension, Marie vit dans un abandon très pauvre et très libre. Aussi longtemps que le Père le veut, elle accepte de rester sur la terre, avec un désir de plus en plus brûlant du ciel. La miséricorde du Père, par ce mystère de l'Ascension, se fait de plus en plus proche. Marie vit avec une intensité unique cette affirmation de saint Paul : *Si consurrexistis cum Christo : quae sursum sunt quaerite, ubi Christus est in dextera Dei sedens : quae sursum sunt sapite, non quae super terram.* « Du moment donc que vous êtes ressuscités avec le Christ, recherchez les choses d'en haut, là où se trouve le Christ, assis à la droite de Dieu. Songez aux choses d'en haut non à celles de la terre[1]. » Le cœur de Marie est tout entier auprès du Père puisque son trésor, Jésus, est là. Le sacrement de l'Eucharistie est vraiment son viatique, à la fois le sacrement du pèlerin, lui donnant la force de continuer sa route dans le désert, et le sacrement de la gloire, orientant tout son esprit, toute son âme, vers le Christ glorifié et vers le ciel. Cet abandon très pauvre, elle en vit aussi à l'égard de Jean : son fils et son prêtre.

Par le mystère de la Pentecôte, Marie vit de la miséricorde du Père et de Jésus, qui lui envoient l'Esprit Saint, le Consolateur. C'est sous la forme de flamme de feu que

1. Col 3, 1-2.

l'Esprit Saint lui est donné pour brûler divinement son âme. Le Père se sert de la séparation de Jésus, que Marie a pleinement acceptée, pour lui communiquer en surabondance le feu de l'amour. « Il vaut mieux pour vous que je parte[1]. » Pour qu'elle vive le mystère de la maternité divine à l'égard de l'Église naissante, le feu de l'Esprit brûle son cœur de mère et en fait un grand brasier d'amour, d'où jaillit sa miséricorde maternelle sur tous les apôtres de Jésus et sur toute l'Église. Comme Jésus-Hostie, elle est donnée à chaque membre du Christ. C'est son cœur de mère qui est livré à chacun de ses enfants, qui est leur lieu propre, comme leur milieu surnaturel.

Dans une pure louange d'amour, Marie glorifie Dieu de toute sa fécondité miséricordieuse. Sa louange est silencieuse, comme celle de l'hostie.

C'est le reflet du Christ glorifié que l'Esprit Saint sculpte en l'âme de Marie. Celle-ci est le miroir vivant de sa gloire, après avoir été celui de son opprobre.

Enfin, il y a cette miséricorde ultime de la persévérance finale, qui est donnée par le Père à Marie dans le dernier acte de sa vie terrestre, cet acte d'extase d'amour dans la foi et l'espérance. Tout s'achève dans cette miséricorde lumineuse de la vision béatifique. Le Père fait entrer Marie dans sa gloire : elle vit de sa Vie, contemple dans sa Lumière, aime avec son Amour. Cette vision béatifique, qui réalise l'unité substantielle de vie et d'amour dans le Verbe, rayonne sur toute la nature humaine de Marie pour la béatifier.

Toutes les « pierres » sculptées par l'Esprit Saint en l'âme de Marie, tous les mystères douloureux, tous les mystères glorieux, tous les mystères sont reliés entre eux par le mystère de l'obéissance. C'est celle-ci qui unit divinement, dans l'amour, des activités et des exigences si diverses. C'est, du reste, le rôle principal de l'obéissance : réaliser l'unité d'amour dans la diversité d'opérations.

1. Jn 16, 7.

L'obéissance peut réaliser cette unité sans supprimer la diversité spécifique des activités humaines, car elle n'a pas de matière propre, c'est essentiellement la vertu de l'exercice, de l'exécution. Elle met dans l'exercice une dépendance à l'égard de celui qui a autorité et à qui l'on obéit. Marie, dans toutes ses activités, obéit à Dieu d'une manière parfaite. Cette obéissance est encore le fruit d'une miséricorde du Père, qui veut l'associer d'une manière tout intime à son gouvernement paternel. Elle nous manifeste l'autorité propre de la miséricorde paternelle, mais se réalise en fait selon les diverses manières dont le Père exerce son autorité miséricordieuse.

Dans le mystère de sa consécration virginale, Marie, semble-t-il, obéit directement au souffle du Saint-Esprit, qui l'invite à se vouer totalement à son Dieu et à choisir Joseph comme époux. Dans le mystère du *fiat* de l'Annonciation, Marie obéit à l'envoyé angélique, contemplatif du Père. Dans le mystère de la Visitation, elle est docile à l'inspiration du Saint-Esprit, qui se manifeste à elle par le signe que l'ange lui a donné par surcroît : Élisabeth, la stérile, attend un fils ; c'est sous l'inspiration du Saint-Esprit que celle-ci loue Marie ; à cette louange divine Marie répond par son Magnificat qui jaillit, lui aussi, d'une inspiration divine intérieure. Quant à la joie de Noël, Marie la reçoit divinement. Elle se laisse tout envahir par cette grande joie divine qui lui vient du Père ; c'est encore un mystère de docilité intérieure au souffle de l'Esprit Saint.

Ces mystères de joie sont donc bien liés entre eux par un mystère d'obéissance, obéissance de for interne au sens tout à fait précis du terme. Celle-ci est avant tout joyeuse et suave, car l'Esprit Saint habite l'âme de Marie. Il la meut du dedans d'une manière très intime et très aimante.

Le mystère de la Purification, qui est comme le prélude divin des mystères de douleurs, implique l'obéissance à la loi, à une loi qui, pour Marie, semble inadaptée. Aussi, l'obéissance à la loi de purification réclame-t-elle de sa part une grande humilité. Marie ne regarde pas ses privilèges personnels ; elle ne considère que sa dépendance à l'égard de la loi, donc à l'égard du bien commun de son peuple.

L'obéissance à cette loi permet à Marie de rencontrer Siméon et d'entendre sa prophétie. C'est l'Esprit Saint qui lui annonce, par un vieillard choisi par Dieu et représentant tout le peuple d'Israël et toute l'humanité, qu'un glaive lui transpercera l'âme. Marie accueille dans l'obéissance cette prophétie qui blesse son âme.

Après l'adoration des mages, c'est Joseph qui reçoit immédiatement le message des anges, car il est le chef qui a autorité sur le foyer. Marie doit lui obéir pour tout ce qui regarde le bien commun de la famille. Cette obéissance à Joseph se réalise dans un contexte douloureux et elle implique elle-même un sacrifice ; il faut s'expatrier sans avoir le temps de faire des préparatifs. C'est de nuit qu'il faut exécuter l'ordre.

Dans le mystère du Recouvrement, Marie obéit à des circonstances providentielles. Ayant perdu la trace de son Jésus, elle doit tout entreprendre pour le retrouver. Ces trois jours de recherches angoissées sont bien commandés par des circonstances providentielles imprévisibles et indépendantes de la volonté de Marie. Lorsqu'elle retrouve Jésus, pour la première fois, son Fils l'enseigne comme Envoyé du Père, ce qui réclame d'elle une obéissance tout intime, mais qui, cependant, blesse son cœur.

À Cana, ce sont encore des circonstances providentielles, imprévisibles et indépendantes de la volonté de Marie, qui la font adresser à son Fils cette première demande officielle : « Ils n'ont plus de vin. » Pour la seconde fois, Jésus enseigne sa mère comme prêtre et réclame d'elle une obéissance de for interne qui blesse son cœur.

Dans les mystères de la compassion — agonie et crucifixion — Marie obéit au souffle de l'Esprit Saint et à la parole du Christ. Elle obéit à la loi du sabbat lors de l'ultime séparation du sépulcre.

Il est facile de constater que les mystères douloureux sont comme en dépendance immédiate de certains actes d'obéissance de for externe, qu'il s'agisse d'obéir à la loi, à l'autorité de Joseph ou aux circonstances providentielles. Ces actes d'obéissance de for externe sont comme ordonnés vers d'autres actes d'obéissance de for interne à l'égard de l'autorité sacerdotale, celle de l'Ancien Testament sous la forme prophétique et celle du Christ. Enfin, c'est un acte d'obéissance de for externe qui achève et parfait tous ces mystères douloureux.

Il est normal que l'obéissance de for externe fasse souffrir, car elle est toujours un peu violente. La loi est un précepte universel qui, pour tel individu, considéré dans sa propre individualité existentielle, semble toujours inadapté et semble souvent porter à faux. De plus la loi, étant appliquée comme quelque chose d'extérieur, a toujours l'air de violenter l'individu considéré comme un certain tout personnel. On pourrait faire des remarques analogues à l'égard de l'autorité de for externe donnant des préceptes individuels et particuliers. Ces préceptes sont encore des ordres qui viennent de l'extérieur, car le supérieur, si prudent soit-il, ne connaît jamais parfaitement toutes les exigences vitales de celui à qui il commande. Son ordre pourra toujours paraître inadapté à celui qui le reçoit. Quant à l'autorité du prêtre, elle est ordonnée au sacrifice ; sa parole sacerdotale est un glaive. Aussi n'est-il pas étonnant que, dans la mesure où l'on soustrait la vie humaine à l'obéissance de for externe, dans cette même mesure on en écarte le mystère de la Croix ; par contre, dans la mesure où l'on soumet sa vie à cette obéissance, dans cette même mesure le mystère de la Croix s'en empare.

Quant aux mystères glorieux, tous les trois mettent Marie directement sous le souffle de l'Esprit Saint. Si le mystère de l'obéissance commence par la docilité au Saint-Esprit, il s'achève par cette même docilité ; celle-ci seule est éternelle. L'Esprit Saint a vraiment autorité pour diriger et rectifier notre vie divine. Mais, ici-bas, la docilité joyeuse au Saint-Esprit doit nous conduire à l'obéissance aux envoyés angéliques de Dieu, aux signes donnés par Dieu, aux circonstances providentielles et à tous ceux qui sont mandatés par Dieu auprès de nous pour nous conduire vers la maison du Père, même si cette obéissance nous blesse et nous crucifie. Ici-bas, l'obéissance au Saint-Esprit n'est vraie que dans la mesure où elle s'épanouit dans ces formes d'obéissance sans doute inférieures, mais tout à fait caractéristiques de notre manière terrestre de suivre le Christ et de vivre de ses mystères. Ce mystère de l'obéissance apparaît donc non seulement comme une condition nécessaire pour la croissance véritable de la charité, mais comme faisant partie essentielle de ce mystère, explicitant notre condition de « fils de Dieu » : « Celui qui a mes commandements et qui les garde, voilà celui qui m'aime, et celui qui m'aime sera aimé de mon Père[1]. »

Ce mystère de la croissance de la charité en Marie, qui nous manifeste d'une manière unique la construction du temple de Dieu en l'âme humaine, peut se ramener en définitive à l'édification de ces « pierres » divines, œuvre commune de la miséricorde du Père et de Marie. Cette édification s'effectue d'abord dans un désir joyeux. C'est la modalité spéciale des premiers mystères jusqu'à Noël, puis dans une patience douloureuse, enfin dans une liberté d'amour. L'unité de cette divine construction se réalise dans un esprit d'obéissance de plus en plus exigeant, qui épanouit l'âme de Marie dans la joie, qui la libère dans le feu de l'Esprit Saint.

De plus, le mystère de la croissance de la charité apparaît aussi comme étant d'abord un grand avent, une attente joyeuse, puis une grande montée vers Jérusalem, avec des épreuves, des luttes, des combats, avec, surtout, son échec en apparence si total, enfin, comme une sorte d'attente glorieuse du retour, où déjà le ciel est présent,

1. Jn 14, 21.

quoique dans une grande pauvreté désertique. Ceci nous manifeste comme les quatre grandes composantes de notre vie chrétienne de la terre : elle est une attente épanouie et joyeuse, une épreuve dans la lutte et le combat, un échec humain total, une mort ; elle est enfin le ciel déjà commencé, l'attente du retour du Christ. On reconnaît là les grandes tendances de toute vie chrétienne. Si on les isole et les sépare, on tombe dans certaines formes de fausses mystiques, qui réduisent la vie chrétienne à n'être plus qu'un humanisme parfait, ou une épreuve de lutte pour les conquêtes, ou un échec dans la mort, ou une attente exclusive du Christ en sa gloire. Il faut toujours, si l'on veut demeurer dans la vérité, maintenir ces divers aspects et leur équilibre divin et regarder celle qui nous est donnée pour le comprendre, comme le dit si merveilleusement saint Bernard :

« On l'appelle Étoile de la mer, et cela s'adapte de façon très convenable à la Vierge Marie. Car c'est très justement qu'on la compare à un astre : en effet, de même que l'astre émet son rayon sans se corrompre, de même c'est sans être lésée que la Vierge met au monde son Fils. Le rayon ne diminue pas la clarté de l'astre et le Fils ne diminue pas l'intégrité de la Vierge. Car elle est cette noble Étoile sortie de Jacob, dont le rayon illumine le monde entier, dont la splendeur brille dans les cieux et pénètre les enfers... Elle est, dis-je, une splendide et admirable Étoile placée par nécessité au-dessus de cette grande et vaste mer, resplendissante de mérites, éclairante par ses exemples. Ô vous tous qui vous rendez compte que, loin d'avancer sur la terre ferme, vous flottez sur le fleuve de ce monde au milieu des orages et des tempêtes, ne détournez pas les yeux de la lumière éclatante de cet astre, si vous ne voulez pas être engloutis par les tempêtes. Si les vents de la tentation s'élèvent contre vous, si vous êtes poussés sur les écueils des tribulations, regardez l'Étoile, invoquez Marie.

« Si vous êtes assaillis par les flots de l'orgueil, les flots de l'ambition, les flots de la médisance, les flots de l'envie, regardez l'Étoile, appelez Marie.

« Si la colère, ou l'avarice, ou les tentations de la chair attaquent la nacelle de votre esprit, regardez vers Marie. Si, troublés par la grandeur de votre crime, confus de la laideur de votre conscience, terrifiés par l'horreur du jugement, vous commencez à être entraînés par les gouffres de la tristesse, dans l'abîme du désespoir, pensez à Marie.

« Qu'elle ne s'éloigne pas de vos lèvres,
Qu'elle ne s'éloigne pas de votre cœur,
Et, pour obtenir l'appui de sa prière,
Ne cessez pas d'imiter l'exemple de sa vie.
En la suivant, vous ne vous égarez point,
En pensant à elle, vous ne vous trompez point,
Si elle vous tient, vous ne tombez point,
Si elle vous protège, vous ne craignez point,
Si elle vous conduit, vous ne vous fatiguez point,
Si elle vous est propice, vous arrivez au port[1]. »

« La route des justes est comme la lumière de l'aube, dont l'éclat grandit jusqu'au plein jour[2]. »

1. Saint Bernard, *Hom. supra « Missus est »*. 17, P.L. 18, 70, 71. Pie XII, dans sa lettre encyclique *Doctor Mellifluus*, déclare qu'il n'existe pas de louange plus belle de la Vierge, Mère de Dieu.
2. Pr 4, 18.

TABLE DES MATIÈRES

Deuxième partie
ÉTAPES DE JOIE PURE : LES ÉCLOSIONS DE LA CHARITÉ

Troisième partie
Annonce prophétique du glaive et premières épreuves : préparations divines aux étapes douloureuses

Quatrième partie
Étapes douloureuses : les enracinements de la charité, la patience des saints

Cinquième partie
ÉTAPES GLORIEUSES : ÉPANOUISSEMENTS DE LA CHARITÉ, LA LIBERTÉ DES ENFANTS DE DIEU

DU MÊME AUTEUR

Les Trois Sagesses. Entretiens avec Frédéric Lenoir, Fayard, coll. « Aletheia », Paris, 1994.

Ouvrages de philosophie

Introduction à la philosophie d'Aristote, Éditions universitaires, Paris, 1991. *Une philosophie de l'être est-elle encore possible ?* 5 fascicules :

I. *Signification de la métaphysique.* — II. *Signification de l'Être.* — III. *Le Problème de* l'ens *et de* l'esse *(Avicenne et saint Thomas)*. — IV. *Néant et être (Heidegger et Merleau-Ponty)*. — V. *Le Problème de l'être chez certains thomistes contemporains*, Téqui, Paris, 1975.

Philosophie de l'art, 2 tomes, Éditions universitaires, 2e éd., Paris, 1991 et 1994.

L'Être. Essai de philosophie première, 2 tomes (le second en 2 volumes), prix Bordin de l'Académie française, Téqui, Paris, 1972-1974.

De l'être à Dieu. De la philosophie première à la sagesse, Téqui, Paris, 1977.

Un tome accompagné de 3 volumes de topique historique :

I. *Philosophie grecque et traditions religieuses*, Téqui, 1977. — II. *Philosophie et foi*, Téqui, 1978. — III. *Philosophie moderne et contemporaine* (à paraître).

Lettre à un ami. Itinéraire philosophique, Éditions universitaires, 2e éd., Paris, 1992.

Le Manteau du mathématicien. Entretiens avec Jacques Vauthier, Mame-Éditions universitaires, Paris, 1993.

De l'amour, Mame, Paris, 1993.

Ouvrages de théologie spirituelle

Le Mystère de l'amitié divine, Luff-Egloff, Paris, 1949.

Un seul Dieu tu adoreras, Fayard, coll. « Je sais-je crois », Paris, 1958 (réimprimé[1]).

1. Cet ouvrage est disponible à Notre-Dame de Rimont, 71390 Fley.

Mystères de miséricorde : 1. *L'Immaculée Conception.* — 2. *La Présentation de Marie.* — 3. *L'Annonciation*, Saint-Paul, Fribourg, 1958 et 1960.

Mystère du Corps mystique du Christ, La Colombe, Paris, 1960.

Analyse théologique de la Règle de saint Benoît, La Colombe, Paris, 1961.

La Symbolique de la messe, La Colombe, Paris, 1961.

Le Mystère de l'Église. Dialogue entre M.-D. Philippe, o.p., et Albert Finet, Beauchesne, coll. « Verse et controverse », Paris, 1967.

L'Étoile du matin. Entretiens sur la Vierge Marie, Le Sarment-Fayard, Paris, 1989.

Saint Thomas docteur, témoin de Jésus, 2e éd., Saint-Paul, Fribourg-Paris, 1992.

« Abba, Père », éd. bilingue, Éphèse Éditions, 1994.

Suivre l'Agneau, t. 1, 2e éd., Saint-Paul, Versailles, 1995.

Suivre l'Agneau, t. 2, Saint-Paul, Versailles, 1999.

« J'ai soif ». Entretiens sur la Sagesse de la Croix, Saint-Paul, 1996.

Le Mystère du Christ crucifié et glorifié, 2e éd., Fayard, coll. « Aletheia », Paris, 1996.

Le Mystère de Joseph, Saint-Paul, Versailles, 1997.

L'Acte d'offrande, retraite avec la petite Thérèse, Saint-Paul, Versailles, 1997.

Ouvrages de pédagogie familiale

Au cœur de l'amour. Entretien sur l'amour, le mariage et la famille, Le Sarment-Fayard, Paris, 1987.

Liberté, Vérité, Amour, Fayard, coll. « Aletheia », Paris, 1998.

Collection « Aletheia »

« La recherche de la vérité (Aletheia) est en un sens difficile et en un autre sens facile. Le signe en est que nul ne peut l'atteindre adéquatement ni la manquer tout à fait. À partir de toutes les recherches assemblées, naît quelque chose de grand. »

Aristote

La collection « Aletheia » propose des ouvrages de formation à la recherche des trois sagesses philosophique, théologique et mystique.

DANS LA MÊME COLLECTION

Les Trois Sagesses. Entretiens avec Frédéric Lenoir, Marie-Dominique Philippe, Fayard, Paris, 1994.

Corps et Sagesse. Philosophie de la liturgie, Samuel Rouvillois, Fayard, Paris, 1995.

Le Mystère du Christ crucifié et glorifié, Marie-Dominique Philippe, Fayard, Paris, 1995.

Hegel, l'intelligence de la foi ? Marie-Dominique Goutierre, Fayard, Paris, 1997.

Liberté, Vérité, Amour, Marie-Dominique Philippe, Fayard, Paris, 1998.

Cet ouvrage a été composé par Nord Compo
et achevé d'imprimer en mars 1999
sur presse Cameron,
par **Bussière Camedan Imprimeries**
à Saint-Amand-Montrond (Cher)
pour le compte de la librairie Arthème Fayard
75, rue des Saints-Pères – 75006 Paris

35-28-0552-01/6

Dépôt légal : mars 1999.
N° d'Édition : 4048. N° d'Impression : 991152/4.

Imprimé en France

ISBN 2-213-60352-9